中国語
ハングル
ギリシャ語

語源からわかる英単語集

歴単 東洋史編

原島広至 著

すばる舎

REKITAN

Word Book of Historical Terms
with Etymological Memory Aids

— Eastern History —

First Edition

Author
Hiroshi Harashima

Published by
Subarusya, 2021

はじめに

世界史が得意な人なら、中国語の文章に歴史的人物が出てきた場合、簡体字であっても何となく誰か分かるかもしれない（**项羽**、**孙子**、**岳飞**など）。簡体字では画数が最初から少ない漢字や、使用頻度の少ないものは「簡化字総表」の約２千文字に掲載されず、簡略化の対象にならなかった漢字なら日本語の漢字と同じ字体である。例えば、**一二三日白木甲了**や**菊熊建衡侯裁清超楼**は日本語も簡体字も同じだ。しかし、簡体字で**書→书**、**農→农**、**衛→卫**、**楽→乐**となっているものは、ちょっと予想しにくい。さらに、英語の本に中国の歴史的人物が書かれている場合は難解だ。中国語をラテン文字で表記する方法であるピンイン pinyin に従って書かれていることが多いからだ。ちなみに、英文中に次のような人名が出てきたなら、誰のことなのか、すぐに思い浮かぶだろうか？

① First Emperor of Qin、② Libai、③ Caocao、④ Consort Yu、⑤ Mencius 答えはページの脚注。

①〜③は中国語を知っていれば解けるだろう。しかし、④は英単語の consort「王族の配偶者」を知らないと戸惑うかもしれない。⑤に至っては、中国人ということさえ見分けがつかないかもしれない。中国語以外でも、東南アジア諸語やアラビア語、ヒンディー語などをローマ字化した人名・地名は発音とつづりがかけ離れている場合が多いため、人物の特定が困難なときがある。

本書は、高校の世界史レベルの用語のうち、古代から第１次世界大戦前に至る東洋史に関係する英単語約 1021 語を取り上げている。日本語にはふりがなを、英単語にはアメリカ英語の発音（カタカナ表記と発音記号）を記しているのが特徴だ。これらの語の中には、一般的な英語辞典では発音が掲載されていない単語も多いことに気付くだろう。ぜひ、**発音のカタカナ表記に「ザー」と目を通し、一度は口に出してみることをお勧めする。**そうすれば、頭の片隅にその発音が記憶され、将来のどこかで、その単語を耳にしたときにピンと来て役立つ場面があるだろう。単語ごとの解説は、「この人はこんなことをした人だった」と思い出すための備忘録である。世界史の大きな流れは他の系統的に書かれた歴史の本で学んで欲しい。海外で世界史を学ぶ留学生や、外国人と接する機会のある人にも、英会話でアジアの歴史についてウンチクを語ることができるように、本書を活用して頂ければ幸いである。本のデザインは拙著『骨単』等の語源から覚える解剖学英単語集シリーズ（丸善雄松堂）のスタイルを踏襲しており、単語学習向けのレイアウトとなっている。

本書の出版を実現して頂いた、すばる舎の菅沼真弘氏、また編集者の細田繁氏には感謝の念に堪えない。イラスト制作では田中李奈氏・山本かおり氏・田崎小春氏・田中允氏に、発音調査は中山陽子氏にご協力頂いた。この場をお借りして、関係者各位に心から感謝の意を表したい。

2021 年 3 月

原島 広至

答え ①秦の始皇帝、②李白、③曹操、④虞美人（項羽の愛姫）、⑤孟子

目次

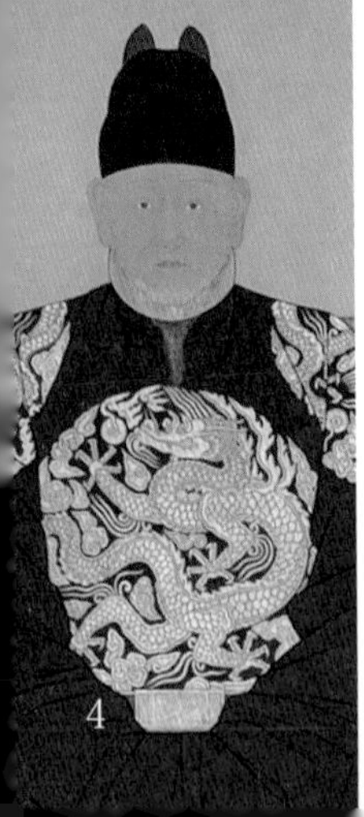

本書の用い方

用語の語源を中国語・アラビア語等の語源から解説。

※本書で特にことわらない場合、「ギリシャ語・ラテン語」とは古典ギリシャ語・古典ラテン語を指している。

●日本語から英語

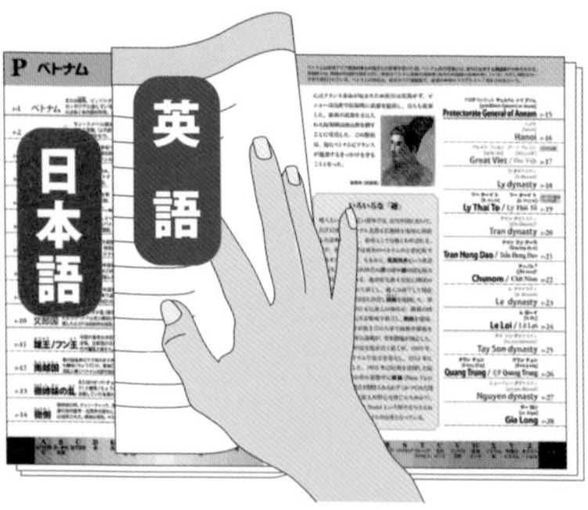

●英語から日本語

日本語ページを見て英語を思い出し、ページをずらして英語ページの単語を並べて記憶が正しいかを確認してみよう。逆に、英語から日本語もテストしてみよう。

表記について

本書の特色の1つは、固有名詞に付したカタカナ表記である。アクセントのある太字の部分をはっきり発音し、他の母音はあいまいに発音するのがコツである。英語の発音は完全にはカタカナ表記で表すことができないため、できるだけ発音記号も併記している。単語の見出し語は、固有名詞は大文字で、一般名詞は小文字で記している。固有名詞に由来する形容詞や、一般名詞を固有名詞化しているものは、大文字・小文字どちらの場合もありえるが、比較的用例の多い方を採用している。以下に表記に関する注意点を記す。

孔子 Confucius / Kǒng Zǐ

- Confucius(コンフューシャス) は、一見して中国の人名には見えず、また日本語の「こうし」という名に含まれていない [f]の子音が入っているのが不思議だが、実は「孔夫子」Kǒng Fūzǐ コングフーツがラテン語化したもの(夫子は大夫(たいふ)以上の長や、賢者、先生に対する尊称)。後代のラテン語では Confucius(コンフーチウス) なので、ラテン語の男性名詞によく用いられる -us という語尾を除けば中国語の音訳そのものといえる。このように有名な中国語の人名や地名が古くからラテン語としてヨーロッパに取り入れられている場合、そのラテン語から英語に取り入れられて、発音が元々の中国語からかけ離れてしまう場合がある。本書の英単語部分では、英語の中で主に用いられている、英語化された中国名を優先して掲げている(その場合は書体をゴシック体にしている)。例えば、諸子百家の学者でいえば、孔子以外にも、Mencius「孟子」や、Micius「墨子」がいる。これらの名前に共通している「子」は先生に対する尊称なので、孔子を Master Kong、孟子を Master Meng、墨子を Master Mo のように英語に訳す表現もある。一方、西欧で有名でない人名や地名は、英単語部分ではピンインによる表記のままで掲載している(その場合は書体をローマン体で表記)。

強勢は太字　中国語は強勢がないのですべて太字　中国語の発音

簡体字

コン**フュー**シャス [kənfjúːʃəs]　**コン**グ **フー** **ツー** [kʰʷuŋ fʷuː tsz̩ː]　**マ**スタ **コン**グ [mǽstɚ kʊŋ]

c-2 **Confucius** / 孔夫子 Kǒng Fūzǐ / **Master Kong**

英語化して声調記号の省かれた表記はゴシック体　ピンインはローマン体　英語化した表現はゴシック体

白居易 Baijuyi? Bai Juyi? Bai Ju Yi?

● 中国の人名をローマ字表記する場合、スペースを入れるか入れないか、大文字にするか否かに関して統一された基準がない。そのため、以下のような表記が見られる。

①漢字ごとにスペースを入れる	李白 Li Bai、白居易 Bai Ju Yi、司馬遷 Si Ma Qian
②スペースを姓と名の間だけ入れる	李白 Li Bai、白居易 Bai Juyi、司馬遷 Sima Qian
③スペースを入れない	李白 Libai、白居易 Baijuyi、司馬遷 Simaqian
④漢字ごとに大文字にする	李白 LiBai、白居易 BaiJuYi、司馬遷 SiMaQian
⑤姓名の初めだけ大文字にする	李白 LiBai、白居易 BaiJuyi、司馬遷 SimaQian

他にも、姓と名の間にハイフンを入れるなど表記が幾通りもある。本書では、**英語化した中国語（ゴシック体）**の場合、名か姓が 2 文字の時は②で表記する。名も姓も 1 文字の時や、地名は③で表記する。**中国語のピンイン表記（ローマン体）**は、ピンインのどの部分がどの漢字に相当するか初心者にわかりやすくするために①で記している。

英語化したスペルはゴシック体

ピンイン表記はローマン体

①漢字ごとにスペース

名も姓も 1 文字なので、③スペースを入れない

G-46

リー バイ [liː bai] **Libai** / 李白 Lǐ Bái リー パイ [lʲiː pai]

G-50

バイ ヂュー イー [bai dʒuː iː] **Bai Juyi** / 白居易 Bái Jū Yì パイ チュー イー [pai tɕʷyː iː]

名が 2 文字なので、②スペースを姓名の間に

E-44

スーマー チエン [səː maː tʃiæn] **Sima Qian** / 司马迁 Sī Mǎ Qiān スー マー チエン [sz̩ː maː tɕʰæn]

姓が 2 文字なので、②スペースを姓名の間に

北京 Pei-ching / Beijing / Peking

● 中国の地名をローマ字に音訳する方法がいくつかある。1 つには、イギリスのケンブリッジ大学の教授トーマス・ウェードが使っていたウェード式（もしくは ウェード・ジャイルズ式 Wade-Giles）がある。ウェード式は英語圏でかつては広く用いられた。ウェード式の場合、北京は Pei-ching になる。通常の英単語と同じように発音しても問題がない。一方、中国大陸ではピンイン（Pinyin）が現在、正式に用いられている。ピンインは、1958 年に中華人民共和国で採用され、1977 年には国際連合の地名標準化会議で中国の地名はピンインを用いるように定められた。時の経過と共にピンインは中国以外の国でも中国の地名・

人名の表記法として広まっている。ピンインでは通常の英単語のつもりで発音すると、まったく違うものになってしまう可能性がある。というのも、QやXなどは英語とは違う発音を表すために用いられているからである（後ほど詳しく解説）。

ところで、北京を表すスペルとしては他にもPekingがある。これはさらに古くからあるスペルで、南京官話の発音、つまり明代から清代にかけて官吏が使った共通語の発音に由来している。17世紀に中国に渡ってきたイエズス会・フランチェスコ会などの宣教師たちは、当時の発音に従ってPekingと記し、それがヨーロッパに伝わった。ところで、Pekingのkiの発音は、現代の標準中国語である「普通話」ではjiになっている。日本語の漢字の音読みで「キ」となるものは多数あるが、実は、現代中国語には「キ」と発音するものが1つもない。清末までは南京官話が主流で「キ」の音だったが、アヘン戦争以降に北京官話が一般的になると「キ」から「ヂ（チ）」へと変化した。本書では、南京官話に由来する発音や、ウェード式の発音が広く知られている場合、その表記も掲載している。もしそうした広く通用している発音がない場合、ピンインによる表記を記している。ちなみに、ピンインによる表記は中国本土のもので、台湾では**注音符号**（ボポモフォ）という表記法が用いられている。

北京大学は、現在でも南京官話の発音のPekingと表記している。

音引き ― 付ける？ 付けない？

● 古代の中国語である「中古音」の時代、母音には長短があったと考えられている。しかし、やがてその違いが消失し、現代中国語には母音の長短の区別がない（古代の中国語の名残がある広東語には、今も母音の長短が残っている）。本書では、中国語の発音のカタカナ表記は、**開音節**（シーとかマーのように子音で終わらない音節）は**長音**で、**閉音節**（ヤン、コンのように子音で終わる音節）は**短音**で表記した。アラビア語や東南アジアの言語も、カタカナで長音にするか短音にするかで悩むことがあるが（スルタンとスルターン、チャンパーとチャンパなど）、現在世界史の教科書などで比較的多く使われている表記を採用している。

開音節なので長音　閉音節なので短音　ハングルではすべて短音

スーマー ヤン　**スー マー ヤン**　**ケソン**ｸﾞ

[səːmaː jæn]　[szː maː jæn]　[kɛsɔŋ]

F-42 **Sima Yan** / 司马炎 Sī Mǎ Yán　N-22 **Kaesong**

英語化した中国語　**ピンイン表記**　**ハングルのローマ字化**

道教 Taoism / Daoism

● 道教のことを英語では Taoism とも Daoism とも表記する。これは、中国語では T と D の違い、すなわち、**濁音**（言語学でいえば**有声音**）と**清音**（**無声音**）との区別がないためである。そのため、英語では Taoism、Daoism のどちらでもよいことになる。同様に日本語でも、道のことをタオと書いてもダオと書いてもよいということになる。一方、中国語には**無気音**と**有気音**の違いが存在し、この 2 つの違いがない日本語や英語の話者を悩ませることになる。本書では、中国語のピンインで b、d、g、j、zhi、zi は、英語化したスペルのカタカナ表記ではバ行、ダ行、ガ行、ヂャ行、ヂャ行、ヅァ行で表し、ピンインに付けたカタカナ表記では、パ行、タ行、カ行、チャ行、チャ行、ツァ行で表した。こうした 2 種類の表記によって、ピンインの b は日本語のバ行とパ行、どちらとも言い切ることはできないことを思い起こさせている。

ピンインでは無気音を有声音の文字 g で表記するため、欧米ではその文字につられてしばしば [g] で発音される。

こちらではガ行で表記する。

中国語のピンインの g は国際発音記号（IPA）で表記すると [k] と書かれるため、こちらではカ行で表記する。

ヂューゴー リャンᶢ [dʒuː gəː ljæn]　　**ツーコー リァンᶢ** [tʂʷuː kɤː lʲaŋ]

F-24 **Zhuge Liang** / 诸葛亮 Zhū Gě Liàng

声調記号のない**英語化したスペル**

漢字ごとにスペースで区切った**ピンイン表記**

黄河 Huáng Hé ファン ヒー？ヘー？ホー？

● 中国語のピンインは国際発音記号とは異なり、文字と発音が一対一の対応をしていない。注意が必要なものの 1 つはピンインの e だ。e は国際発音記号の [ɤ] で、脱力してあいまいに「オ（ないしはア）」のような音を出す。英語には相当する発音がないので、あいまい母音 [ə] で発音されることが多い。本書のカタカナ表記では、とりあえず「オ」の音で翻字している。英語のように「ヒー」と発音したり、ローマ字読みのように「エー」と発音してはいけない。一方、e の前に i や u、後に n が来る場合は、[e] の音で発音される。

イェロー リヴァ [jélou rívɚ]　　**ファンᶢ ホー** [xʊaŋ xɤː]

A-1 **Yellow river** / 黄河 Huáng Hé

ヅォンᶢ ヅー [dzəŋ dzəː]　　**ツォンᶢ ツー** [tsɤŋ tsʐ̩ː]

C-8 **Zengzi** / 曾子 Zēng Zǐ

● インダス川は英語で the Indus「ズィ インダス」や the Indus river または Indus river となる。日本語では「インダス川」のように必ず「川」が付くが、river を付けないケースが極めて多い場合、見出し語には river を省いている（他にも the Ganges ガンジス川など）。また the も省略している。しかし、黄河の Yellow river から river は省略できない。

宋 Song / 秦 Qin

本書では、英語の song [sɔːŋ]「歌」をカタカナでソングと表記することに準じて、音節末の [ŋ] はカタカナ発音で「ング」と表記している。ただし続く子音が g や k の時は省略することもある。ングの「グ」は、はっきりグ [gu] と発音しないように。

● 宋は、中国語では song ソンᶢ [sʊŋ] になる。このように、日本語の「オウ」が、中国語で「オン」になる漢字は、ほとんどの場合、中国での発音の最後の子音が、歯茎鼻音の [n] ではなく、軟口蓋鼻音の [ŋ] である。例をあげれば、「王」は日本語で「おう」、中国語で wang ワンᶢ [wɑŋ] で、古代の中国でも王の最後の子音は [ŋ] だった。しかし日本語に伝わってオンᶢ [ʊŋ] がオウ [ou] に変化した。ちなみに「暗黒（あんこく）」の「ん」が [ŋ] であり、一方、「案内（あんない）」の「ん」の音は [n] である。それに対して、日本語も中国語も「オン」で終わる漢字は、中国語では最後の子音が [n] である。例えば、秦 シン→中国語で Qin [tʃin] チン。晋 シン→中国語で Jin [dʒin] ヂンなど。このルールを用いれば、日本語漢字音から、中国語では -n か -ng なのかがある程度推測できる。

舌歯音 zi / ci / si そり舌音 zhi / chi / shi

● 中国語のピンインの zhi、chi、shi は、舌歯音 zi、ci、si の発音に似るが「そり舌音」という日本語にはない音で、英語の [r] と似た感じで舌を巻きあげて発音する。ピンインの i は基本的に [i] で発音して問題ないが、舌歯音とそり舌の時の i だけは例外で、子音の口の形のまま音を出す。ピンインの発音記号では母音が書かれず長音記号のみである。特に舌歯音 + i の zi、ci、si の音は、「ヂー、チー、シー」よりは「ヅー、ツー、スー」に聞こえる。

舌歯音 + i の zi、ci、si はヅー、ツー、スーと表記する。

シー スーミンᶢ	/	シー スー ミンᶢ
[ʃiː səːmiŋ]		[ʂʐ̩ː sz̩ː mʲəŋ]
G-27 **Shi Siming**	/	史思明 **Shǐ Sī Míng**

中国語のピンインの shi を国際発音記号（IPA）で表記する場合に、[ʂiː] という表記がなされることもある。

王翦 Wang jian はワンᶢチャン？ ワンᶢヂエン？

● ピンイン表記の jiang、qiang、xiang はヂアンᶢ、チアンᶢ、シアンᶢだが、jian、qian、xian のように音節が n で終わる場合、a は [æ] と発音され、ヂエン、チエン、シエンと発音する。同様に juan、quan、xuan もヂュエン、チュエン、シュエンとなる。ちなみに、ピンインの -ian はウェード式では -ien と書かれる（ウェード式の王翦は Wangjien）。

オスマン帝国 Ottoman Empire? empire?

● オスマン帝国などの〜帝国という場合、英語では大文字の Empire と小文字の empire のどちらの表記も見られる。同様に、「〜王国」の Kingdom か kingdom や、「〜王朝」の Dynasty か dynasty という場合、本書では便宜的に小文字表記に統一している。

中国人の氏・姓・諱・字・諡・廟号

秦の始皇帝
姓：嬴（えい）
氏：趙
諱：政
字：（不明）
諡号：なし

孔子
姓：子
氏：孔
諱：丘
字：仲尼
諡号：文宣王

諸葛孔明
姓：諸葛
諱：亮
字：孔明
諡号：武侯

● 現在の日本では「姓」と「氏」と「名字（苗字）」は同じ意味を持つ。しかし、古代の中国では、姓と氏とは意味が異なり、さらに幾つもの名を持っていて使い分けていた。

● **姓**は**せい**、もしくは**かばね**という。血縁のある部族集団ごとに姓を持つが、古くはその部族の首長層のみが使用し、一般庶民は用いなかった。太古の中国が**母系制社会**だったことを反映しているため、夏の**姒**（じ）、周の**姫**（き）（姬）、太公望の**姜**（きょう）（羌）、秦の**嬴**（えい）などのように古い姓には女という漢字を含む例が多いという。英語の定訳はないが ancestral name、ancestral clan name。姓氏の区別がなくなった時期には family name、surname などが使われる。

● **氏**は**し**、または**うじ**と読む。氏は本来、同一の姓を持つ「部族」から分かれた小集団である「氏族」を表す呼び名だった。君主により封じられた土地の地名が用いられたり（**陳**や**魏**、**趙**や**韓**）、職業名が用いられた場合（**司馬**など）があった。また、先祖を示す**張**（始祖が弓の名手）や**孔**（孔子の子孫）、**公孫**（公の孫、つまり子孫）などがあった。しかし、春秋戦国時代以降は、姓と氏の区別がなくなっていった。中国では氏姓は漢字1字からなる「単姓」が大多数を占めるが、司馬や公孫、欧陽のように漢字2字以上の「複姓」も存在する（一方、日本では2文字の氏姓が比較的多い）。氏の英語には定訳はないが、clan names、branch lineage name などが見られる。

● **諱**（given name）は**いみな**といい、父親の付けた実名のこと。日本語で**忌み名**（いみな）とも書く。本人が謙遜して自称する時や、親や主人や君主、師が呼ぶ時は諱を使うことができたが、それ以外の場合は実名で人を呼ぶことを避けるのが習慣だった。特に皇帝の諱は、公文書では一切使われず、さらには同じ字を使った人名や地名が改名させられたり、その漢字の末画を欠かせるなどの手段が採られた（これを**避諱**（ひき）という）。例えば、漢の初代皇帝**劉邦**の諱は**邦**であったため、漢の時代は「邦」の字は使用できなくなった。そのため、「くに」を指す言葉が「国（國）」で置き換えられた。戦国時代の首相のような役職だった相邦（しょうほう）は、**相国**（しょうこく）という役職名に変えられた。余談だが、朝鮮の**辰韓**（N-11）は、中国からの移民による国だと考えられていたが、『後漢書』

には、辰韓人が「国のことを邦と呼んでいる」という記述があり、辰韓人が劉邦の避諱が行われる以前、つまり漢の時代以前の移民であることが推定できる。避諱は時に年代の算定に役立つ。

- **字** (Courtesy name、style name) は、**あざな**といい、普段呼び合う時に使うもの。一般には成人した時に命名する。よく用いられる字には長男は**伯**（妾の子の長男は孟)、次男は**仲**、三男は**叔**、四男や末子は**季**というものがある。また兄弟で同じ漢字を用いるというケースもある。司馬懿の字は「仲達」だが、兄に司馬朗「伯達」、弟に司馬孚「叔達」など８人兄弟の字すべてに**達**が付いていたので、**司馬八達**と呼ばれた。司馬懿の息子たちは、司馬師「子元」、司馬昭「子上」、司馬亮「子翼」など「子」が共通して付いていた。他にも、いろいろな由来で命名されることがある。孔子の字の**仲尼**は、誕生時の頭の形が「尼丘」という孔子の故郷にある丘に似ていたから「尼」という漢字になったという（「仲」は次男の意)。
- **号** (art name、pseudonym) は書家や画家、文人などが用いる風流的な名前(**雅号**ともいう)。自分で名付けたり、師が名付けたりする。例：蘇軾→**東坡居士**（そのため蘇軾は**蘇東坡**（そとうば）とも呼ばれる)、趙孟頫→**松雪**など。後述する廟号や諡号は、それとは別で特殊なもの。
- **諡** (posthumous name) は**おくりな**という。本人の死後に、その子孫や家臣などが、生前の功績や悪行を評価して付ける名前。皇帝や王の場合、諡に称号を加えた**諡号**（しごう）が用いられた。**高帝**（王朝の創始者)、**武帝・武王**（武力によって領土を拡張した皇帝や王)、**恭帝**（王朝最後の皇帝)、**哀帝**（短命ないしは夭折（ようせつ）した皇帝）など。ただし、**秦の始皇帝**は諡号を禁じたため秦の皇帝には諡号がないが、次の漢王朝では復活した。唐代以降、諡号は長くなっていった。
- **廟号** (temple name) は**びょうごう**と読む。先祖を祭る廟に載せる名前。太祖や**高祖**（王朝の創始者)、**太宗**（太祖の次の皇帝)、**世祖**（王朝を復活させた皇帝）など。漢代では徳の高い皇帝のみが廟号を持ったが、唐以降では皇帝はみな廟号が付けられた。明代以降は**一世一元の制**が採られ、1人の皇帝が 1つの元号となったため、「元号＋帝」の呼び名が用いられるようになった（元号が「康熙」の時代の皇帝のことを康熙帝、元号が「雍正」の皇帝を雍正帝と呼んだ)。

唐の太宗

姓：李
諱：世民
字：敬真
廟号：太宗
諡号：文武大聖大広孝皇帝

康熙（こうき）帝

姓：愛新覚羅
諱：玄燁（げんよう）
字：(不明)
廟号：聖祖
諡号：仁皇帝※

※仁皇帝は略称なので実際の諡号はもっと長い。康熙帝の諱を避けるため、紫禁城の玄武門は神武門に変更させられた。また、下のように１画を減らした欠字（けつじ）も用いられた。

玄→玄
燁→燁

マルコ・ポーロ？ マルコ＝ポーロ？ Marco Polo

● 英語その他のヨーロッパの言語では、Marco Polo のように姓と名はスペースで区切られているが、日本語では「マルコ　ポーロ」のように書くと収まりが悪いため、スペースの代わりに**マルコ＝ポーロ**のように「＝」を用いる方法や、**マルコ・ポーロ**のように「・」(中黒(なかぐろ)という) で区切る方法がある。日本の正書法としては、どちらも可能。ちなみに、「＝」はイコールに見えるが、イコールは「＝」で、「＝」は**ダブルハイフン**といい横幅が違う。さて、アラビア語をローマ字化する際に、定冠詞 al アルや、分離不可能な接頭辞などと、それに続く名詞の間には「-」ハイフンが挿入され、日本語で表記する際には、大抵ダブルハイフンが用いられる。例えば、アッバース朝第５代カリフの Harun al-Rashid ハールーン・アッ＝ラシードや、マルムーク朝の女カリフ Shajar al-Durr シャジャル・アッ＝ドゥッルなど(アッはアルが変化したもの)。ただし、定冠詞 al の後に必ずハイフンが入るとは限らず、Alhambra「アルハンブラ宮殿」のようにハイフンを入れない表記が一般化しているものもある。スペースの代わりに中黒で区切る場合、ハールーン・アッ＝ラシードのように元のハイフンとスペースが区別できるが、スペースの代わりにダブルハイフンを使うと、ハールーン＝アッ＝ラシードのように本来のハイフンの区切りが判別できなくなる。というわけで、本書ではスペースに対応する区切り記号として「・」(中黒) の方を採用している。

アメリカ英語とイギリス英語

● 本書の発音記号やカタカナ表記は、**アメリカ英語の発音**。イギリス英語とアメリカ英語では、一般の単語と同様に歴史用語の発音も異なっている。以下に数例を示す。

- **単音の o**　米 [ɑ] / 英 [ɔ]　例：**Pottery** 米 [pɑ́təri] **パタリ** / 英 [pɔ́təri] **ポタリ**
- **-er**　米 [ɚ] / 英 [ə(r)]　例：**Turk** 米 [tɚ́ːk] **ターク** / 英 [tə́ːk] **ターク**。[ə] はあいまい母音。[ɚ] は R音性母音といい、アメリカ英語の発音に見られ、[ə] を発音すると同時に、舌をそらせて R の音のような響きを持たせたもの。イギリス英語では R音性化はしない(R音性母音が苦手な日本人には、この点でいえばイギリス英語の方が発音しやすいかもしれない)。イギリス英語で -ar、-or、-er などの場合、大抵は r を発音しない（例:car「車」米 [kɑɚ] **カー** / 英 [kɑː] **カー**）。

発音記号の表記に関して　●本書では基本的にアメリカ英語の発音のみを掲載しているが、単語によってはイギリス英語やフランス語、ドイツ語などの発音も掲載している。
●本書では代表的な発音を掲載したが、他にも発音の仕方が複数存在する場合がある。
●発音記号は、基本的にジョーンズ式で記している。第2アクセント記号は省略した。

Part I

China

中国

A 古代中国・殷

A-1 **黄河**（こうが）
中国北部を流れる、中国で2番目に長い川（全長約 5,464km）。黄河流域には、古くから**黄河文明**が出現した。

A-2 **長江**（ちょうこう）
全長約 6,300km の中国一の大河川。ナイル川、アマゾン川に次ぐ世界第3の長さの川。長江流域にも**長江文明**が栄えた。

または**揚子江**（ようすこう）
揚子江は本来、長江の河口近くの揚州における名称。西欧や日本では長江全体に使われている。

A-3 **仰韶文化**（やんしゃおぶんか）
仰韶は「ぎょうしょう」とも読む。黄河文明の1つで、雑穀を栽培し、彩陶や磨製石器を使用した。

A-4 **彩陶**（さいとう）
仰韶文化を特徴付ける土器。赤褐色の土器に、紅色や黒、白の顔料で幾何学模様が描かれた。

A-5 **竜山文化**（ろんしゃんぶんか）
竜山は「りゅうざん」とも読む。黄河文明の1つで、仰韶文化の次に出現した。

A-6 **黒陶**（こくとう）
竜山文化を特徴付ける土器。土器は表面と内側が黒く、厚さは薄く、表面は研磨され、光沢がある。形は多様化・複雑化している。

A-7 **三皇五帝**（さんこうごてい）
中国の神話時代の支配者。**三皇は神**、**五帝は聖人**であり、後代に彼らは理想の君主とみなされた。

A-8 **伏 義**（ふくぎ／ふっき）
三皇の1人。女媧と共に大洪水の生き残りで、人類の始祖とみなされている。**文字**や**魚網**、易の**八卦**（はっけ）を発明した。

A-9 **神農**（しんのう）
三皇の1人。「炎帝」と同一視されている。農具を発明し、人民に**農耕**を教え、自ら多くの草をなめて**医薬品**を初めて作ったとされる。

A-10 **女媧**（じょか）
三皇の1人。伏義の妹または妻とみなされている。三皇として女媧の代わりに**燧人**（すいじん）を挙げる文献もある。

A-11 **黄帝**（こうてい）
五帝の1人。名は軒轅（けんえん）。暴虐な蚩尤（しゆう）を倒し帝となる。**衣服・貨幣・医学・養蚕・音律**の創始者。漢民族の祖。

A-12 **黄帝内経**（こうていだいけい）
現存する中国最古の医学書『黄帝内経』（前漢時代）は、作者不明だが、黄帝の名が付されている。

A-13 **顓頊**（せんぎょく）
五帝の1人。黄帝の孫。高陽氏とも呼ばれる。曾孫の**重**（ちょう）と**黎**（れい）に命じて天地を分離させたという。

黄河の名は、上流からの黄土によって黄色くなるのが由来。流域は肥沃な黄土地帯が形成される。

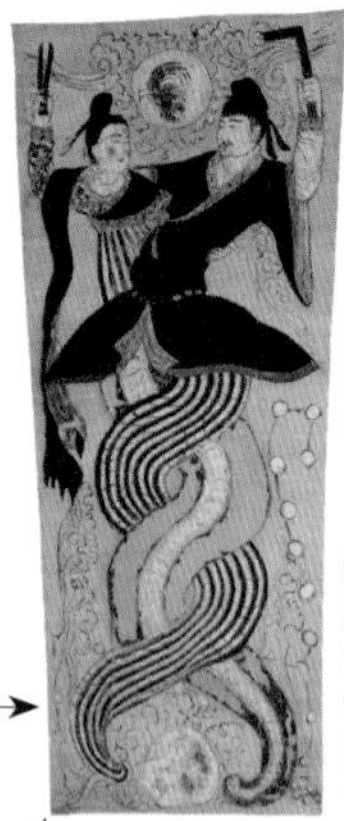

新疆ウイグル自治区のアスターナ古墓群から発掘された伏義と女媧を描いた絵画。伏義と女媧は、蛇身人首の姿で描かれている。女媧は黄河の黄土でできた泥人形に命を吹き込んで人間を創造したという。

河南省鄭州市にある炎黄広場の「炎帝と黄帝」の胸像。高さは約106mあり、世界有数の高い像。

三皇は文献によって異なり、『史記』では伏羲・神農・**女媧**だが、『含文嘉（がんぶんか）』では女媧ではなく燧人に、『帝王世紀』では女媧の代わりに**黄帝**が入っている。三皇は半人半獣であったり、天地を修理したりと神のように描写されている。五帝も『史記』では黄帝・**顓頊**・**嚳**・堯・舜だが、『易経』では**伏羲**・**神農**・黄帝・堯・舜であり、業績も文献によって異なる。

河南省洛陽市の二里頭（にりとう）遺跡。殷王朝は、考古学的に確認された中国最古の王朝とされてきた。近年、二里頭遺跡の早期の地層が、夏王朝中後期の都と推定され、夏王朝の実在が考古学的に認められてきている。

右は山西省の舜帝陵にある琴を弾く舜の像。舜の母の死後、父は再婚したが、新妻の子を跡継ぎにするため息子の舜を幾度も殺そうとした。そんな父にも舜は孝を尽くし、異母弟にも親切だった。

嚳（こく） A-14

もしくは帝嚳。五帝の1人。黄帝の曾孫。高辛氏ともいう。生後すぐに自分の名を言うことができたといい、聡明で私欲がなく、徳と仁愛によって民を治めたという。

堯（ぎょう） A-15

五帝の1人。嚳の次男。民間から登用して治水に功のあった臣下の舜に禅譲（ぜんじょう）、つまり生前に位を譲った。

舜（しゅん） A-16

五帝の1人。儒教において、堯と並んで聖人として崇められた。琴の創始者は舜だとする言い伝えがある。

禹（う） A-17

名は文命（ぶんめい）で、禹は諡号（しごう）。大禹、禹王ともいう。夏王朝の創始者。先帝の舜は、治水のため禹を登用し、後に禅譲した。

夏（か） A-18

『史書』に記されている中国最古の王朝。初代の帝である禹から、最後の桀（けつ）まで 17 代で 471 年間続いたといわれている。

桀（けつ） A-19

夏王朝の最後の王。初代の禹は徳で治めたが、桀は武力で諸侯を支配したため、民心を失った暴君とされている。

殷（いん） A-20

古代中国の王朝。夏を滅ぼした**天乙**（てんいつ・後の湯王）が、夏王朝の桀を倒して樹立。甲骨文字を用い、青銅器を作った。

商（しょう） A-21

殷王朝は、当時は商と呼ばれていた。殷の滅亡後、その遺民たちが店舗を持たず行商で生計を立てたため、「商人」という言葉が生まれた。

殷墟（いんきょ） A-22

殷王朝後期の首都の遺跡。当時は「大邑商」と呼ばれた。殷王の王墓と思われる巨大な地下墓坑が十数カ所も発見されている。

殷朝の第 22 代の王「武丁（ぶてい）」の妃の1人**婦好**（ふこう）の墓である「婦好墓」。殷時代の王室墓で盗掘されていない唯一の墓。1976 年に殷墟の宮殿内から発見された。青銅器 468 点、玉器 755 点や骨角器 564 点が出土。男女 16 人、犬6匹が殉葬されていた。婦好は、数多く兵を率いたとされており、中国最古の女性将軍と呼ばれている。

甲骨文字（こうこつもじ） A-23

1899 年に、北京で**王懿栄**（おういえい）が**竜骨**と呼ばれる獣の骨の化石を発掘中に、甲骨文字を発見した。

邑（ゆう） A-24

四方を城柵で囲んだ、古代中国の都市国家的な集落。殷王朝は現代的な国家というより、邑の集合体だった。

婦好墓から発掘されたフクロウをかたどった青銅器。

青銅器（せいどうき） A-25

夏や殷などで作られた青銅製の食器・酒器・楽器・武器。殷の青銅器は獣面紋や雷紋と呼ばれる複雑な模様が特徴的。

紂王（ちゅうおう） A-26

殷の第 30 代にして最後の王。**帝辛**（ていしん）とも呼ばれる。文武両道の優秀な王だったが、妲己を溺愛して国を傾けた。

『春秋列国志伝』によれば、妲己の正体は九尾（きゅうび）の狐だったという。

葛飾北斎が描いた妲己。

妲己（だっき） A-27

殷王朝を滅亡に導いたとされる紂王の妃。毒婦の代名詞。紂王は妲己を喜ばせるため、反逆者を残酷な刑に処した。

A Ancient China・Yin

へーやヒーとは読まない。p.10 参照

A-1
イェロー リヴァ [jélou rívɚ] / ファンｸﾞ ホー [xʊaŋ xɤ:]
Yellow river / 黄河 Huáng Hé

A-2
チャンｸﾞ リヴァ [tʃæŋ rívɚ] / チャンｸﾞ チャンｸﾞ [tʂʰaŋ tɕaŋ]
Chang river / 长江 Cháng Jiāng

A-3
ヤンｸﾞツー リヴァ [jæŋ tsə: / jɑ:ŋ tsi rívə] / ヤンｸﾞ ツー チャンｸﾞ [jɑŋ tsẓ: tɕaŋ]
Yangtzi river / 扬子江 Yáng Zǐ Jiāng

Yangtze とも書く。

A-4
ヤンｸﾞシャオ カルチャ [jæŋ ʃaʊ kʌ́ltʃɚ]
Yangshao culture

ng ンｸﾞの「ｸﾞ」は [n] ではなく、[ŋ] であることを表す印なので、[gu] グとはっきり発音してはならない。p.11 参照。

A-4
ペインティッド パタリ [péintid pátəri]
painted pottery

A-5
ロンｸﾞシャン カルチャ [lɔŋ ʃɑn kʌ́ltʃɚ]
Longshan culture

A-6
ブラック パタリ [blæk pátəri]
black pottery

A-7
スリー サヴリンズ アンド ファイヴ エンペラズ [θrí: sάvrənz ənd faiv émp(ə)rɚz]
Three Sovereigns and Five Emperors

A-8
フー シー [fu: ʃi:] / パオ シー [paʊ xʃ:] / フー シー [fu: xi:]
Fuxi / Paoxi / 伏羲 Fú Xī

A-9
ディヴァイン ファーマ [diváin fάɚmɚ] / シェン ノンｸﾞ [ʃen nɔŋ]
Divine Farmer / 神農 Shén Nóng

A-10
ニュー ワー [nju: wɑ:] / ニュー ワー [ny: wɑ:]
Nuwa / Nüwa / 女娲 Nǚ Wā

[y] は、唇をウの形にしてイと発音する。

A-11
イェロウ エンペラ [jéloʊ émpərɚ] / ホワンｸﾞ ティー [hwɑŋ tʲi:]
Yellow Emperor / 黄帝 Huáng Dì

A-12
イナ キャノン オヴ ザ イェロウ エンペラ [ínɚ kǽnən əv ðə jéloʊ émpərɚ]
Inner Canon of the Yellow Emperor

黄帝内经 Huangdi Neijing とも書く。

A-13
ヂュアン シュー [dʒuɑn ʃu:] / チュアン シュー [tʂuɑn ɕy:]
Zhuanxu / 颛顼 Zhuān Xū

◆**Yellow river 黄河** 英語では、黄河の河も長江の江もどちらも river と訳すが、中国語では本来、「河」が黄河の固有名で、「江」は長江を指す固有名だった。やがて、河や江は他の大きな川にも使われるようになる。

◆**Three Sovereigns and Five Emperors 三皇五帝** Sovereign は、英語で「主権者、元首、君主」を意味し、絶対的な権力を有する支配者を表す。ちなみに、前 221 年に中国初の全土統一を果たした秦の始皇帝は、善政の手本とされた三皇五帝にちなんで「皇」と「帝」をつなげ、「皇帝」という称号を作って自らが最初の「皇帝」となった。英語で「帝」も「皇帝」も emperor と訳してしまうと、この違いが分からなくなる。

◆**Divine Farmer 神農** divine は、英語で「神の、神聖な」を意味する語。オペラの女性歌手やプリマドンナを指す diva ディーヴァは名詞（女性形）である。神農は、体は人で、頭は牛の姿に描かれ、腹が透明で内臓が外から見えたため、薬草を試した際の内臓の反応を目で確かめたという伝説がある。日本の漢方医達は古来より神農を薬の神として崇めてきた。薬種問屋が集まる大阪市中央区の道修(どしょう)町では、冬至に「神農祭」が祝われている。

殷の重臣・**箕子**（きし）は紂王の非道を厳しく諫（いさ）めたが聞き入れられず、身の危険を感じ狂人のふりをして生き延びた。周の武王が紂王を倒した後、王は箕子に朝鮮を与えた（**箕子朝鮮**）。箕子が朝鮮から周へ参内する途上、宮殿の跡形もない殷墟を見て**麦秀の歌**（ばくしゅう・麦が伸び放題の意）を作った。以後、亡国を嘆くことを**麦秀の嘆**（たん）というようになった。

◆**Yu the Great 禹**　禹は治水事業を成功させたことによって王となったが、禹は中国のみならず、日本でも古くから治水の神様として崇められてきた。孫悟空の如意棒は、「禹王」が治水の際に海や大河の深さを測定するためのおもりとして使った「定海神針（ていかいしんしん）」だといわれている。

江戸の浮世絵師・窪俊満（くぼしゅんまん）が描いた孫悟空。

Yu that controls the flood
「治水の禹」のように呼ばれることもある。

王朝最後の王はいつも暴君？

殷の最後の王・紂王が催したとされる享楽的な宴のことを**酒池肉林**といい、現在でも成語として使われている。「酒池」は、池を酒で満たすこと。「肉林」は肉欲のことではなく、豚肉を林のように吊るした様子を指す。もっとも紂王の酒池肉林では、多くの男女が裸で戯れていたという。夏王朝最後の桀王も紂王と同様に、**妺喜**（ばっき）と呼ばれる美女に溺れ、贅沢な宴を催したとされており、2人の話は似ている。夏の桀王・殷の紂王は暴君の代名詞とされ、暴君のことを**桀紂**（けっちゅう）という表現もある。とはいえ、果たして本当にそこまでこの2人が悪人だったのかというと、彼らを倒した次の王朝が、反逆を正当化するためのプロパガンダだったという見方もある。ちなみに、紂王のピンインのzhouという表記は、日本人は「ゾウ」と読みたくなるが、「そり舌音（捲舌音）」という舌先をそり上げる音で、日本語にはない発音である。

エンペラ クー [émpərə kuː]　クー [kuː]
Emperor Ku / 喾 Kù　A-14

エンペラ ヤオ [émpərə jaʊ]　ヤオ [jaʊ]
Emperor Yao / 尧 Yáo　A-15

エンペラ シュン [émpərə ʃun]　シュ(ェ)ン [ʂʷən]
Emperor Shun / 舜 Shùn　A-16

ユー ザ グレイト [juː ðə gréit]　ユー [yː]　ターユー [taːyː]
Yu the Great / 禹 Yǔ / 大禹 Dà Yǔ　A-17

シャー ダイナスティ [ʃɑː dáinəsti]　シャー [ɕɑː]
Xia dynasty / 夏 Xià　A-18

キンᵍ ヂエ オヴ シャー [kiŋ dʒie əv ʃɑː]　チエ [tɕe]
King Jie of Xia / 桀 Jié　A-19

イン ダイナスティ [in dáinəsti]　イン [in]
Yin dynasty / 殷 Yīn　A-20

シャンᵍ ダイナスティ [ʃaŋ dáinəsti]　シャンᵍ [ʂaŋ]
Shang dynasty / 商 Shāng　A-21

イン ルーインズ [in rúːinz]　イン スー [in ɕyː]
Yin ruins / 殷墟 Yīn Xū　A-22

オーラクル ボウン スクリプト [ɔ́ːrəkl bóun skrípt]
oracle bone script　A-23

ウォ(ー)ルド スィティ [wɔld síti]　イー [iː]
walled city / 邑 yì　A-24

ブランズ ウェア [branz wéə]
bronze ware　A-25

bronze-ware とハイフンでつなげたり、bronzeware と1語にすることもある。

キンᵍ ヂョウ オヴ シャン [kiŋ dʒou əv ʃaŋ]　チョウ [tʂəu]
King Zhou (of Shang) / 紂 Zhòu　A-26

ダーチー [daːtʃiː]　ダーヂー [daːdʒiː]　ターチー [taː tɕiː]
Dachi / Daji / 妲己 Dá Jǐ　A-27

B 周〈1〉春秋時代

B-1 **周**（しゅう）
紀元前1046年頃から前256年までの約800年間続いた王朝。中国の王朝として最も長いが、後半はその権威は落ち、支配は形骸化した。

B-2 **文王**（ぶんおう）
王となる前は**西伯昌**（せいはくしょう）と呼ばれた。姓は**姫**（き）、諱は**昌**（しょう）。儒者からは、子の武王と共に**聖王**とみなされる。

B-3 **武王**（ぶおう）
姓は**姫**、諱は**発**（はつ）。殷に圧迫されていた諸民族と共に殷の紂王を倒し、周王朝を樹立した。封建制度を創始。

B-4 **牧野の戦い**（ぼくやのたたかい）
周の武王が殷を打ち破った戦い。殷墟の南にある「朝歌」近くの牧野が戦場となった。

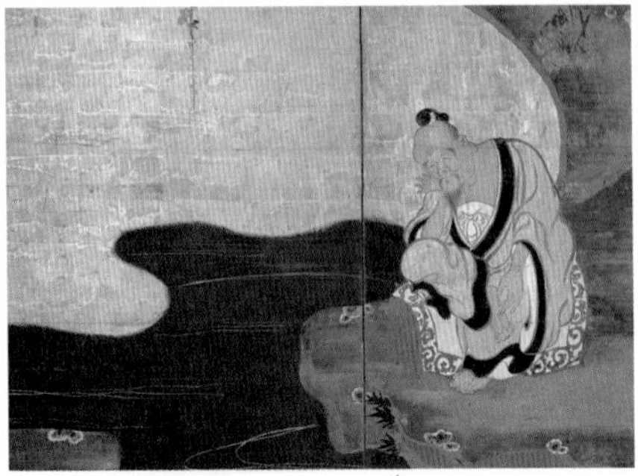

尾形光琳『金地著色太公望図』（部分）

太公望は日本では**釣り人の代名詞**として使われている。

B-5 **呂尚**（りょしょう）
姜子牙（きょうしが）ともいい、異民族である姜の首領だったと考えられる。古代中国の、元祖・軍師ともいわれる存在で、殷を滅ぼすのに貢献した。後に斉に封ぜられ、斉国の創始者となる。

B-6 **太公望**（たいこうぼう）
呂尚の別名。文王は狩りの帰りに、渭水で釣りをしていた老人（呂尚）と会い、「祖父（太公）の代から望んだ人物だ」と喜び、彼を軍師として迎えたという伝説がある。

B-6 **周公旦**（しゅうこうたん）
武王の弟。魯（ろ）に任ぜられたが、武王の死後は中央に戻り、武王の幼少の子・成王の摂政となって国の基礎を固めた。成王が成人すると中央から身を引き魯に戻った。魯出身の孔子は、彼を聖人として崇め、夢に見続けた。

洛陽周公廟博物館の周公旦像。

B-7 **西周**（せいしゅう）
周王朝の時代のうち、前771年の洛邑遷都までの間の鎬京に首都があった時期を「西周」という。この頃は周王に権威があり、諸侯たちは自らを王と唱えることはなかった。

B-8 **東周**（とうしゅう）
前771年の洛邑遷都から前256年までの515年間の呼称。前半は春秋時代、後半は戦国時代という。周王の権威は弱まり、形骸化した。

B-9 **春秋時代**（しゅんじゅうじだい）
東周の始まりから**三家分晋**（晋から趙・魏・韓の独立）までの時代。名は孔子の記した歴史書『春秋』に由来。

B-10 **鎬京**（こうけい）
周の武王は、首都を渭水のほとりの鎬京とし、洛邑を副都とした。別名「宗周」。付近に咸陽（かんよう）、長安（現、西安）が建てられる。

B-11 **渭水**（いすい）
現在の中国陝西省を流れ、黄河中流に注ぐ川。流域の渭水盆地は「関中」と呼ばれ、中国の歴代の首都が置かれた政治経済の中心地。

B-12 **洛邑**（らくゆう）
または「成周」。後の「洛陽」。異民族・犬戎によって鎬京陥落後、首都となった。名は洛邑の南に流れている川の**洛水**に由来する。

B-13 **犬戎**（けんじゅう）
周の西北の異民族。武王と盟約を組んで殷を滅ぼした諸民族の1つ。周王朝第12代の幽王の暴政に反発し、鎬京を陥落させた。

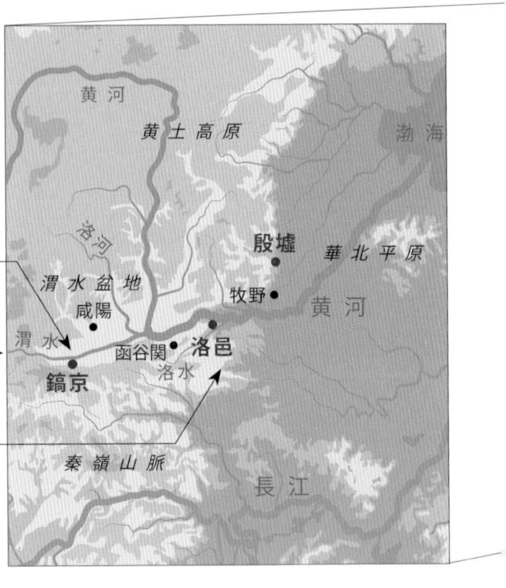

春秋時代に諸侯と盟約を結ぶ際、盟主は牛の耳を取り上げて切り、その血を同盟者がすすることによって天地神明にかけて誓いを立てた（これを「会盟」という）。ここから、主導権を握ることを**牛耳（ぎゅうじ）を執（と）る**、または**牛耳（ぎゅうじ）る**という言葉が生まれた。また、盟約の「盟」の字が、明（神のこと）と皿（血が入れられた皿）からなることとも関係がある。

尊王攘夷（そんのうじょうい） B-14

王を尊び、異民族をしりぞける思想。元々は周王を尊び、犬戎などの夷狄（いてき・異民族）を討つことを指した。春秋時代の覇者は、夷狄の侵入を退ける力が求められた。戦国時代に入り、かつては異民族とみなされてきた楚や越や呉が台頭し「戦国の七雄」となる頃には、もはや尊王攘夷は唱えられなくなった。後世、日本の幕末の志士もこの言葉を政治スローガンとして掲げた。

春秋（の）五覇（しゅんじゅうごは） B-15

春秋時代、諸侯の盟主となり異民族から周を守った者を**覇者**と呼んだ。そのうちの有力な覇者5人を「五覇」という。斉の桓公、晋の文公に加え、楚の荘王、呉の闔閭（こうりょ）、もしくはその子の夫差、越の勾践を指すが、秦の穆公、宋の襄公を指す場合もある。

葵丘の会盟では、「黄河の堤防を切ってはならないこと」を含む五条の禁令を互いに誓った。堤防を決壊させて戦いに勝てたとしても、その下流の国には甚大な被害が出るからである。

胆を舐める勾践。「臥薪嘗胆」の嘗胆の由来。

斉の桓公（せいのかんこう） B-16

葵丘（さきゅう）の会盟の盟主となることにより、春秋五覇の最初の覇者となった。

管仲（かんちゅう） B-17

友の鮑叔（ほうしゅく）によって推挙され、その友情は、**管鮑（かんぽう）の交わり**という表現の由来となる。 斉の名宰相。

晋の文公（しんのぶんこう） B-18

名は「重耳（ちょうじ）」。後継者争いのため19年間諸国を放浪した。逃亡時代に楚王に世話になった。

城濮の戦い（じょうぼくのたたかい） B-19

晋が楚に勝った戦い。楚王に謝し、三日分の行程だけ軍を遅らせた**三舎を避ける**は有名。

宋の襄公（そうのじょうこう） B-20

楚軍との「泓水の戦い」で敗れる。宋は殷の末裔であるとの誇りを持ち、礼を重んじる理想主義者。

泓水の戦い（こうすいのたたかい） B-21

宋の襄公は楚軍が戦いの準備をするまで待ち敗北した。**宋襄の仁**（無益の情けの意）の由来。

楚の荘王（そのそうおう） B-22

即位後の3年間は享楽にふけり、**鳴かず飛ばず**の由来となる。

呉王闔閭（ごおうこうりょ） B-23

呉を強国にした王。越王勾践に敗れ、子の夫差に復讐を誓わせた。

呉王夫差（ごおうふさ） B-24

父の遺言通り越の勾践に勝つが、後に勾践に敗れ自決した。

夫差は父の闔閭の遺言を心に刻むため、寝る時は薪を並べて寝て痛みを感じた。これが**臥薪嘗胆（がしんしょうたん）**の臥薪の部分の由来となる。

越王勾践（えつおうこうせん） B-25

夫差に破れた際に、苦い胆を寝所に掛けて毎日舐めた（嘗胆）。

秦の穆公（しんのぼっこう） B-26

百里奚（ひゃくりけい）や**蹇叔**（けんしゅく）などの他国出身の家臣を用いた。

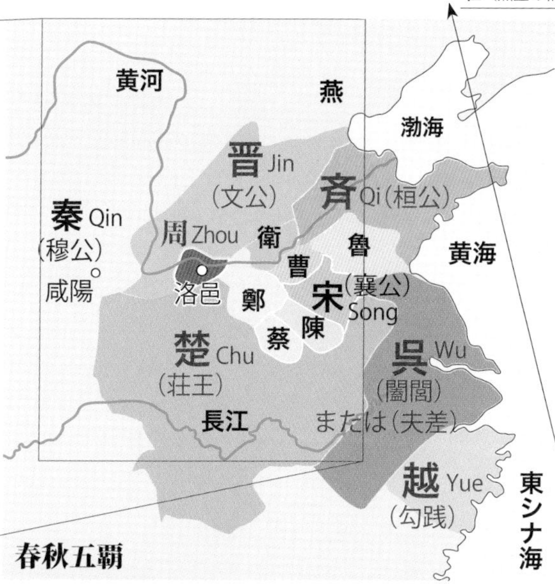

B Zhou〈1〉 Spring and Autumn period

ヂョウ　　ヂョウ ダイナスティ　　チョウ
[dʒou]　[dʒou dáinəsti]　[ʈʂou]
B-1 **Zhou / Zhou dynasty** / 周 Zhōu

キンㇰ ウェン　　ウェン ワンㇰ
[kiŋ wen]　[wen waŋ]
B-2 **King Wen** / 文王 Wén Wáng

キンㇰ ウー　　ウー ワンㇰ
[kiŋ wu:]　[wu: waŋ]
B-3 **King Wu** / 武王 Wǔ Wáng

バトル オヴ ムーイェー　　ムー
[bætl əv mu: je:]　[mu:]
B-4 **Battle of Muye / ～ of Mu**

ルー シャンㇰ　　ツァンㇰ ツーヤー
[ly: ʂɑŋ]　[tɕaŋ tsẓ: ja:]
B-5 呂尚 Lǚ Shàng / 姜子牙 Jiang Zi Ya

グランド デューク ワンㇰ　　タイ コンㇰ ワンㇰ
[grænd dju:k waŋ]　[tʰai kʷuŋ waŋ]
Grand duke Wang / 太公望 Tài Gōng Wàng

デューク オヴ ヂョウ　　チョウ ウェン コンㇰ タン
[djú:k əv dʒou]　[ʈʂəu wən kʷuŋ tæn]
B-6 **Duke of Zhou** / 周文公旦 Zhōu Wén Gōng Dàn

ウェスタン ヂョウ（チョウ）
[wéstən dʒou (ʈʂou)]
B-7 **Western Zhou**

イースタン ヂョウ（チョウ）
[í:stən dʒou (ʈʂou)]
B-8 **Eastern Zhou**

スプリンㇰ アンド オータム ピアリアド
[spriŋ ənd ɔ́:təm pí(ə)riəd]
B-9 **Spring and Autumn period**

ハオ チンㇰ
[xaʊ tɕiŋ]
B-10 镐京 Hào Jīng

ウェイ リヴァ　　ウェイ ホー
[wei rívə]　[wei xɤ:]
B-11 **Wei River** / 渭河 Wèi Hé

ルオ イー
[lwo i:]
B-12 洛邑 Luò Yì

チュアン ロンㇰ
[tɕʰuan rʊŋ]
B-13 犬戎 Quǎn Róng

中国西部に住んでいたので西戎 Xi Rong ともいう。

◆**Duke of Zhou 周公旦** 周公旦の「公」は、周代に諸侯に与えた爵位（公・侯・伯・子・男）のうちの最上位の階級。彼のように周王室と血縁のある諸侯に与えられた。それとは別に、周王室と関わりのない諸侯でも自国内では「君主・領主」という意味合いで「公」と呼ばれた。公の英訳の duke は西洋でも**公爵**の意。西洋の爵位の duke「公爵」、marquess「侯爵」、earl (count)「伯爵」、viscount「子爵」、baron「男爵」という訳は、周の爵位を用いている。

◆**Spring and Autumn period 春秋時代** 『春秋』とは、魯（ろ）出身の孔子の編纂によるとされる魯の年代記・年表のこと。この『春秋』で扱われている時代ということで「春秋時代」となった。春秋とは春夏秋冬の一年を略したもの。「いたずらに春秋を重ねる」は、「無駄に歳をとる」ことを意味し、「春秋に富んだ者」といえば、「将来の年月を多く持つ者」すなわち「年が若い者、将来のある者」のことを指す。

◆**Five Hegemons 春秋の五覇** 会盟の盟主となる「覇者」は英語で hegemon、五覇は five hegemons と訳される。hegemon は古代ギリシャ語で「指導者、司令官」を意味するヘーゲモーンに由来し、「主導権、覇権」を意味する英語の hegemony「ヘゲモニー」の由来ともなっている。ちなみに、英語の hegemon の発音は**ヘ**ジェマン、hegemony はヘ**ジェ**マニなので、語尾に -y が加わるとアクセントの位置が後ろの音節にずれることに注意。

◆**Duke Mu of Qin 秦の穆公（ぼくこう）** 秦の穆公は、

太公望（呂尚）は、若い時には読書にふけって働かず、貧乏生活だったために、妻の馬氏はあきれて離婚し去って行った。しかし、太公望が出世すると、元妻は復縁を求めて近づいてきた。そこで、太公望は水を入れた盆をひっくり返し、「水をもとに戻せるなら復縁しよう」と言った。ここから、別れた夫婦が元のさやに戻るのは難しいことを意味する**覆水盆に返らず**という表現が生まれた。

忠臣の百里奚と蹇叔が諫めるのを聞かず、晋の襄公（晋の文公・重耳の子）に対して無謀な戦いを仕掛けた。父の文公の喪中だった襄公は、白い喪服を墨染めにして戦い秦軍を打ち破った。秦の３人の将軍（孟明視、西乞術、白乙丙）は捕虜となり、処刑されそうになるが、襄公の母（実は秦の穆公の娘）が執り成して、「秦の穆公はこの３人の将軍を**怨むこと、骨髄に徹しています。**ですから３人を秦に帰し、穆公に思う存分に処刑させてください」と言った。そこで襄公は３人を秦に帰した。しかし秦の穆公は３人を怨むどころか、自らの非を認めて泣いて詫びた。**怨み骨髄に入る（徹す）**という成語はこの故事に由来する。

犬戎はなぜ「犬」？

犬戎は、古代中国の周囲の異民族**夷狄戎蛮**のうち、西の「戎」のこと。この中には羌や氐といった幾つもの種族が含まれる。quanは、中国語で「犬」を指すため、英語で犬戎をDog Rongともいう。古代中国の地理書『山海経』によれば、犬戎の先祖は２匹の白い犬であるとされている（山海経には多数の空想上の種族が登場する）。また同書には、「大封國（犬戎）は、状は犬の如し」と書かれているが、犬戎の何が犬のようなのか、衣服が犬の皮でできているのか、体格が犬のように精悍なのか、領土の形状が犬の形に似ているのか、定かではない。

清代の百科事典『古今図書集成』には、犬戎が犬の体に人の顔をもつ姿で描かれている。

ズン ワング ラングイー
[tswən waŋ ʐaŋ iː]
尊王攘夷 **Zūn Wáng Rǎng Yí** B-14

ファイヴ ヘジェマンズ
[faiv hédʒəmanz]
Five Hegemons B-15

デューク フワン オヴ チー
[djuːk hwaŋ əv tʃiː]
Duke Huan of Qi B-16

グワン ツォング
[gwan tswoŋ]
管仲 **Guǎn Zhòng** B-17

デューク ウェン オヴ ヂン
[djuːk wen əv dʒin]
Duke Wen of Jin B-18

バトル オヴ チョング プー
[bǽtl əv tʃəŋ puː]
Battle of Cheng Pu B-19

デューク シアング オヴ ソング
[djuːk ʃiaŋ əv soŋ]
Duke Xiang of Song B-20

バトル オヴ ホング スェイ
[bǽtl əv xʷuŋ ʂʷəi]
Battle of Hóng Shuǐ B-21

キング ヂュアング オヴ チュー
[kiŋ dʒuaŋ əv tʃuː]
King Zhuang of Chu B-22

キング ホーリュー オヴ ウー
[kiŋ xɤːlyː əv wuː]
King Helü of Wu B-23

キング フーチャー オヴ ウー
[kiŋ fuːtʃɑː əv wuː]
King Fucha of Wu B-24

Fuchai とも書かれる。

キング ゴウヂエン オヴ ユエ
[kiŋ goudʒiæn əv jue]
King Goujian of Yue B-25

デューク ムー オヴ チン
[djuːk muː əv tʃin]
Duke Mu of Qin B-26

B 周〈2〉戦国時代

智氏の君主・**智伯**は、韓氏と魏氏を趙攻略に加わらせ、趙の君主・**趙襄子**（ちょう じょうし）が守る**晋陽城**を水攻めにした。水攻めから3年の後、食料が尽きかけた時、趙襄子の家臣・**張孟談**は、韓氏と魏氏に会い、**唇亡びて歯寒し**（**唇亡歯寒**）（強欲な智伯は趙を滅ぼしたなら、必ず韓・魏も滅ぼそうとするはずだ）と説得し、智伯から離反させた。趙はダムを決壊させて形勢は逆転し、智伯が敗北した。

B-27 **戦国時代**（せんごくじだい）
三家分晋から秦が中国の統一を果たした前221年までの期間。劉向の『戦国策』（前漢時代）に由来する。

B-28 **晋陽の戦い**（しんようのたたかい）
晋国内で卿（けい）同士が対立。智氏は韓氏と魏氏を引き連れて、趙氏の晋陽城を攻囲した。

B-29 **三家分晋**（さんけぶんしん）
晋陽の戦いで韓氏と魏氏は智氏から離反し、前453年に智氏は趙氏に滅ぼされ、晋から趙、魏、韓氏が独立。

B-30 **三晋**（さんしん）
趙、魏、韓の3国は、晋の後継国家とみなされているため、「三晋」と総称されている。

B-31 **戦国（の）七雄**（せんごくしちゆう）
戦国時代に覇権を争った諸侯の支配する7つの国。諸侯は王と名乗るようになる。

B-32 **魏**（ぎ）
「三晋」の1つで、戦国時代初期に最も強大となった国。しかし、馬陵の戦いで斉に破れ、斉に覇権を譲った。

B-33 **文侯**（ぶんこう）
魏の最盛期に支配した開明的な君主。孔子の弟子の子夏や、将軍の呉起や楽羊（がくよう）、文官の李克（りこく）や西門豹（せいもんひょう）など、優秀な部下を積極的に登用した。

B-34 **呉起**（ごき）
魏の将軍、兵家の代表的人物。春秋戦国時代に著された兵法書『呉子』（ごし）は、呉起の著とされているが定かではない。

呉起は軍中で兵と同じ所で寝、同じ物を食べ、兵の傷の膿を自らの口で吸い出したため、兵たちから慕われた。

胡服騎射で採用された胡服。古代中国では戦車に乗って戦い、馬上で戦わなかった。武霊王は匈奴の騎馬戦術や服装を採用し、軍制を改革した。

B-35 **龐涓**（ほうけん）
魏の将軍。友人の孫臏（そんぴん）の才を恐れ、彼を罠にはめた。後に馬陵の戦いで、斉の軍師となった孫臏の罠にはまり死んだ。

B-36 **信陵君**（しんりょうくん）
姓・諱は魏無忌（ぎむき）。魏の第3代昭王の末子。戦国四君の1人。信陵君は、3,000人を超える食客を集めていた。

B-37 **趙**（ちょう）
趙氏は韓氏・魏氏と共に晋の家臣だったが、三家分晋で独立し、華北を支配した。北方の異民族と常に対峙していた。

B-38 **武霊王**（ぶれいおう）
趙の第6代君主。**胡服騎射**（こふくきしゃ）を取り入れ、武力を増強させた。沙丘の乱によって宮殿に取り残され餓死した。

B-39 **平原君**（へいげんくん）
姓・諱は趙勝。武霊王の子で恵文王の弟。戦国四君の1人。平原君も多くの食客を集めていた。

B-40 **邯鄲**（かんたん）
趙の首都。出世を夢見て田舎から出てきた青年の見た**邯鄲の夢**（または**邯鄲の枕**）という話の舞台となっている。

邯鄲にある武霊叢台（そうたい）。軍隊を閲兵する閲兵台だった。

戦国時代の始まりは、日本ではもっぱら、形としては中国の支配者であった周王朝の威烈王が韓・魏・趙の三氏を諸侯として認めた年である前 403 年とされている。中国では、晋の智氏が滅ぼされ、韓・魏・趙に事実上分立した前 453 年としている。

藺相如（りんしょうじょ） B-41

趙の恵文王の家臣。趙の将軍・廉頗との関係が**刎頸の交わり**として知られている。左の絵は、趙の持つ**和氏の璧**（かしのへき）と呼ばれる宝玉を、秦王相手に命がけで守り抜いている様子。

廉頗（れんぱ） B-42

趙の武将。南北朝時代に書かれ、書の手本とされた『千字文』の中で、「起翦**頗**牧（きせんはぼく） 用軍最精」と讃えられた戦国時代の戦上手の 4 人の将軍（白起、王翦、廉頗、李牧）のうちの1人。

廉頗は、貧しい身から出世して自分より上の地位になった藺相如へ不満を抱き不平を述べた。しかし、藺相如の謙遜で無私な精神を知って、廉頗は自らを恥じ、半身を脱いでいばらの鞭を背負い、藺相如に「不徳の私を鞭で打ってください」と謝罪した。以後二人は**刎頸（ふんけい）の交わり**と呼ばれる友情を築いた。これは「互いのために首を斬られても後悔しない仲」の意。

李牧（りぼく） B-43

趙の武将。「守戦の名将」。増大する秦軍に対して果敢に抵抗したが、秦の計略で、讒言（ざんげん）を聞いた趙の王により殺された。

韓（かん） B-44

韓氏は元は晋の皇族で家臣だったが、三家分晋で独立。名は**韓原**の地に封じられたことに由来する。戦国七雄のうち最初に秦に滅ぼされた。

斉（せい） B-45

創始者は、周の武王の軍師・太公望。16 代君主の桓公は「春秋五覇」の 1 人に数えられ、戦国七雄に数えられた強国。

馬陵の戦い（ばりょうのたたかい） B-46

前 342 年、斉が軍師・孫臏の采配の下で魏と戦い、圧勝した戦争。魏は以降、衰退した。

孟嘗君が集めた稷下の学士には様々な才能を持つ人物がいた（中にはモノマネ上手な者や盗人もいた）。

孟嘗君（もうしょうくん） B-47

または**田文**（でんぶん）。戦国四君の 1 人。その食客は数千人に及ぶ。**鶏鳴狗盗**や**狡兎三窟**といった故事成語の由来となっている。

稷下の学士（しょくかのがくし） B-48

「しょっか」とも読む。

斉の都・臨淄（りんし）に集められた学者たちのこと。城門の 1 つ「稷（しょく）門」付近に住んでいた。

田単（でんたん） B-49

戦国時代の斉の武将。燕国の名将・楽毅の侵攻により滅亡寸前となった斉を、**火牛の計**によって救い出した。

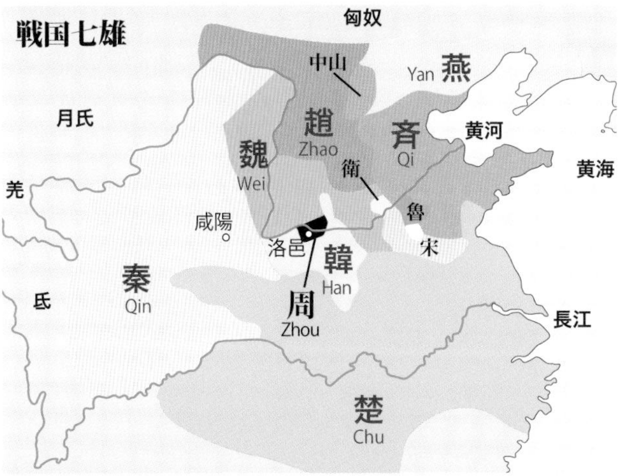

楚（そ） B-50

長江流域を支配した強国。呉や越を滅ぼし、戦国七雄の 1 つとなる。

春申君（しゅんしんくん） B-51

戦国四君の 1 人。楚の宰相で、楚を立て直した。

燕（えん） B-52

戦国の七雄の 1 つ。燕の太子・丹は秦王に刺客を送るが失敗し、秦に滅ぼされた。

郭隗（かくかい） B-53

燕の昭王によって引き立てられ、燕の全盛期を築き上げた。

楽毅（がくき） B-54

「がっき」とも読まれる。

燕国の武将。斉を諸国同盟軍を率いて攻撃し大勝した。

ウォーリンᵍ ステイツ ピアリアド
[wɔ́:riŋ steits pí(ə)riəd]
B-27 **Warring States period**

バトル オヴ ヂンヤンᵍ
[bǽtl əv dʒin jɑn]
B-28 **Battle of Jinyang**

パーティション オヴ ジン
[pɑə·tíʃən əv dʒin]
B-29 **Partition of Jin**

スリー ヂンズ　サン ジン
[θrí: dʒinz]　[san dʒin]
B-30 **Three Jins / San Jin**

セヴン ウォーリンᵍ ステイツ
[sévən wɔ́:riŋ steits]
B-31 **Seven Warring States**

ウェイ　ウェイ
[wei]　[wei]
B-32 **Wei** / 魏 Wèi

マークウィス ウェン オヴ ウェイ
[mɑ́ə·kwis wen əv wei]
B-33 **Marquess Wen of Wei**

ウー チー　ウー チー
[u: tʃi:]　[u: tɕʰi:]
B-34 **Wuqi** / 吴起 Wú Qĭ

パンᵍ ヂュエン　パンᵍ チュエン
[pɑŋ dʒæn]　[pʰaŋ tɕʷæn]
B-35 **Pangjuan** / 庞涓 Páng Juān

ロードシンリンᵍ　シン リンᵍ チ（ュ）ィン
[lɔ́ə·d ʃinliŋ]　[ɕin lʲəŋ tɕʷin]
B-36 **Lord Xinling** / 信陵君 Xìn Líng Jūn

ヂャオ　ヂャウ
[dʒaʊ]　[tʂau]
B-37 **Zhao** / 赵 Zhào

キンᵍ ウーリンᵍ オヴ ヂャオ　ヂャウ ウー リンᵍ ワンᵍ
[kiŋ wu:liŋ əv dʒaʊ]　[tʂau u: lʲəŋ waŋ]
B-38 **King Wuling of Zhao** / 赵武灵王 Zhào Wŭ Líng Wáng

ロード ピンᵍユエン　ピンᵍ ユエン チ(ュ)ィン
[lɔ́ə·d piŋjuən]　[pʰʲəŋ ɥæn tɕʷin]
B-39 **Lord Pingyuan** / 平原君 Píng Yuán Jūn

ハンダン　ハン タン
[hændæn]　[xæn tæn]
B-40 **Handan** / 邯郸 Hán Dān

◆**Warring States period 戦国時代**
「戦国時代」の**国**は、英語で **states**（諸侯）と訳されているが、後の時代の「三**国**時代」Three **Kingdoms** や、「五胡十六**国**時代」the period of the Sixteen **Kingdoms** and the Five Barbarians では、**kingdom キングダム**と訳されている。周王の権威はほとんどなくなり、やがてそれぞれの国の支配者が王を名乗るようになるとはいえ、あくまで周の諸侯であったという観点の訳である。

◆**Marquess Wen of Wei 文侯**　文侯の訳に使われている marquess とは「侯爵」のこと。marquis ともつづる。漢字の侯は、「候」（天候の候、「候う・そうろう」の候）とよく似ているが異なる。日本語では侯爵と公爵（侯爵よりも上の地位）とは発音が同じでまぎらわしい。そこで、侯爵は似た字の「候」を用いて「そうろう（の）こうしゃく」と呼び、公爵は「おおやけ（の）こうしゃく」と呼んで区別することがある。

侯 候

◆**Lord Xinling 信陵君**　戦国四君（Four Lords of the Warring States）とは、「信陵君」「平原君」「孟嘗君」「春申君」のこと。4人とも君主ではないが、有能な政治家であり、多くの食客を養っていたのも共通している。春申君以外はすべて王族の出である。ちなみに、「～君」というのは、死後に贈られた諡（おくりな）である。

君のピンイン Jūn のカタカナ読みが「チ（ュ）ィン」となっているのが不思議に思えるかもしれない。実はピンインの jun は、本来は jün だったが ü の点を省略して書いたもの。ü は「ウ」のように口を突き出して「イ」と発音する。そのため、jun はチュンにもチンにも聞こえる。同様に qun、xun、yun も qün「チ（ュ）ィン」、xün「シ（ュ）ィン」、yün「（ユ）イン」の略である。

日本語では、晋や秦、新、清の発音がすべて「しん」になってしまうが、中国語のピンインでは Jìn 晋、Qín 秦、Xīn 新、Qīng 清となるので発音はまったく異なる。英語では四声は無視され、Jin、Qin、Xin、Qing と表記されるので、やはり区別ができる。日本語では、漢字で書かれているならば区別が容易だが、会話では区別がつきにくい。

◆**Lord Mengchang 孟嘗君**　秦の昭襄王（D-5）は孟嘗君を宰相にしようと秦に招いた。しかし、孟嘗君は斉の人なので秦のためにならないという家臣の意見を聞いて、昭襄王は心変わりした。孟嘗君は身の危険を感じて秦からの脱出を試み、夜中に国境の**函谷関**(かんこくかん)という関所まで逃げてきた。函谷関は夜間は閉じられ、朝、鶏(にわとり)の鳴く声と共に開門される。そこで、モノマネ上手な食客が鶏の鳴きマネをすると、釣られて他の鶏も鳴き始め、開門されて無事に函谷関を通過した。この故事を知る**清少納言**は「夜をこめて 鳥の空音(そらね)は謀(はか)るとも よに逢坂(あふさか)の関は許(ゆる)さじ」と詠んだ。前夜に早々に家に帰ってしまった藤原行成が、翌日「鶏が鳴いたので帰宅した」という言い訳の文(ふみ)をよこしてきたのに対して、その鶏は嘘鳴きでしょう、函谷関なら嘘が通じるけど、逢坂の関では通じないわよと皮肉った。この歌は**百人一首**の 1 つになっている。

リン シアンㇰルー [lin ʃiaŋru:]　リン シアンㇰ ルー [lin ɕaŋru:]
Lin Xiangru / 藺相如 Lìn Xiāng Rú　B-41

リャン ポー [læn po:]　リャン ポー [lʲæn pʰʷo:]
Lianpo / 廉颇 Lián Pō　B-42

リー ムー [li: mu:]　リー ムー [lʲi: mʷu:]
Limu / 李牧 Lǐ Mù　B-43

ハン [hæn]　ハン [xæn]
Han / 韩 Hán　B-44

チー [tʃi:]　チー [tɕʰi:]
Qi / 齐 Qí　B-45

バトル オヴ マー リンㇰ [bǽtl əv ma:liŋ]
Battle of Maling　B-46

ロード モンㇰチャンㇰ [lɔ́ɚd məŋtʃaŋ]　モンㇰ チャンㇰ チ(ュ)ィン [məŋ ʈʂʰaŋ tɕʷin]
Lord Mengchang / 孟尝君 Mèng Cháng Jūn　B-47

ヂーシャー アキャデミ [dʒi:ʃiɑ: əkǽdəmi]
Jixia Academy　B-48

ティエン ダン [tjæn dæn]　ティエン タン [tʰʲæn tæn]
Tiandan / 田单 Tián Dān　B-49

チュー [tʃu:]　チュー [ʈʂʰʷu:]
Chu / 楚 Chǔ　B-50

ロード チュンシェン [lɔ́ɚd tʃunʃen]　チュン シェン チ(ュ)ィン [ʈʂʰʷən ʂən tɕʷin]
Lord Chunshen / 春申君 Chūn Shēn Jūn　B-51

イエン [jæn]　イエン [jæn]
Yan / 燕 Yàn　B-52

グォー クイ [guo: kui]　グォー クイ [kʷo: kʰʷəi]
Guokui / 郭隗 Guō Kuí　B-53

ユエ イー [jue i:]　ユエ イー [ɥe: i:]
Yueyi / 乐毅 Yuè Yì　B-54

完璧？ 完壁？

壁 璧

よく漢字の間違いで「かんぺき」の後の字を**壁**にしてしまうことがあるが、正しくは壁ではなく**璧**である。趙が持っていた**和氏の璧**(かしのへき)という宝玉のことを聞いた秦の昭襄王が、秦の 15 の城との交換を提案してきた。秦の咸陽に使者として遣わされた藺相如は、15 の城を渡す気のない秦王と命がけでわたりあって、「和氏の璧」を「完璧」に持ち帰ることができた。これが「完璧」という言葉の由来になった。

発掘された戦国時代の璧。和氏の璧もこのような形だったかもしれない。

C 諸子百家〈1〉

c-1 **諸子百家**（しょしひゃっか）
春秋・戦国時代に現れた、様々な種類の学者（諸子）や学派（百家）の総称。

c-2 **儒教**（じゅきょう）
孔子の教えを中心とする教説。儒学の教え。中国のみならず、東洋全体の思想に大きな影響を与えた。

c-3 **孔子**（こうし）
字（あざな）は**仲尼**（ちゅうじ）、諱は**丘**。魯の人。儒教の創始者。魯で政争に敗れ、その後諸国を歴訪し、また弟子を教育した。

c-4 **儒者/儒家**（じゅしゃ/じゅか）
「儒家」にはいくつか意味がある。①孔子に学ぶ学者（儒者）。②儒者の家系。③儒者の思想集団、学派。

c-5 **論語**（ろんご）
儒教の代表的な経典。孔子とその弟子たちの間で交わされた会話や出来事を記している。

c-6 **顔回**（がんかい）
魯の人。孔門十哲の1人。弟子の中で最も優秀な人物。孔子はその後継者として顔回をと考えていたが、若くして亡くなった。

c-7 **子路**（しろ）
魯の人。孔門十哲の1人。武勇を好み、やや軽率な性格。最年長の弟子の1人となり、政治家として魯や衛などの国で活躍した。

c-8 **子貢**（しこう）
衛（えい）の人。弁舌に優れた外交家。子貢は「私は一を聞いて二を知る者、顔回は一を聞きて十を知る者」と述べている。

c-9 **仁**（じん）
仁は「他者の心中を思いやること」を意味する。儒教が説く**仁義礼智信**の5つの徳目の中で最も重要なものとされる。

c-10 **徳治主義**（とくちしゅぎ）
法律の力によって支配する法治主義に対して、徳によって支配するのが政治の根本だとする儒教の思想。

c-11 **曾子**（そうし）
諱は**参**（しん）、字は**子輿**（しよ）。魯の人。孔子の弟子であり、「四聖」の1人。**孝**と**信**に重きをおいた。

c-12 **子思**（しし）
「四聖」の1人。魯の人で、孔子の子・孔鯉（こうり）の子。つまり、孔子の孫。『中庸』の著者とされ、「述聖」と呼ばれている。

c-13 **孟子**（もうし）
諱は**軻**（か）、字は**子輿**か**子車**。**鄒**（すう）、今の山東省の人。「四聖」の1人で、**性善説**を唱えた。その教えは後に大きな影響を与え、ゆえに儒教は別名**孔孟の教え**とも呼ばれる。

c-14 **荀子**（じゅんし）
名は**況**（きょう）。趙出身の儒学者。斉では稷下の学士(B-48)の長に任ぜられた。後に楚の春申君に重用された。孟子の性善説に反対し**性悪説**を唱えた。また天命思想を退けた。

中国江蘇省南京市にある南京孔子廟の孔子像。

左が孟子像、右が曾子像。ベトナムのハノイにある**文廟（ぶんびょう）**の大聖殿には、孔子像の他に、この孟子像や曾子像を含む孔子の「四聖」の像が置かれている。孔子やその高弟たちは、今もアジアの各地で崇敬されている。文廟は、1076年に建立され、ベトナムで最初の大学が置かれた場所である。

諸子百家というが、本当に100もの学派が存在したのだろうか？　これは数え方によるが、実際に**189**もの学派が存在したという見解もある。このように春秋・戦国時代には、多数の学説・学派が現れては消え、百花繚乱の様相を呈していた。中でも、儒家、道家、墨家、法家が重きをなした。

福建省・泉州市にある高さ5.6 mの老子像「老君岩」。宋代に1つの岩石から造られた最古の道教石像。現存する中国最大の老子坐像。

道家（どうか） C-15

「道家」にはいくつかの意味がある。
①老子や荘子を師とする学者（道士）。
②老子や荘子をもとにした思想集団、学派。

老子（ろうし） C-16

名は「耳（じ）」。道家思想を創立した楚の思想家。書物の『老子』の著者とされる。生年や生誕地は定かでなく、実在を疑う人もいる。

道教（どうきょう） C-17

道教とは、道家の「老荘思想」だけでなく、春秋・戦国時代以後の時代に「易」や「神仙思想」などが融合した多神教的な宗教のこと。

道士（どうし） C-18

元々は儒教や道教、仏道を問わず「道」を追求する者を指した。後には、特に「道家」の修行をする者、また道教を修めた者を意味した。

道（みち/どう/タオ） C-19

哲学でいう「道」とは、唱える者によって意味が異なるが、道教の場合は**宇宙の普遍的な真理**のことを指している。

この太極図は、陰陽太極図、太陰太極図、また陰陽魚という。道教のシンボルとなったのは、はるか後代のことである。

武器を売る商人が「自分の矛（ほこ）はどんな盾も貫く」、「自分の盾（たて）はどんな矛も通さない」と売り込んだが、「その矛でその盾を突いたらどうなる？」と問われ、返事に窮した。「矛盾」という言葉の由来となった話が『韓非子』に掲載されている。

荘子（そうし） C-20

姓は**荘**、名は**周**。道家の開祖とされる老子の教えを、さらに深めた人物。そのため、道家の思想は「老荘思想」と呼ばれている。

法家（ほうか） C-21

法治主義を説いた流派。法家の代表的な存在には、秦の商鞅や韓の王族の韓非子がいる。

商鞅（しょうおう） C-22

氏は公孫。名は鞅。衛の出身で**衛鞅**（えいおう）ともいう。秦の孝公に仕え、法家思想による改革を進め、秦の富国強兵に貢献した。

韓非子（かんぴし） C-23

韓非。韓の公子。著書も『韓非子』といい、信賞必罰・徹底した法の厳守を説いたため「非情の書」とも呼ばれる。

法治主義（ほうちしゅぎ） C-24

徳治主義に対するもので、支配者が気ままに命令を発する統治ではなく、厳格な法による統治を唱える主義。

魯出身で、名工として名高い**公輸盤**（**こうしゅはん**。**公輸班**、**公輸般**とも書く）は、楚王のために、城攻め用の天までとどく「雲梯」（うんてい）というはしごを開発した。楚はこれで宋を攻める計画をした。それを聞いた魯の墨子は、侵略戦争を阻止するために楚に赴き、公輸盤に机上の演習を挑んだ。墨子は公輸盤の攻撃から城を守り抜き、観戦していた楚王は驚嘆して、宋に侵攻しないことをその場で誓った。この故事から、攻守共に知力を尽くして戦うことを、**輸攻墨守**（**しゅこうぼくしゅ**）というようになった。

墨家（ぼっか） C-25

墨子は弟子に厳しい規律を定め、それを厳格に守ることが「墨守」と呼ばれた。墨家は、宗教集団であり軍事集団でもあった。

墨子（ぼくし） C-26

姓は墨、諱は翟（てき）。墨家の開祖。魯の人といわれるが、出自に関しては謎。兼愛と非攻を唱え、徹底した実用主義を標榜した。

兼愛（けんあい） C-27

墨子は、孔子による「仁」を家族や長にだけ向けられる限定的な愛（偏愛）だと批判し、全ての人を平等に愛する**兼愛**を説いた。

非攻（ひこう） C-28

戦争は民が被害を受け、国力を衰えさせるだけだとして戦争を否定する墨家の平和主義。攻撃された時のみ戦う、専守防衛を貫いた。

ハンドレッド スクールズ オヴ ソート
[hʌ́ndrəd sku:lz əv θɔ:t]
c-1 **Hundred Schools of Thought**

コンフューシャニズム ルーイズム
[kənfjú:ʃənizm] [rú:izm]
c-2 **Confucianism / Ruism**
英語では、コンフューズィーとも発音される。

コンフューシャス コンヶ フー ツー マスタ コンヶ
[kənfjú:ʃəs] [kʰʷuŋ fʷu: tsẓ:] [mǽstɚ kɔŋ]
c-3 **Confucius** / 孔夫子 Kǒng Fūzǐ / **Master Kong**

コンフューシャニスト ルーイスト
[kənfjú:ʃənist] [rú:ist]
c-4 **Confucianist / Ruist**

アナレクツ ルン イー
[ǽnəlekts] [lʷən i:]
c-5 **Analects** / 论語 Lún Yǔ

イェン フイ イェン フイ
[jæn hwəi] [jæn xʷəi]
c-6 **Yanhui** / 颜回 Yán Huí

ヅー ルー ヅー ルー ツー ルー
[dzə: lu:] [dʒə: lu:] [tsẓ: lʷu:]
c-7 **Zilu** / **Jilu** / 子路 Zǐ Lù
仲由 Zhòngyóu ともいう。

ヅー ゴンヶ ツー コンヶ
[dzə: gɔŋ] [tsẓ: kʷuŋ]
c-8 **Zigong** / 子贡 Zǐ Gòng
端木賜 Duānmù Cì ともいう。

レン ヒューマニティ
[ren] [hju:mǽnəti]
c-9 **Ren** / humanity

プリンスィプル オヴ ヴァーチュー
[prínsəpl əv vɚ́:tʃu:]
c-10 **principle of virtue**
principle of ruling by virtue や、principle of virtuous government など様々な訳がなされている。

ヅォンヶ ヅー ツォンヶ ツー
[dzəŋ dzə:] [tsəŋ tsẓ:]
c-11 **Zengzi** / 曾子 Zēng Zǐ
曾参 Zēng Shēn ともいう。

ヅー スー ツー スー
[dzə: sə::] [tsẓ: sẓ:]
c-12 **Zisi** / 子思 Zǐ Sī

メンシアス モンヶ ツー
[ménʃiəs] [məŋ tsẓ:]
c-13 **Mencius** / 孟子 Mèng Zǐ

シュン ヅー シ(ュ)ィン ツー
[ʃun dzə:] [ɕʷin tsẓ:]
c-14 **Xunzi** / 荀子 Xún Zǐ

◆**Confucianism / Ruism 儒教** Confucianism は、Confucius 孔子に「主義、宗派」を意味する接尾辞 -ism を足したもの。一方、Ruism は、儒教の「儒」(中国語で rú) に -ism を足したもの。儒とは古代中国の原始宗教において神事を司(つかさど)る者である「巫祝(ふしゅく)」を指していた。一説には、「儒教」の名は、孔子が巫祝の教えから儒教思想を体系化したため、別説では孔子の母親が巫祝だったためだともいわれている。他にも、儒には「侏儒(しゅじゅ・こびと)」という意味があるため、儒者が礼を重んじ身をかがめて身を小さくする様を揶揄(やゆ)したものという説や、儒には「優柔不断」という意味があり、儒者の言葉が回りくどく、優柔不断だとする蔑称に由来するという説もある。

◆**Confucius 孔子** 儒教は、中国の宮廷で活躍したイエズス会の宣教師によってヨーロッパに紹介された。その際に**孔夫子**がラテン語化されて、Confucius というスペルができた。孔夫子とは、「孔」に、先生に対する敬称である「夫子」を足したものである。Confucius の形容詞形の Confucian コンフューシャンは、「儒教の」を意味し、名詞として「儒者」という意味にもなる (Confucionist も同じ意味)。

◆**Analects 論語** Analects of Confucius ともいう。analect は「選集、語録」の意。

◆**Mencius 孟子** Mencius は孟子をラテン語化したもの。人物の「孟子」は「もうし」と読むが、孟子について書かれた書物の『孟子』は、一般に「もうじ」と読む (近年では書物

Taoism(Daoism)は道家も道教も表すが、宗教としての道教を明確に示す場合は、religion of Taoism(Daoism) や Taoist(Daoist) religion などと表記する。少数の求道者のものだった道教が、民間信仰を取り込んで大衆に受け入れられる道教に変化したことは、インドのバラモン教が、他の信仰の教えも取り込んで大衆に受け入れられるヒンドゥー教へと変化したのに似ている。

の方も「もうし」と読まれることが多くなっている)。英語では、定冠詞を付けない Mencius は人物としての「孟子」を指すが、the Mencius というと書物の『孟子』を指している。

◆**Zhuangzi 荘子** 日本語では、荘子も曾子も「そうし」で同じになるため、中国文学関連では荘子のことを「そうじ」と読んで区別する習わしがある。中国語では、荘子が Zhuangzi、曾子が Zengzi で発音が異なるため間違うことはない。ちなみに、韓国語でも、荘子は장자 [tʃaŋdʒa] チャンヂャ、曾子は증자 [tʃɯŋdʒa] チュンヂャで母音が異なる。

孟母三遷(もうぼさんせん)の英訳は？

孟子の母は夫を早くに亡くしたため、母1人子1人で孟子を育てた。最初は墓場の近くに住んでいたが、孟子が葬式ごっこをして遊ぶのを見て、市場近くに転居した。すると今度は孟子が口から出まかせの駆け引きをする商人ごっこをするので、学校の近くに転居した。すると祭礼や礼儀作法をまねるようになり、教育に最適の場だと安心し定住した。

これが**「孟母三遷」**という成語の由来である。ところで、この孟母三遷を英語に訳すとどうなるだろうか。Mencius' mother moved three times と思えるが、墓場→市場→学校なので、実際には2回しか引っ越しをしていない。三遷の三は3回ではなく、3カ所という意味である。だが、一般には、**Mencius' mother, three moves** という直訳した表現が多く見られる。

Taoism、Daoism とされることもある。

タウ チアー [tau tɕa:]
道家 Dào Jiā c-15

オウルド マスタ [ould mǽstə] / ラオ ヅー [laʊ dzə:] / ラウ ツー [lau tsẓ:]
Old Master / Laozi / 老子 Lǎo Zǐ c-16

Taoism、Daoism のどちらの表記も用いられる理由については p.9 参照。

タオイズム [táʊizm] / ダオイズム [dáʊizm]
Taoism / Daoism c-17

タオイスト [táʊist]
(「道教を追求する者」の場合) (D) **Taoist** c-18

タオ [taʊ] / ダオ [daʊ] / タオ [tau]
Tao / Dao / 道 Dào c-19

ジュアンヶ ヅー [dʒwaŋ dzə:] / チュワンヶ ツー [tʂʷaŋ tsẓ:]
Zhuangzi / 荘子 Zhuāng Zǐ c-20

リーガリズム [lí:gəlizm] / ファー チャー [fa: tɕa:]
legalism / 法家 Fǎ Jiā c-21

シャンヶ ヤンヶ [ʃaŋ jaŋ] / シャンヶ ヤンヶ [ʂaŋ jaŋ]
Shangyang / 商鞅 Shāng Yāng c-22

ハン フェイ ヅー [hæn fei dzə:] / ハン フェイ ツー [xæn fəi tsẓ:]
Han Feizi / 韓非子 Hán Fēi Zǐ c-23

ノマクラスィ [nəmákrəsi]
nomocracy c-24

Mohism とも書く。

モウイズム [moʊizm] / モー チアー [mʷo: tɕa:]
Moism / 墨家 Mò Jiā c-25

ミ(ー)シアス [mí(:)nʃiəs] / モウ ヅー [moʊ dzə:] / モー ツー [mʷo: tsẓ:]
Micius / Mozi / 墨子 Mò Zǐ c-26

定訳がないためこの訳以外に impartial caring のように訳されることもある。

ユーニヴァーサル ラヴ [ju:nəvə́:rsəl lʌv]
universal love c-27

定訳がないため against the offensive war のように色々な表現で訳されることもある。

ナン オフェンス [nɑn əféns]
non-offence c-28

C 諸子百家〈2〉

ここでは、諸子百家の続きを解説すると共に、春秋・戦国時代の詩歌や、貨幣、身分制度に関係する用語についても紹介する。

c-29 兵家（へいか）
『孫子』の用兵や戦術、戦略について論じる流派。またはその流派に属する人物。開祖とされる孫武の他に、**孫臏**や**呉起**（B-34）がいる。

c-30 孫子（そんし）
春秋・戦国時代の兵法家で、呉の将軍・孫武、または斉の軍師・孫臏（そんぴん）を指す。また、兵家の代表的兵法書も『孫子』という。

c-31 孫武（そんぶ）
呉の闔閭（こうりょ）に仕えた将軍。字は**長卿**。柏挙（はくきょ）の戦いで、3万の呉軍を率いて20万の楚軍を破り、楚の首都を陥落させた。

c-32 孫臏（そんぴん）
斉の軍人・思想家。孫武の子孫であり、兵家の代表的人物の1人。馬陵の戦いでは、孫臏の指揮下で弱小国の斉が大国・魏に圧勝した。

『孫子』は13篇から成る兵法書。孫武が過去の戦争を分析し、勝利する方法を理論化した。「戦わずして勝つ」「風林火山」「呉越同舟」など多数の有名な故事成語が含まれる。古来より『孫子』の作者は論争の的で、孫子自体の実在さえ疑われてきたが、現在では孫武が記したものに、後世の人が加筆したというのが通説となっている。孫臏（上の写真）も『孫臏兵法』を記している。

c-33 名家（めいか）
ある種の論理学・弁論術を説いた。代表的な思想家として、公孫竜や兒説（げいせつ）、恵施（けいし）がいる。

c-34 白馬非馬説（はくばひばせつ）
名家の公孫竜が唱えた説。馬は形の概念、白は色の概念。白馬は白と馬の2つの概念の組み合わせなので、白馬は馬と同じではないとする論理。単なる詭弁とも批判された。

c-35 公孫竜（こうそんりゅう）
趙の思想家で、平原君の食客の1人。字は**子秉**（しへい）。白馬非馬説などを唱えた。その著作に『公孫竜子』がある。

c-36 縦横家（じゅうおうか）
合従（がっしょう）策や**連衡策**などの外交政略を、各国の間を行き来して論じた雄弁家。蘇秦や張儀が代表的な人物。

c-37 蘇秦（そしん）
洛邑（洛陽）の人。**合従策**を説き、秦に敵対するための諸国の同盟を成立させた。**「鶏口となるも牛後となることなかれ」**は彼の言葉。

c-38 張儀（ちょうぎ）
魏の人。秦の宰相。蘇秦の合従策に対し**連衡策**（秦と他の国々との連合）によって対抗し、大国の秦を超大国へと成長させた。

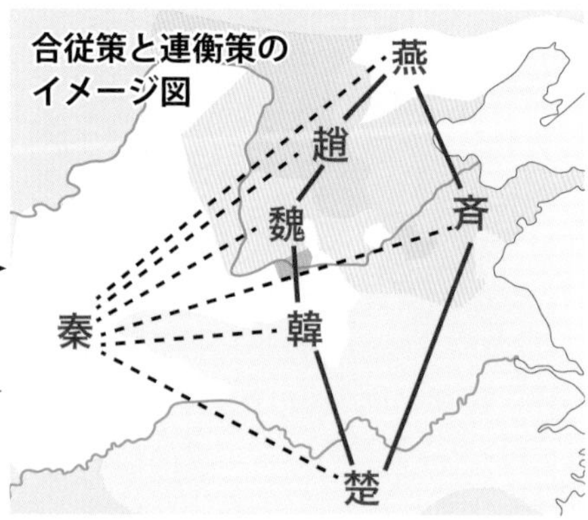

蘇秦による合従策は赤い線で、張儀による連衡策は黒い点線で示している。やがて秦の力が強まると、秦はこれらすべての国を次々に征服していった。

c-39 陰陽家（いんようか）
万物の根源は、木・火・土・金・水の5つの要素からなり、その5つが循環し変化するという説。

c-40 鄒衍（すうえん）
斉の稷下の学士の1人。『史記』では騶衍。代表的な陰陽家。陰陽五行説を唱えたが、独自の説というより、古来の思想を理論化した。

c-41 陰陽五行説（いんようごぎょうせつ）
世界は陰陽からなり、天体現象から社会の出来事に至るすべての事象がそこから生じると説いた。

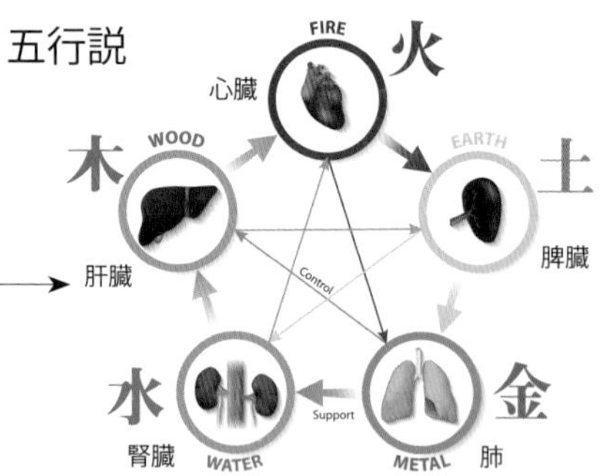

c-42 農家（のうか）
農業が国の中心とする思想。農業技術を広めた。身分の上下に関わりなく農耕に従事すべきと主張。代表的思想家に許行（きょこう）がいる。

日本に伝わったものは、陰陽をおんよう、おんみょうと読むことも多い。

五行説と、それとは別に発生した陰陽説が組み合わさった**陰陽五行説**は、現代の日本での生活にも深く密着している。一例として曜日の名前が挙げられる。明治時代に西洋から曜日の概念が導入されたとき、当時は陰陽五行説が広く信じられていたため、これらの5要素に加えて、太陽と月の陰陽を足して「日月火水木金土」の7つの曜日が定められた。

屈原は放浪の後、汨羅江（べきらこう）という川に身を投げて自殺した。命日は5月5日で、楚の人たちは粽（ちまき）を作って、川に投げ、屈原を供養した。これが、5月5日の端午の節句に「ちまき」を食べる習慣の起源だといわれている。

詩経（しきょう） C-43
305編の詩からなる中国最古の詩集。五経の1つ。周の時代の作であるため「周詩」とも呼ばれた。伝承によれば、孔子が門人の教育のために編纂したものとされている。

屈原（くつげん） C-44
名は平、字は原。楚の懐王に仕えた政治家であり詩人。反秦同盟を主張したが、親秦派の讒言により追放され、諸国を放浪した。

楚辞（そじ） C-45
楚の屈原の作品と、その作風にならう後代の詩を集めた書。中でも、「離騒」「九歌」「天問」が有名。

刀銭（とうせん） C-46
刀貨ともいう。戦国時代に流通した青銅貨幣の1つ。形は古代中国の小刀を模している。斉や燕で流通した（p.34 参照）。

布銭（ふせん） C-47
布貨ともいう。農具の鋤（すき）の形を模したもの。布銭というが布ではない。中原の韓・魏・趙で流通した（p.35 参照）。

秦による統一以前は、国ごとに様々な形の青銅貨が作られた。

蟻鼻銭（ぎびせん） C-48
貝銭ともいう。硬貨が流通する以前の貝殻の貨幣を模したもの。楚で流通。名前は蟻の頭のような形に由来する。

円銭（えんせん） C-49
環銭ともいう。秦で流通し、秦が中国を統一した後には、始皇帝は円銭に統一したため、中国全土で用いられた。

貨幣には、生産された都市名などが刻まれている。

穴が開いているのは、ひもを通すため。

封建制（ほうけんせい） C-50
周王朝が一族や功臣、強豪に土地を与えて諸侯とし、支配させた。後の秦はそれを廃し、中央集権的な郡県制を採用した。

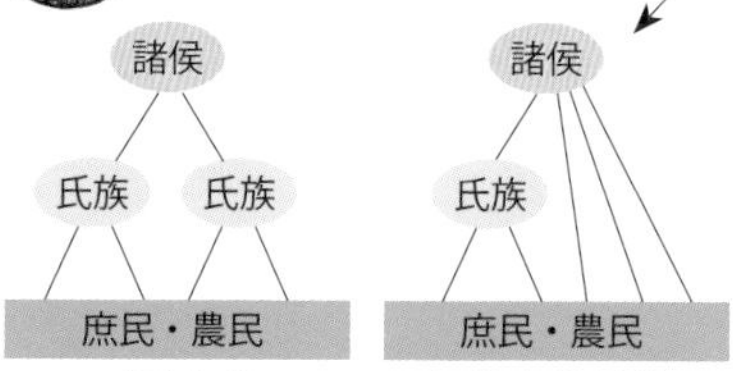

封土（ほうど） C-51
周王朝が諸侯に与えた世襲の土地。諸侯は通常、高い地位になるほど広い封土が与えられた。

諸侯（しょこう） C-52
周王朝から封土を与えられた貴族。公・侯・伯・子・男の5段階に分けられていたとされる。

国（くに） C-53
諸侯に与えられた地域を国という。

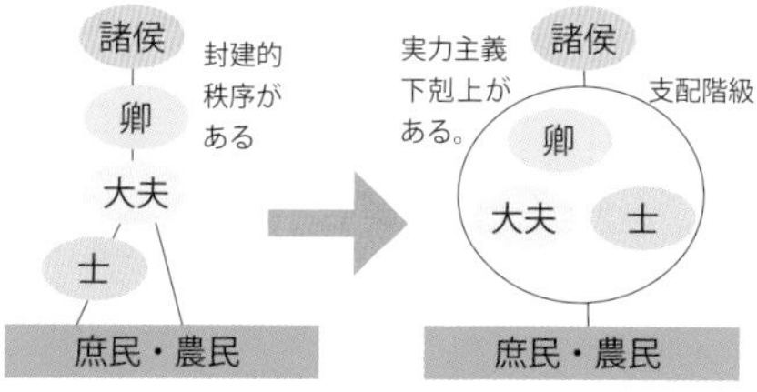

春秋時代後期〜戦国時代

中国における封建制は時代と共に変化していった。

卿（けい） C-54
「大夫」のうち、大臣になった者のことを「卿」と呼んだ。

大夫（たいふ） C-55
諸侯から領地を与えられた家臣であり、小領主のこと。

士（し） C-56
領地を持たない下級貴族のこと。

スクール オヴ ザ ミリタリ [sku:l əv ðə mílitəri] ピンヶ チャー [pʲəŋ tɕa:]
c-29 **School of the Military** / 兵家 Bīng Jiā

スン ヅー [sun dzə:] スン ツー [sʷən tsʐ̩:]
c-30 **Sunzi** / 孙子 Sūn Zǐ
Suntzu、Soon tzu とも書く。

スン ウー [sun wu:] スン ウー [sʷən u:]
c-31 **Sunwu** / 孙武 Sūn Wǔ

スン ビン [sun bin] スン ピン [ɕʷin pʲin]
c-32 **Sunbin** / 孙膑 Sūn Bìn

スクール オヴ ネイムズ/ロウジシャンズ [sku:l əv neimz/loudʒíʃənz] ミンヶ チャー [mʲə́ŋ tɕa:]
c-33 **School of Names/Logicians** / 名家 Míng Jiā

ホワイト ホース ダイアローグ [hwait hɔə·s dáiəlɔ:g]
c-34 **White horse dialog**
白馬非馬のことを When a white horse is not a horse ともいう。

ゴンヶスン ロンヶ [gɔŋ sun luŋ] コンヶ スン ロンヶ [kʷuŋ sʷən lʷuŋ]
c-35 **Gongsun Long** / 公孙龙 Gōng Sūn Lóng

スクール オヴ ディプロウマスィ [sku:l əv diplóuməsi] ツォンヶ ヘンヶ チャー [tsʷuŋ xəŋ tɕa:]
c-36 **School of Diplomacy** / 纵横家 Zòng Héng Jiā
School of Vertical and Horizontal Alliances ともいう。

スー チン [su: tʃin] スー チン [sʷu: tɕʰin]
c-37 **Suqin** / 苏秦 Sū Qín

ヂャンヶ イー [dʒaŋ i:] チアンヶ イー [tʂaŋ i:]
c-38 **Zhangyi** / 张仪 Zhāng Yí

スクール オヴ インヤンヶ [sku:l əv in jæn] イン ヤンヶ チャー [in jaŋ tɕa:]
School of Naturalists ともいう。
c-39 **School of Yin-yang** / 阴阳家 Yīn Yáng Jiā

ヅォウ ヤン [dzou jɑn] ツォウ ヤン [tsəu jæn]
c-40 **Zouyan** / 邹衍 Zōu Yǎn

インヤンヶ アンド ファイヴ エレメンツ スィオリ [in jæn faiv ənd éləmənts θíəri]
Wuxing theory その他の呼び方もある。
c-41 **Yin-yang and Five elements theory**

アグリカルチュラリズム [ægrikʌ́ltʃərəlizm] ヌンヶ チャー [nʷúŋ tɕa:]
c-42 **Agriculturalism** / 农家 Nóng Jiā

◆**Sunzu 孫子**　子は尊称なので、Master Sun という表現もある。書物の『孫子』は、The Art of War「兵法」と呼ばれることが多い。

◆**White horse dialog 白馬非馬説**　dialog は、英語で「対話、首脳者同士の会談」などを意味する語。公孫竜に先立って、稷下の学士の1人である**兒説**(げいせつ)も、やはりこの白馬非馬説を唱え、稷下の学士たちを論争で打ち負かしていたという。あるとき、兒説は白馬で関所に行った。馬には通行税がかけられていたので、役人に向かって白馬なら税金がかからないと得意の白馬非馬説を主張したが、役人は一歩も引かずに、結局税を取られた、という話が『韓非子』の中で語られている。韓非は「白馬非馬説」など詭弁にすぎないと評価している。

◆**knife money 刀銭**　殷の時代に祭儀や貴人用の食器に用いられていた青銅器は、やがて一般に普及すると、貝殻に取って代わって貨幣に用いられるようになった。刀銭が流通した黄河下流地域は、湖や河川が多いため漁が盛んで、魚をさばくための青銅製の小刀が重要なものとみなされたために、貨幣もこの形になったのではないかと推測されている。ちなみに、魚の形をした青銅製の**魚幣**(ぎょへい)も見つかっているが、貨幣として使われたのではなく、墓の副葬品として使われたものと考えられている。

クラスィック オヴ ポウエトリ [klǽsik əv póuətri]　シー チング [ʂʐ̩: tɕəŋ]
Classic of Poetry / 詩经 Shī Jīng　C-43

チュー ユエン [tʃu juæn]　チュー ユエン [tɕʰʷy: ɥæn]
Quyuan / 屈原 Qū Yuán　C-44

サングズ オヴ チュー [sɑŋz əv tʃu:]　チュー ツー [ʈʂʰʷu: tsʰz̩:]
Songs of Chu / 楚辞 Chu Ci　C-45

ナイフ マニ [naif mʌ́ni]
knife money　C-46

スペイド マニ [speid mʌ́ni]
spade money　C-47

アント ノウズ マニ [ænt nouz mʌ́ni]
ant nose money　C-48

ラウンド マニ [naund mʌ́ni]
round money　C-49

フューダル スィステム [fjú:dəl sístəm]
feudal system　C-50

フュード [fju:d]
feud　C-51

ステイト [steit]　ヅー ホウ [ʈʂʷu: xəu]
state / 诸侯 zhū hóu　C-52

ステイト [steit]　グオ [kʷo:]
state / 国 guó　C-53

どちらも state と訳されることがある。西洋の州と区別する場合、Ancient Chinese state ともいう。

チング [tɕʰəŋ]
卿 qīng　C-54

卿を lord や feudal lord ともいう。

タイ フー [ta: fʷu:]
大夫 dài fu　C-55

士大夫を Scholar official ともいう。

シー [ʂʐ̩:]
士 shì　C-56

魚幣

◆ **spade money　布 銭**　spade money の spade は英語で「鋤」のこと。ちなみに、トランプのスペード♠も同じ（♠は西洋の鋤の形に由来）。元々この貨幣の形は、「鎛（はく）」という草を刈り取る小型の鍬を模したもの。古代中国の発音では、鎛 [*pa:g] と布 [*pa:s] が似ていたため、「布銭」と書かれるようになったと考えられる。図の布銭のように古代中国の鋤は、先端が二股に分かれたものがあった。

※発音記号の * は推定音を表す。

唐鍬

布銭

縦横家は「舌」が命

p.27 の「完璧」の話で「璧」を話題に取り上げたが、張儀は、その「璧」のために災難に遭った。質素な身なりで諸国を遊説していた張儀が、楚の宰相と酒を飲む機会を持った。しかし、その時宰相の璧が紛失した。宰相の家臣たちは、貧しいなりの張儀を疑って、さんざんに打ちのめしてしまった。傷だらけになった張儀を見て妻が「あなたが遊説などしなければ、こんなひどい目に遭わなかったのに」というと、「わしの舌を見てくれ、まだあるか」と妻に尋ねた。妻がまだ舌はあると返事をすると「それなら安心だ」と言ってのけた。まさに舌先三寸で当時の世の中を渡り歩いていた張儀らしい言葉といえる。

D 秦

D-1 秦（しん）
戦国七雄のうち最も西に位置する国。前221年に中国全土を最初に統一したが、わずか15年で滅亡した。

D-2 孝公（こうこう）
諱は**渠梁**（きょりょう）。秦の第25代君主。咸陽を秦の首都に定めた。**商鞅**（C-22）を抜擢し、富国強兵を推進した。

D-3 変法運動（へんぽううんどう）
または商鞅変法。法家の商鞅によって進められた秦の国政改革。中央集権制を強化し王権を拡大した。

D-4 恵文王（けいぶんおう）
諱は**駟**（し）。秦の第26代君主。後に秦で初めて「王」を名乗った。また、縦横家の**張儀**（C-38）を登用した。昭襄王の父。

D-5 昭襄王（しょうじょうおう）
諱は**稷**（しょく）。第3代秦王。昭王ともいう。一時、**孟嘗君**（B-47）を招いて宰相とした。**白起**や**范雎**を登用した。

D-6 白起（はっき）
秦の昭襄王に仕えた連戦連勝の将軍。晩年に宰相の范雎と対立し、王の信を失い、自殺に追い込まれた。

D-7 范雎（はんしょ）
秦の昭襄王の宰相。王に対して遠交近攻策を進言。その外交手腕によって秦の国際的立場を強めた。

D-8 嬴政（えいせい）
始皇帝（しこうてい）
姓は**嬴**で、諱は**政**。氏は**趙**なので趙政ともいう。昭襄王の孫、荘襄（そうじょう）王の子。後の**秦の始皇帝**。史上初の中国全土の統一を成し遂げ、皇帝と称した。統一後、**李斯**らを用いて度量衡の統一や文字の統一、その他多数の改革を成し遂げた。封建制から、郡県制へ改めた。

D-9 呂不韋（りょふい）
商人だった頃、趙の人質だった秦の荘襄王を目にし、「奇貨居くべし（掘り出し物だ。手元におくべき）」と語った。

D-10 趙姫（ちょうき）
呂不韋の元愛人。荘襄王の妃。始皇帝の母。偽宦官として後宮に入った**嫪毐**（ろうあい）と密通した。

D-11 郡県制（ぐんけんせい）
封建制が世襲制であるのに対し、王が任命した官吏が地方の郡と県に派遣されて支配する統治形態。

D-12 咸陽（かんよう）
秦の首都。中国統一後は全中国の首都となる。漢の武帝は、かつての咸陽の南に長安を築いた。現在の西安に隣接。

D-13 鄭国渠（ていこくきょ）
韓の人で水利技術者の**鄭国**（ていこく）が、秦において完成させた灌漑（かんがい）水路。実は鄭国は秦に送り込まれた間者で、大規模工事に秦の勢力をつぎ込ませ、秦が戦争をする余力をなくすことを企てた。工事の途中で正体が発覚。それでも秦王は工事を引き続き行わせ、水路は完成して秦の農業は発展した。

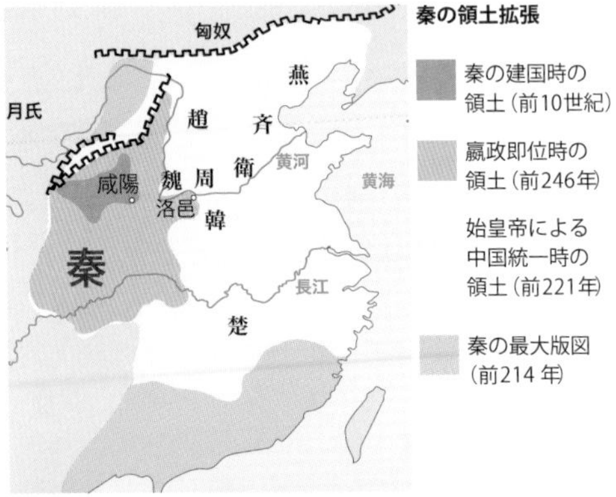

兵馬俑の中に見いだされた始皇帝像とされるもの（レプリカ）。

「始皇帝陵」、つまりは秦の始皇帝の墓は、40 年間をかけて 70 万人の労働力によって造られた。その墓の地下には、宮殿が築かれ、自動発射される矢が忍び込む盗人を射殺する仕組みになっているという。また、不老不死に関わるとされた**水銀の川**が流れていたという伝説があった。いまだ内部の詳しい調査はされていないが、付近の土壌からは多量の水銀が検出されている。

北方の異民族の侵攻を防ぐために造られた、土を盛った城壁。秦の始皇帝は、秦、趙、燕が以前から造っていた長城に加えて、紀元前 214 年、新たに長城の建設を命じた。それらをつなげて、全長約 4,480km に及ぶ長城となった。宇宙から見える建造物として語られるが、望遠カメラでなら撮影可能だが、肉眼観察は困難だという。

長城（ちょうじょう） D-14

秦二世陵遺跡公園。始皇帝の死後、趙高（右）と李斯（中央）が、皇帝の末子・胡亥（左）を謀略に誘い込む場面。

法家の学者にして秦の丞相（じょうしょう）。周の封建制を廃し、中央集権的な郡県制を敷いた。また、文字の統一、度量衡の統一を成し遂げた。

李斯（りし） D-15

秦の高官となった宦官。始皇帝の死後、実権を握り、始皇帝の遺言を書き換えて、太子の**扶蘇**（ふそ）を自決させ、末子の**胡亥**（こがい）を即位させた。

趙高（ちょうこう） D-16

秦王嬴政（後の始皇帝）に仕えた秦の将軍。肥下の戦いで趙の将軍・李牧に敗れ戦死。一説には、後に燕に亡命し、**樊於期**（はんおき）となったという。

桓齮（かんき） D-17

函谷関には旧関と新関とがあり、函谷関の戦いのあった旧関は楚の項羽により破壊された。上の写真は 1992 年に復元されたもの。かつても 3 層の楼閣が 2 棟あった。

武勇に優れた衛の人。燕の太子である丹の命で、秦王嬴政（後の始皇帝）の暗殺を試みるが、あと一歩というところで失敗した。

荊軻（けいか） D-18

秦の名将。趙を攻め、都の邯鄲（B-40）を陥落させた。次いで、子の**王賁**（おうほん）とともに**燕**（B-52）を攻略。さらに 60 万の軍でもって楚を滅ぼした。

王翦（おうせん） D-19

秦の将軍の 1 人。王翦の子である将軍・王賁と共に燕や斉を滅ぼした。李信は楚の征服に 20 万の軍で十分としたが、楚の攻略に失敗した。

李信（りしん） D-20

秦の将軍の 1 人。蒙武の子。始皇帝による統一に貢献した。蒙恬が獣の毛を集めて作ったのが筆の始まりという伝説もある。

蒙恬（もうてん） D-21

前 318 年に秦の**樗里疾**（ちょりしつ）が、**公孫衍**（こうそんえん）率いる連合軍を函谷関で撃退した。

函谷関の戦い（かんこくかんのたたかい） D-22

前 260 年、長平（現、山西省高平市付近）で秦が趙を破る。秦の白起は趙兵 20 万を生き埋めにした。

長平の戦い（ちょうへいのたたかい） D-23

秦の始皇帝の陵墓や、その周辺に埋められていた兵や馬を模した実物大の人形。1974 年に地元民により発見された。

兵馬俑（へいばよう） D-24

前213年、李斯によって実施された言論統制。儒教書のみならず、医学・農業などの実学以外の諸子百家の書物も焼却された。

焚書（ふんしょ） D-25

前 212 年に行われた、学者の生き埋め事件。方士に加え儒者などの学者を含む咸陽にいた 460 人が犠牲となったとされている。

坑儒（こうじゅ） D-26

秦の方士。「東方の三神山に不老長寿の霊薬がある」と具申し、始皇帝の命で探索に出た。

徐福 / 徐市（じょふく / じょふつ） D-27

チン チン
[tʃin] [tɕʰin]
D-1 **Qin** / 秦 Qín

デューク シャオ オヴ チン
[dju:k ʃiaʊ əv tʃin]
D-2 **Duke Xiao of Qin**

ロー リフォームズ
[lɔ: rifɔ́ɚmz]
D-3 **Law Reforms**

キンッグ フ(ェ)イウェン
[kiŋ hu(ə)iwen]
D-4 **King Huiwen**

惠文 Huì Wén。

キンッグ ヂャオシアンッグ
[kiŋ dʒaʊ ʃiaŋ]
D-5 **King Zhaoxiang**

バイ チー パイ チー
[bai tʃi:] [pai tɕʰi:]
D-6 **Baiqi** / 白起 Bái Qǐ

ファン ヂュー ファン チュー
[fæn dʒu:] [fæn tɕʷy:]
D-7 **Fanju** / 范雎 Fàn Jū

インッグ ヂォンッグ
[jəŋ tʂəŋ]
D-8 嬴政 Yíng Zhèng

ファースト エンペラ オヴ チン チン シー ファンッグ
[fɚ:st émpərɚ əv tʃin] [tɕʰin ʂʐ̩: xʷaŋ]
First Emperor of Qin / 秦始皇 Qín Shǐ Huáng

リュー ブーウェイ リュー ブー ウェイ
[lju: bu: wei] [lɥy: pʷu: wəi]
D-9 **Lü Buwei** / 吕不韦 Lǚ Bù Wéi

クウィーン ダウアジャ ヂャオ チャウ ヂー
[kwí:n dáuədʒɚ dʒaʊ] [tʂau tɕi:]
D-10 **Queen Dowager Zhao** / 赵姬 Zhào Jī

カウンティ アンド プリフェクチュラル スィステム
[káunti ənd prifékt∫urəl sístəm]
D-11 **county and prefectural system**

シエン ヤンッグ シエン ヤンッグ
[ʃiæn jæŋ] [ɕæn jaŋ]
D-12 **Xianyang** / 咸阳 Xián Yáng

ジョングオ キャナル
[dʒəŋguo kənǽl]
D-13 **Zhengguo Canal**

◆**Qin 秦** 秦を英語に訳す際、Qin だけでは相当する漢字があまりにも多くあるため、Qin dinasty「秦王朝」と訳すケースも多い。日本語では秦も、後の王朝の清も「しん」だが、英語では秦は Qin、清は Qing で語末の子音が異なる。このQin の名はその後世界に広まり、やがて英語の China「中国・チャイナ」という語や、日本の「支那（しな）」という語が派生した。余談だが、古代の中国では、**ローマ帝国**のことを**大秦**と呼んでいた。西の果てにある秦よりも、さらに西にある「大きな秦」という意味である。ちなみに、現代の中国語ではローマ帝国は「羅馬（罗马 Luómǎ）帝国」と呼んでいる。

◆**First Emperor of Qin 秦の始皇帝** 始皇帝の「皇帝」という言葉は、p.18 の解説にあるように、三皇五帝にちなんで「皇」と「帝」をつなげたもの。「皇帝」という称号を作った。

◆**Queen Dowager Zhao 趙姫** dowager とは、英語で「(王侯の) 未亡人」を意味する。趙姫が結婚前の時期ならば、英語で Lady Zhao に、王が生きている間なら、Queen Zhao になる。

◆**county and prefectural system 郡県制** county は、元々は「伯爵の地位」ないしは「伯爵領」を指していた。現在では、イギリスでは「州」を、アメリカや日本では「郡」を指す。

現代の万里の長城。

秦はかつては西の辺境にある小国だった。しかし近年、兵馬俑の等身大でリアルな像はペルシャ経由で入ってきたギリシャ彫刻の影響とする説が出されており、中原から見て西の果てのように見られた秦が、むしろ西方からの文化が伝わる最先端の地だったのではないかとの見方もされている。秦の始皇帝そのものが、青い目で鼻が高く、白人の血が入っているとする説もある。

◆**Great Wall 長城**　日本語では「万里の長城」と呼んでいるが、英語では長さについては明言せずGreat Wall of Chinaと呼んでいる。現在の煉瓦造りの「万里の長城」は、明代に新たに造られたもので、秦の時代に造られた長城とは位置も異なる。

始皇帝と不老長寿と徐福伝説

栄華を極めた始皇帝も、死への恐怖からは逃れられなかった。そのため不老長寿の薬を手に入れるためにあらゆる手を尽くしていた。その1つとして、方士（仙術の修行をする者）たちに、多額のお金を払って仙薬を作らせるというものがあった。しかし、首尾よく薬ができるはずもなく、一向に完成しないことに始皇帝は怒り、咸陽の学者たちがそのとばっちりを受けて、方士や儒者たち460人が生き埋めにされたともいわれている(D-26)。

始皇帝はさらに、別の方士である**徐福**の述べた、「東方のかなたにある蓬莱（ほうらい）、方丈（ほうじょう）、瀛洲（えいしゅう）という3つの山（三神山）に、不老不死の妙薬がある」という言葉を信じ、徐福を探索に遣わした。年若い男女ら3,000人と共に大船団で出発した徐福がたどり着いたのは、実は日本で、その子孫が後の「**秦**（はた）氏」になったという**徐福伝説**が日本各地に存在している。京都や大阪に残る**太秦**（うずまさ）という地名も、この秦から来ているといわれている。仮に徐福が日本に到達していたとしても、不老不死の薬が手に入ったわけでないことだけは確かである。

和歌山県の新宮市にある徐福公園の徐福像。徐福は和歌山に自生する「天台烏薬（てんだいうやく）」と呼ばれる生薬となる木を発見したという言い伝えがある。この公園内には、徐福の墓とされる墓もある。

グレイト ウォール
[greit wɔːl]
Great Wall D-14

リー スー　リースー
[liː səː]　[lʲiː szː]
Lisi / 李斯 Lǐ Sī D-15

ヂァオ ガオ　チァウ カウ
[dʒaʊ gaʊ]　[ʈʂau kau]
Zhaogao / 赵高 Zhào Gāo D-16

フアン イー　フアン イー
[huæn iː]　[x^{w}æn iː]
Huanyi / 桓齮 Huán Yǐ D-17

ヂンｸﾞ コー　ヂンｸﾞ コー
[dʒiŋ kəː]　[tɕəŋ k^{h}ɤː]
Jingke / 荆轲 Jīng Kē D-18

ワンｸﾞ ヂエン　ワンｸﾞ チエン
[waŋ dʒiæn]　[waŋ tɕæn]
Wangjian / 王翦 Wáng Jiǎn D-19

リー シン　リー シン
[liː ʃin]　[liː ɕin]
Lixin / 李信 Lǐ Xìn D-20

モンｸﾞ ティアン　モンｸﾞ ティアン
[məŋ tian]　[məŋ t^{hj}æn]
Meng Tian / 蒙恬 Méng Tián D-21

バトル オヴ ハングー パス
[bǽtl əv hæŋguː pæs]
Battle of Hangu Pass D-22

バトル オヴ チャンｸﾞピンｸﾞ
[bǽtl əv tʃæŋpiŋ]
Battle of Changping D-23

テラカッタ アーミ
[terəkɑ́tə ɑ́ɚmi]
Terracotta army D-24

バーニンｸﾞ オヴ ブックス
[bɚ́ːniŋ əv buks]
Burning of books D-25

ベリインｸﾞ オヴ スカラズ
[bériiŋ əv skɑ́lɚz]
Burying of scholars D-26

シュー フー　シュー フー
[ɕ^{w}yː f^{w}uː]　[ɕ^{w}yː f^{w}uː]
徐福 Xú Fú / 徐市 Xú Fú D-27

E 漢〈1〉前漢

解説中に出てくる**丞相**（じょうしょう）は秦や漢の時代の廷臣の最高職。2人いる時は**左丞相**、**右丞相**と呼ばれた。**丞相**のうち、多大な功績のある者は、丞相より上位の**相国**（しょうこく）と呼ばれた。

E-1 漢（かん）
中国統一を果たした秦がわずか 15 年で滅亡した後、約 400 年間も続いた、初めて中国で長期に安定した王朝。前漢と後漢からなる。

E-2 前漢（ぜんかん）
漢の前半の時代。西暦前 202 年から王莽（おうもう）の新による西暦 8 年の中断以前の時代。首都は長安（現在の西安）に置かれた。

E-3 劉邦 / 高祖（りゅうほう / こうそ）
秦に対する反乱に呼応し挙兵。秦を滅ぼし、漢王朝の始祖となる。太祖（たいそ）ともいう。

E-4 張良（ちょうりょう）
字は**子房**（しぼう）。諡は**文成**。韓の相国の子。劉邦に仕えた軍師で、漢の三傑の 1 人。恩賞により**留侯**（留は沛県の東南の地）となる。

E-5 蕭何（しょうか）
劉邦と同じく沛（はい）県の出で、元下級役人。漢の成立後、丞相、後に相国に任命され、内政全般を任された。漢の三傑の 1 人。

E-6 韓信（かんしん）
劉邦に仕えた「国士無双」と呼ばれた将軍。漢の三傑の 1 人。楚漢戦争で幾度も勝ち、劉邦の勝利を決定づけた。

E-7 樊噲（はんかい）
劉邦の勇猛な武将。沛県の出身で犬の屠殺（とさつ）業をしていた。漢成立後は左丞相、相国を歴任し、韓信の謀反を平定した。

E-8 項羽（こうう）
名は籍、字は羽。楚の武将。楚の将軍・項燕の孫。前 209 年に会稽で挙兵。秦を倒し西楚の覇王と名乗る。楚漢戦争に敗れ自害した。

E-9 虞美人（ぐびじん）
項羽の愛人。**虞姫**（ぐき）ともいう。垓下の戦いで敗走した項羽は、劉邦に追いつめられ、烏江で虞美人と共に自害した。

E-10 范増（はんぞう）
項羽軍に幾度も勝利をもたらした、奇策を得意とする楚の将軍。70 歳を過ぎた老軍師だったが、項羽は**亜父**と呼んで信頼した。

E-11 楚漢戦争（そかんせんそう）
前 206 年から前 202 年にわたり項羽と劉邦との間で中原の覇権を争って繰り広げられた戦争。

E-12 井陘の戦い（せいけいのたたかい）
または井陘口の戦い。韓信率いる漢軍が河を背にして陣を敷き趙軍を破った（**背水の陣**の由来）。

E-13 垓下の戦い（がいかのたたかい）
劉邦の勝利を確かなものとした戦い。漢軍は立てこもった楚軍を包囲し、**四面楚歌**の由来となる。

E-14 呂雉 / 呂后（りょち / りょこう）
劉邦の妻。後の皇后。第 2 代皇帝・恵帝の母。楚漢戦争時には項羽の捕虜となる。劉邦の死後、専横を極め、劉邦の庶子を粛清し、自分の一族（呂氏）を要職に就けた。

前 206 年、劉邦が先に関中に入って咸陽に迫り、秦王子嬰（しえい）が降伏した。ひと月遅れて関中に入った項羽は、咸陽の東の鴻門（こうもん）に陣取った。**鴻門の会**とは、項羽が劉邦を招いた酒宴のこと。項羽配下の項荘が踊りながら劉邦を殺そうと図る。それを察した項伯は共に剣舞を始め、項荘を妨害。そこへ張良の差し金によって樊噲が乱入し、酒や肉を豪快に飲み食いしつつ劉邦に謀反の心がないことを語った。その間に劉邦は厠に行くといってその場を脱出した。

項羽の郷里・江蘇省宿遷市にある項羽の騎馬像。

京劇の『覇王別姫』の虞美人（左）と独特の隈取りをした項羽（右）。「垓下歌（がいかのうた）」の場面。

外征に力を入れた武帝は、文景の治で蓄財した国庫を使い果たし、やむなく財政改革に乗り出した。塩や鉄の専売や、増税、貨幣改鋳に加え、物資の余る地方から買い取り、不足する地域に売って利益を得る**均輸法**や、物価が安いときに物資を買い取り、物価が高くなると売って利ざやを稼ぐ**平準法**を採用した。国が大規模に商売を始めたものともいえる。

武帝が即位の翌年（西暦前 140 年）を「建元（けんげん）元年」としたのが元号の始まりである。

西安の漢城湖公園の巨大な武帝像。

冒頓単于（ぼくとつぜんう） E-15
匈奴（きょうど）最盛期の王。前 200 年、白登山の戦いで劉邦に圧勝。強国の月氏を西に追いやり、弱小国だった匈奴を一大国家に成長させた。

陳平（ちんぺい） E-16
魏咎（ぎきゅう）や項羽に仕えた後、劉邦に仕官。劉邦の危機を智謀により幾度も救った。劉邦の死後に丞相となり、呂氏一族を滅ぼす。

景帝（けいてい） E-17
前漢の第 6 代皇帝。一代前の文帝と景帝の安定した治世は「文景の治」と呼ばれる。統治末に起きた呉楚七国の乱を平定した。

呉楚七国の乱（ごそしちこくのらん） E-18
前154 年、呉、楚、趙（ちょう）、済南、淄川（しせん）、膠西、膠東の7カ国による乱。

郡国制（ぐんこくせい） E-19
郡国制は、都付近の直轄地を郡県制、その周辺の地方を封建制とする制度。呉楚七国の乱以降は、事実上郡県制となる。

武帝（ぶてい） E-20
前漢の第 7 代皇帝。財政再建のため、均輸・平準法を設け、塩・鉄・酒の専売制を定めた。外征も進め、前漢の最盛期をもたらした。

五銖銭の右の 〼 は、「五銖」の「五」の字。この文字のサイズ・形で鋳造された年代が推定できる。

郷挙里選（きょうきょりせん） E-21
後漢で採用された官吏登用制度。身分・財産によらず「親孝行」で「清廉潔白」な人物が推薦され官吏となった。

五銖銭（ごしゅせん） E-22
私鋳銭を廃し、貨幣の品質を統一するために武帝が発行した貨幣。五銖銭の「銖」とは重さの単位（1 銖 = 0.5g）。

董仲舒（とうちゅうじょ） E-23
武帝に仕えた儒学者。儒教を唯一の正統思想とし、儒学を官学とすることや五経博士を置くことを提言した。

五経博士（ごきょうはくし） E-24
五経（『書経』『詩経』『易経』『春秋』『礼記』の儒学書）を教える教授。136 年に武帝が設置した。

陝西省にある張騫墓の張騫像。張騫の活動が、後のシルクロード交易発展の基礎となる。

張騫（ちょうけん） E-25
武帝は匈奴に対抗するため、大月氏と同盟を結ぶよう、張騫を遣わした。匈奴に捕らわれ、逃亡して13 年後に漢に帰還した。

李広（りこう） E-26
文帝・景帝・武帝に仕えた武将。李信（D-20）の子孫。強弓の名手で、対匈奴戦で強さを見せ、匈奴から「飛将軍」と呼ばれた。

衛青（えいせい） E-27
武帝の将軍。姉は武帝から寵愛（ちょうあい）を受けた衛子夫（後の皇后）。匈奴との戦いで、奪われていたオルドス地域を奪還した。

甘粛省の蘭州市にある五泉山公園の霍去病の像。

霍去病（かくきょへい） E-28
衛青の甥。18 歳の初陣で衛青に従って匈奴征伐に加わる。やがて敵の首3 万を上げたという。24 歳で病死した。

E-1
ハン [hæn] / ハン [xæn]
Han / 汉 Hàn
[x] は無声軟口蓋摩擦音。

E-2
ウェスタン ハン [wéstən hæn] / シー ハン [ɕiː hæn]
Western Han / 西汉 Xī Hàn

E-3
リウ バング [lju baŋ] / リウ パング [l^jəu paŋ] / エンペラ ガオツー [émpərə gaʊdzuː]
Liubang / 刘邦 Liú Bāng / **Emperor Gaozu**

E-4
ヂャング リャング [dʒæŋ ljŋæ] / チャング リャング [ʈʂaŋ l^jaŋ]
Zhangliang / 张良 Zhāng Liáng

E-5
シャオ ホー [ʃaʊ həː] / シャウ ホー [ɕau xɤː]
Xiaohe / 萧何 Xiāo Hé

E-6
ハン シン [hæn ʃin] / ハン シン [xæn ɕin]
Hanxin / 韩信 Hán Xìn

E-7
ファン クアイ [fæn kwai] / ファン クアイ [fæn k^{hw}ai]
Fankuai / 樊哙 Fán Kuài

E-8
シアング ユー [ʃiaŋ juː] / シアング ユィー [ɕaŋ yː]
Xiangyu / 项羽 Xiàng Yǔ

E-9
ユー ザ ビューティ [juː ðə bjúːti] / カンソート ユー [kɑ́nsɔət juː] / ユィー チー [yː tɕiː]
Yu the Beauty / **Consort Yu** / 虞姬 Yú Jī

E-10
ファン ヅォング [fæn dzəŋ] / ファン ツォング [fæn tsəŋ]
Fanzeng / 范增 Fàn Zēng

E-11
チュー ハン コンテンション [tʃuː hæn kənténʃən]
Chu–Han Contention

E-12
バトル オヴ ヂングシング [bǽtl əv dʒiŋʃiŋ]
Battle of Jingxing
Battle of Tao River 「洮水の戦い」ともいう。

E-13
バトル オヴ ガイシャー [bǽtl əɣ gaiʃɑː]
Battle of Gaixia

E-14
エンプレス リュー [émprəs ljuː] / リュー ツー [lɥyː tʂʐ̩ː] / リュー ホウ [lɥyː hou]
Empress Lü / 吕雉 Lǚ Zhì / 吕后 Lǚ Hòu

◆**Han 漢**　漢の字は偏が「氵さんずい」になっていることから分かるように、元々は揚子江の最大の支流である**漢水**（もしくは**漢江**）を指す固有名詞だった。やがて漢水流域を指すようになり、漢水の中ほどの流域に当たる「漢水盆地」のことを「漢中（かんちゅう）」と呼んだ。秦王朝が倒された後、項羽は劉邦を漢中に封じたため、劉邦は「漢中王」、略して「漢王」となった。楚漢戦争で勝利を得た後にも、劉邦は「漢」の字を使い続け、王朝名が「漢」になった。漢は「**漢**民族」、「**漢**字」というように、今も中国を代表する語として用いられている。同様な意味では、**秦**（China の由来）や**唐**（唐土（もろこし）や、トウモロコシの由来）」がある。

◆**Western Han 前漢**　日本語では「前漢」だが、中国語や英語では「西漢」、Western Han という。そして後漢のことを「東漢」という。これは、前漢の都が**西の長安**なのに対して、後漢の都が**東の洛陽**に移されたためである。

◆**Chu–Han Contention 楚漢戦争**　英語の contention は、「争い、闘争、口論」という意味である。

◆**Empress Lü 呂雉**　呂雉は、秦の呂不韋（D-9）の一族だったのではないかという見方もある。日本語や繁体字では、呂雉の呂の字は口と口の間にノが入るが、簡体字では省略されて吕になる（宮も同じく宫になる）。ちなみに、この漢字の呂から、日本語のひらがなの「ろ」や、カタカナの「ロ」が生まれた。

北方の異民族である匈奴は、秦や漢にとって大きな脅威となっていた。漢の高祖（劉邦）が前200年に32万の兵を率いて討伐に向かったが、白登山で冒頓単于に完全に包囲され敗北した。結局、劉邦は屈辱的な条約を結び、天子の娘を単于の妻に差し出し、毎年多量の貢物を贈り続けた。武帝による匈奴征伐までは、漢は匈奴の朝貢国、いわば属国という立場だった。

◆**Modu 冒頓単于** 北方の騎馬遊牧民である匈奴は、漢語とは異なる言語を話した。匈奴語の詳細は不明だが、現在のモンゴル語やトルコ語に近かったかもしれない。匈奴の人名が漢字で書かれていても、大抵それらは当て字である。例えば、冒頓単于の「単于」とは、匈奴の「君主、王」の称号を指すが、匈奴語の何らかの言葉（「強い」「広大な」など諸説ある）の音写と考えられている。

Maodu, Modun ともつづられる。

モドゥ [modu] / マウ トゥン タン ユィー [mau tʷən tæ nyː]
Modu / 冒顿单于 Mò Dún Chán Yú E-15

チェン ピンヶ [tʃen piŋ] / チェン ピンヶ [tʂʰən pʰʲəŋ]
Chenping / 陈平 Chén Píng E-16

エンペラ ジンヶ オヴ ハン [émpərɚ dʒiŋ əv hæn] / ハン チンヶ ティー [xæn tɕəŋ tʲiː]
Emperor Jing of Han / 汉景帝 Hàn Jĭng Dì E-17

リベリオン オヴ ザ セヴン ステイツ [ribéljən əv ðə sévən stéits]
Rebellion of the Seven States E-18

カウンティ アンド キンヶダム スィステム [káunti ənd kíŋdəm sístəm]
county and kingdom system E-19

エンペラ ウー オヴ ハン [émpərɚ uː əv hæn] / ハン ウー ティー [xæn uː tʲiː]
Emperor Wu of Han / 汉武帝 Hàn Wǔ Dì E-20

虞美人は美人だった？

虞美人の「美人」とは何だろうか？ 後宮での位は細かく定められていた。秦の時代には「皇后」「夫人」「美人」「良人」「八子」「七子」「長使」「少使」という8つの等級があった（時代ごとに等級の数も増減し名称も変化した）。虞美人も、単に容姿を形容したものというよりも、地位を指すものだった可能性がある（もちろん、見た目も美人だっただろう）。英語の consort は、国王や女王の配偶者を指す語である（例えば、ヴィクトリア女王の夫・アルバートなど）。ちなみに、虞美人が自決したときの血が、ヒナゲシの花になったという伝説が後代に生じたため、ヒナゲシには「虞美人草」という別名がある。

ロウカル ナミネイション [lóukəl nɑminéiʃən]
local nomination E-21

erudities for the Five Classics ともいう。

ウーヂュー [uː dʒuː] / ウーチュー [uː ʈʂʷuː]
wuzhu / 五铢 wǔ zhū E-22

ドンヶ ヂョンヶ シュー [dʊŋ dzʊŋ suː] / トンヶ チョンヶ シュー [tʷuŋ ʈʂʷuŋ ʂʷuː]
Dong Zhongshu / 董仲舒 Dǒng Zhòng Shū E-23

ウーヂンヶボーシー [uː dʒin boː ʃiː] / ウー チンヶ ポー シー [uː tɕəŋ pʷoː ʂʐ̩ː]
Wujingboshi / 五经博士 Wǔ jīng bó shì E-24

ヂャンヶ チエン [dʒæŋ tʃiæn] / チャンヶ チエン [ʈʂaŋ tɕʰæn]
Zhangqian / 张骞 Zhāng Qiān E-25

リー クワンヶ [liː kwaŋ] / リー クワンヶ [lʲiː kʷaŋ]
Liguang / 李广 Lǐ Guǎng E-26

ウェイ チンヶ [wei tʃiŋ] / ウェイ チンヶ [wəi tɕʰəŋ]
Weiqing / 卫青 Wèi Qīng E-27

フォー チュービンヶ [hwoː tʃuː biŋ] / フォー チュー ピンヶ [xʷoː tɕʰʷyː pʲəŋ]
Huo Qubing / 霍去病 Huò Qù Bìng E-28

E 漢〈2〉新・後漢・漢の文化

E-29 **新**（しん）
王莽による短命な王朝（西暦8～23年）。各地の豪族が反乱を起こし、そのうちの１つ、劉氏一族によってわずか 15 年で滅んだ。

E-30 **王莽**（おうもう）
前漢第10 代皇帝・元帝の皇后である**孝元皇后**の甥。新朝の皇帝となる。周への復古を目指し、理想主義に過ぎた政策を強行した。

王莽は自らの容姿を気にしていたという。当時の冠には巾（きん）が付いていなかったのに、王莽は、自分の禿頭を隠すために巾を付け、やがてそれが後代に広まったという説もある。

E-31 **赤眉の乱**（せきびのらん）
新末期の西暦 23 年に起きた農民による反乱。王莽による復古主義は、豪族にも不評で、農民の生活を圧迫したため、各地で農民反乱が勃発。合流した反乱軍が長安を陥落。

E-32 **劉秀**（りゅうしゅう）
景帝の子孫で地方の豪族となっていた劉秀は、王莽に反旗を翻して王莽を打倒し、さらに赤眉の乱を鎮圧して、漢王朝を復活させた。戦争では陣頭指揮をし、時に寡勢で敵中に突撃する勇猛果敢な将軍。

光武帝（こうぶてい）
劉秀の諡号。後漢王朝の初代皇帝。容姿端麗な上に、武勇・知略共に優れた皇帝だったといわれている。また、**漢委奴国王**の金印を日本の奴国に与えている。

前漢の劉邦や明の朱元璋のように低い身分から建国した人物は、反逆を恐れて大勢の功臣を粛清（しゅくせい）することがあるが、劉秀は即位後も臣下を粛清することはなかった（宋の趙匡胤も粛清しなかった創始者である）。

E-33 **後漢**（ごかん）
新による中断後に、光武帝によって再建された漢。西暦 25～220年の期間。首都は洛陽。**曹丕**（そうひ）に帝位を譲り滅亡。

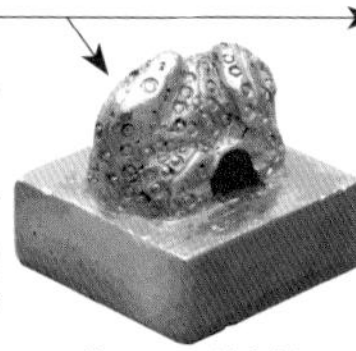

約108g の純金製。

E-34 **後宮**（こうきゅう）
後宮とは、皇帝や皇后、皇妃、女官たちの生活の場。また皇后、皇妃のこと。成人男子では宦官のみが後宮に入ることができた。

E-35 **宦官**（かんがん）
男子禁制の後宮で仕えた、去勢された男性のこと。王に近い立場ゆえにしばしば権力を握る者も出た。

縦横約 2.3cm。

E-36 **外戚**（がいせき）
皇帝の母親または妃の一族のこと。この時代に限らず、皇帝の外戚と宦官とは絶えず権力闘争を繰り返していた。

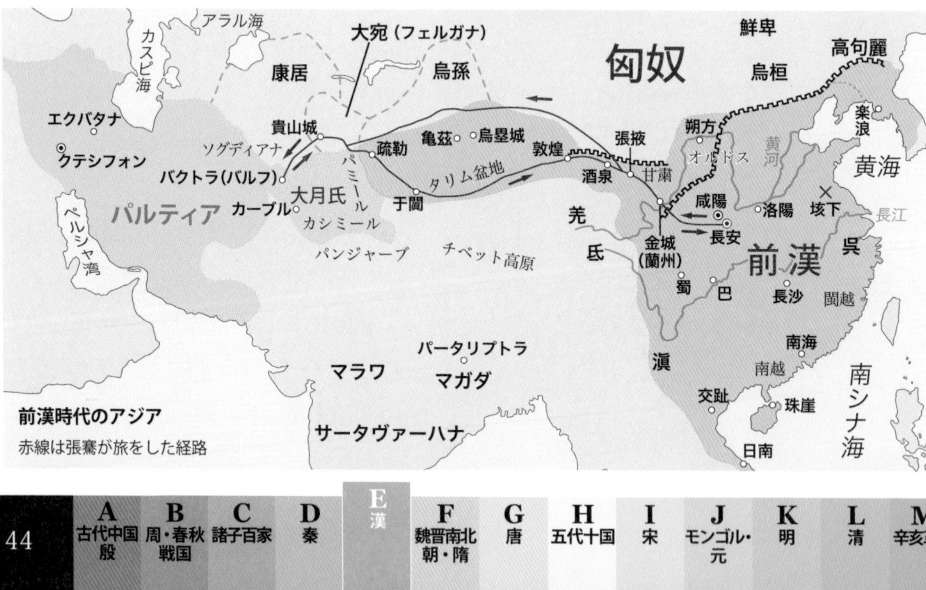

前漢時代のアジア
赤線は張騫が旅をした経路

劉秀（後の光武帝）は、前漢の開祖・劉邦の末裔と称したが、遠縁であり地方の名家程度だった。若い頃は夢として「仕官するなら**執金吾**（しつきんご・都の警備長官）、妻を娶らば**陰麗華**（いんれいか）」と語り、生真面目で目立たない青年だった。陰麗華とは彼の故郷で美人として有名だった女性のこと。願いかなって彼の妻となり、やがて質素な生活を送る聡明な皇后となった。

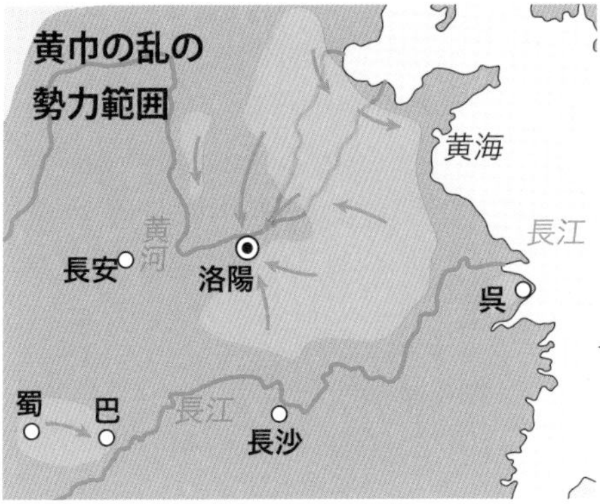

黄巾の乱は漢の広範な地域に及んだ。最盛期には反乱軍の人数は50万人を超えたが、約9ヶ月で鎮圧された。

後漢末に、「党人」と呼ばれた**清流派**（反宦官派）の士大夫らを、宦官たち（**濁流派**）が禁錮刑に処して弾圧した事件。
党錮の禁（とうこのきん） E-37

張角を教祖とし、華北一帯で信仰された道教の一派。『太平清領書』を教典とする。教団は張角の死後に消滅した。
太平道（たいへいどう） E-38

老荘思想をもとに太平道を起こし、**「蒼天すでに死す、黄天まさに立つべし」**という漢王朝打倒のスローガンで、黄巾の乱を扇動した。
張角（ちょうかく） E-39

後漢末の184年に起きた太平道の信徒による農民反乱。中国初の大規模かつ組織的な反乱となった。
黄巾の乱（こうきんのらん） E-40

太平道とは別の、道教の流れをくんだ新興宗教集団。
五斗米道（ごとべいどう） E-41

陝西省韓城市。司馬遷墓の近くの広場に立つ巨大な司馬遷像。司馬遷は、敵の捕虜になった武将・李陵を弁護して武帝の怒りを買い、宮刑（去勢をする刑罰）に処された。

または「ていげん」とも読む。後漢を代表する学者の1人で、**訓詁学**を確立した儒学者。特に『周礼（しゅらい）』『儀礼（ぎらい）』『礼記（らいき）』への注釈は「三礼注」と呼ばれている。
鄭玄（じょうげん） E-42

時代の経過によって意味が不確かになった五経の字句を解釈し、注釈を加える学問。漢に始まり唐代まで栄えた。
訓詁学（くんこがく） E-43

歴史家の家系に生まれ、『史記』を編纂（へんさん）。太初（たいしょ）元年（前104年）に改暦された**太初暦**の制定にも関与。
司馬遷（しばせん） E-44

司馬遷によって編纂された歴史書。伝説上の黄帝から前漢の武帝に至るまでの歴史が記されている。後の歴史書の模範となった。
史記（しき） E-45

後漢の歴史家。『漢書』の編纂者。賦（ふ・対句を多用、句末は押韻）に長じ、洛陽と長安の新旧両都を較べて歌った「両都賦」が有名。
班固（はんこ） E-46

『史記』の続きから、新の滅亡に至る歴史が記された歴史書。班固が編纂。班固は中傷を受けて獄死したため、妹の班昭が完成させた。
漢書（かんじょ） E-47

政治家にして、科学者、発明家、詩人、画家。世界初の水力渾天儀（球形の天文観測装置）や、水時計、風向計、地震感知器を発明した。
張衡（ちょうこう） E-48

後漢の4代皇帝・和帝に仕えた宦官。製紙法を改良。樹皮や麻や布をすいて紙を作り、当時は「蔡侯紙」と呼ばれた。
蔡倫（さいりん） E-49

小篆『始皇七刻石』

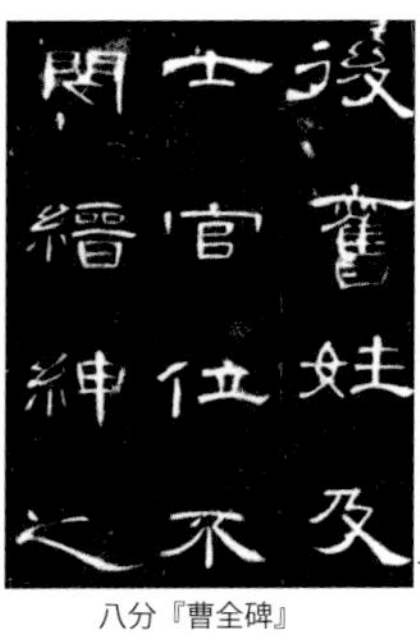
八分『曹全碑』

秦の小篆（しょうてん）を簡略化し、直線を多用した書体。古いものは**古隷**、漢代のものは**八分**（はっぷん）、または**漢隷**という。
隷書（れいしょ） E-50

シン　シン
[ʃin]　[xin]
E-29 **Xin** / 新 Xīn

ワンヶ マンヶ　ワンヶ マンヶ
[waŋ maŋ]　[waŋ maŋ]
E-30 **Wangmang** / 王莽 Wáng Măng

チーメイ リベリオン　レッド アイブラウ リベリオン
[tʃi:mei ribéljən]　[red áibraʊ ribéljən]
E-31 **Chimei Rebellion / Red Eyebrow Rebellion**

リウ シュー　リウ シ(ォ)ウ
[lju ʃu:]　[lʲəu ɕəu]
E-32 **Liuxiu** / 刘秀 Liú Xiù

エンペラ グアンヶウー　ハン クワンヶ ウーティー
[émpərɚ guan u:]　[xæn kʷaŋ u: tʲi:]
Emperor Guangwu / 汉光武帝 Hàn Guāng Wŭ Dì

イースタン ハン　トンヶ ハン
[í:stɚn hæn]　[tʷuŋ hæn]
E-33 **Eastern Han** / 东汉 Dōng Hàn

ヘアラム　イナ パレス
[hé(ə)rəm]　[ínɚ pǽləs]
E-34 **harem / inner palace**

ユーナック
[jú:nək]
E-35 **eunuch**

カンソート キン
[kɑ́nsɔɚt kin]
E-36 **consort kin**

◆**Xin 新**　皇帝の外戚であった王莽が、皇太子の孺子嬰（じゅしえい）より禅譲（ぜんじょう）を受けて建国した王朝。新の名は、王莽が前漢第11代皇帝・成帝とその皇太后・王政君によって新都侯（新は現在の荊州南陽郡の新野県付近）に封ぜられていたことに由来する。新のことを「莽漢」ともいう。

◆**Wangmang 王莽**　王莽の「莽」の字は、『漢書』に書かれている字では、草冠の下の部分は「大」ではなく、「犬」である。しかし、パソコンの書体では犬の方を出すことができないものが多く、Webサイトでも「莽」ではなく「莾」で表示されていることが多い。ワンマンな支配のために人民から愛想を尽かされた王莽は、中国語では奇遇にも「ワンマン」と発音する。

◆**Eastern Han 後漢**　後漢がなぜ英語でEastern Han、中国語で「東漢」なのかについては、都の位置が西から東に移っ

反乱には色が重要？

赤眉の乱や赤眉軍という名称は、王莽の政府軍の兵と区別するために眉毛を朱で赤く染めたことに由来する。「赤眉の乱」のことを英語でRed Eyebrow Rebellion、赤眉軍をRed Eyebrowsというが、このeyebrowは英語で「眉」のこと。browだけでも眉の意味になるが、browのみの場合、「額」や「山の頂上」の意味にもなる。ちなみに、browの発音はブロウではなく、「ブラウ」である。他にも、後漢末期の「黄巾の乱」、元末期の「紅巾の乱」（日本語にすると「こうきん」で同じになるので紛らわしい）など、農民の反乱では何かしら目印を付けることが多い。軍服も装備も統一されておらず、各地方から来た訛りや風習も異なる反乱軍にとって、色で分かりやすく判別できることは重要なことだったに違いない。

下級官吏の子として生まれた張衡は、太史令、今でいう天文台長官になると、「渾天儀（こんてんぎ）」「水時計」、また震源地の方向も分かる「地震計」など様々な発明品を生み出した。さらには、円周率を計算したり（3.16）、月の直径を計算したりとあらゆる科学の分野で才能を発揮。これらの業績のため、小惑星や月のクレーターに**Chang Heng 張衡**という名が付けられている。

たためだが（p.42「前漢」解説）、さらに後の五代十国時代の王朝にも「後漢」が登場し、中国語でもこちらの五代十国の後漢は「後漢」と呼んでいる。中国語では「東漢」と「後漢」で区別できるが、日本語では漢字表記だけでは区別がつかない。そこで、中国史関連では慣習的に、光武帝の後漢は「ごかん」、五代十国の後漢は「こうかん」と呼んで区別をしている。

◆**harem 後宮**　英語で harem というと、もっぱらイスラーム圏のハーレムを意味するため、中国の後宮を指す場合、あえて chinese harem とする場合もある。もし後宮の女性たちを指すのであれば consort（p.43 の囲みの解説参照）を用いる。

◆**Zhangjue 張角**　簡体字で張角のことを张角と書く。角の真ん中の縦棒が下に突き出ている文字は、日本語では「角」の異体字という扱いだが、中国ではこちらが標準である。実は右の小篆の「角」では下に出るどころか、むしろ引っ込んでいた。ちなみに、この字は動物の角（つの）を模したものだ。

◆**Way of the Five Pecks of Rice**
五斗米道　名前の五斗とは体積の単位のことで、入信者に五斗の米を寄進させたことに由来する。現代日本では 1 斗＝約 18 リットルだが、現代中国では 1 斗＝ 10 リットルである。この単位が指す量は時代によって異なり、古代にさかのぼるにつれて量が少なくなっている。周代は 1.94 リットルであったが、後漢では 1.98 リットルだったといわれている。その後どんどん量が増えていった。もしそうなら、五斗とは約 10 リットルになるが、正確なところは定かではない。英語の peck も体積の単位で、米国では 1 peck ＝約 8.8 リットルである。

Disasters of the Partisan Prohibitions ともいう。
パーティザン プロウイビションズ
[pάɚtizən pròuibíʃənz]
Partisan Prohibitions E-37

Way of the Taiping ともいう。
ウェイ オヴ ザ グレイト ピース
[wei əv ðə greit pi:s]
Way of the Great Peace E-38

ヂャンヶ ジュエ [dʒæŋ dʒue]
チャンヶ チュエ [ʈʂaŋ tɕʷe:]
Zhangjue / 张角 Zhāng Jué E-39

イェロウ ターバン リベリオン
[jélou tɚ́:bən ribéljən]
Yellow Turban Rebellion E-40

ウェイ オヴ ザ ファイヴ ペックス オヴ ライス
[wei əv ðə faiv peks əv rais]
Way of the Five Pecks of Rice E-41

ヂョンヶ シュエン [dʒeŋ ʃuæn]
チョンヶ シュエン [ʈʂəŋ ɕʷæn]
Zhengxuan / 郑玄 Zhèng Xuán E-42

エクスィヂェティックス
[eksidʒétiks]
exegetics E-43

スーマー チエン [sə: ma: tʃiaŋ]
スーマー チエン [sz̩: ma: tɕʰæn]
Sima Qian / 司马迁 Sī Mǎ Qiān E-44

ヒストーリカル リコーズ [histɔ́:rikəl rikɔ́ɚdz]
スー チー [ʂʐ̩: tɕi:]
Historical Records / 史记 Shǐ Jì E-45

バン グー [bæn gu:]
パン クー [pæn kʷu:]
Bangu / 班固 Bān Gù E-46

ブック オヴ ハン
[buk əv xæn]
Book of Han E-47

ウェード式では Chang Heng。最上段の解説のクレーターの名前はウェード式が使われている。
ヂャンヶ ホンヶ [dʒaŋ həŋ]
チャンヶ ホンヶ [ʈʂaŋ xəŋ]
Zhangheng / 张衡 Zhāng Héng E-48

ツァイ ルン [tsai lun]
ツァイ ルン [tsʰai lʷən]
Cailun / 蔡伦 Cài Lún E-49

クレリカル スクリプト [klérikəl skript]
リー シュー [lʲi: ʂʷu:]
clerical script / 隶书 lì shū E-50

F 魏晋南北朝〈1〉三国時代

F-1 **魏晋南北朝時代**（ぎしんなんぼくちょうじだい）
黄巾の乱から、隋による統一までの期間。三国時代・晋・五胡十六国時代・南北朝時代からなる。長く分裂が続いた時代。

三国時代の中国
×印は戦場

F-2 **三国時代**（さんごくじだい）
黄巾の乱から西晋による中国再統一までの期間。**魏**、**蜀**、**呉**の3国において、同時に3人の皇帝が立った。

F-3 **霊帝**（れいてい）
後漢の第12代皇帝。この時代に宦官と外戚の間の権力闘争が激しくなり、最終的に宦官が勝利した。

F-4 **少帝**（しょうてい）
第13代皇帝。何太后と外伯父の**何進**（何太后の異母兄）により擁立されたが、**董卓**によりわずか5ヶ月で廃位され、毒殺された。

F-5 **何進**（かしん）
異母妹は霊帝の皇后。元は羊などの家畜の屠殺業者だった。大将軍となり少帝擁立のため暗躍する。宦官に襲われ悲惨な最期を遂げる。

F-6 **董卓**（とうたく）
将軍の董卓は、何進によって洛陽に入城。何進が暗殺された後、残虐で疑り深い董卓は、3年間の間、恐怖政治を繰り広げた。

右は京劇『呂布と貂蝉』の董卓。京劇でのこの役は、長いヒゲが特徴。

F-7 **献帝**（けんてい）
後漢の第14代にして最後の皇帝。霊帝の次子。漢室の庇護者を自認した曹操の傀儡(かいらい)となる。曹操の死後、子の曹丕に位を譲った。

F-8 **袁術**（えんじゅつ）
反董卓連合を率い、後に孫堅の後ろ盾のもとで、同じ一族の袁紹と対立する。皇帝を名乗り国号を**仲**としたが、短期に終わった。

F-9 **王允**（おういん）
正義心が強く、黄巾と通じていた高位の宦官である張譲を告発したが、彼は罰を免れ、以降、目の敵にされた。

F-10 **呂布**（りょふ）
呂布は董卓の腹心の部下だったが、『三国志演義』によれば、王允と美女・貂蝉の計略にはまり、董卓を裏切って殺害した。

左は京劇の呂布。触覚に見えるものは、**翎子**（りんず）と呼ばれる冠の羽飾りで、呂布の絵にしばしば見られる。勇猛で武芸に秀でていたが、最初に仕えた**丁原**（ていげん）を殺害し、次に仕えた董卓をも殺害するという裏切りの人生を送った。

F-11 **赤兎馬**（せきとば）
または赤兎。赤兎馬は固有名ではなく「赤毛で兎のように素早い馬」の意。三国志の赤兎馬は持ち主が呂布や関羽など移った。

F-12 **袁紹**（えんしょう）
いっときは漢末の混乱期に最大勢力を有していたが、**官渡の戦い**で曹操と戦い、敗北を喫し、その後没落した。

F-13 **汜水関の戦い**（しすいかんのたたかい）
反董卓軍との戦い。汜水関では董卓の有能な将軍・**華雄**（かゆう）が討ち取られた。

F-14 **貂蝉**（ちょうせん）
古代中国四大美人の1人とされるが、おそらくは架空の人物。幼少時に王允に引き取られ、後に董卓と呂布の間を**連環の計**で離反させたとされる。

三国志の話は日本人にはとても馴染み深いが、その全てが史実とは限らない。3世紀に書かれた正史の『三国志』には書かれていない出来事や人物が、1000 年以上も後の明の時代に書かれた『三国志演義』には多数含まれている。さらに、同じ人物や出来事でも描き方が違う。『三国志演義』は歴史書というより、一般向けの時代小説である。

曹操の生誕地である安徽省亳州市にある曹操像。

魏（ぎ） F-15

もしくは**曹魏**、**前魏**。華北を支配した国。都は洛陽。三国時代の戦いで勝ち抜いていったが、最後は司馬炎の晋によって滅ぼされた。

曹操（そうそう） F-16

字は孟徳。後漢の丞相・魏王。後の魏の基礎を築いた。『三国志』では正当な王とされ、『三国志演義』では悪役として描かれている。

洛陽（らくよう） F-17

黄河中流域の都市。かつては**洛邑**（B-12）と呼ばれた。魏のみならず、その前の後漢や、その後の西晋、隋、後唐の都にもなった。

呉（ご） F-18

もしくは**東呉**、または孫権が建てたので**孫呉**とも呼ばれる。江南の地を支配し、都を建業とした。280 年、西晋によって滅ぼされた。

孫堅（そんけん） F-19

宛城（えんじょう）に立てこもった黄巾の乱の軍を、孫堅自らが城壁によじ登って大敗させた。兵家の**孫武**（C-31）の子孫と称していた。

湖北省赤壁市の赤壁古戦場跡にある「桃園の誓い（桃園結義）」像。左が張飛、右が関羽、中央が劉備。

孫権（そんけん） F-20

孫堅の子。劉備と同盟を組んで、赤壁の戦いで曹操を破った。222 年、「黄武」という新しい元号を宣言し、魏からの独立を表明した。

建業（けんぎょう） F-21

周の時代には**金陵**、東晋では**建康**、**南京**と呼ばれた。明の最初の首都となる。長江の下流域にあり、中国南部における主要な都市。

蜀（しょく） F-22

長江上流の四川地方を支配した国。漢の劉氏の血を引いていると主張していたため、**蜀漢**とも呼ばれている。

劉備（りゅうび） F-23

字は玄徳。蜀（蜀漢）を建国した人物。**桃園の誓い**で関羽と張飛とが義兄弟となった話や、諸葛孔明を**三顧の礼**で迎えた話が有名。

湖北省荊州の『関公義園』にある高さ 48 メートルの関羽像。

諸葛亮（しょかつりょう） F-24

諸葛孔明（しょかつこうめい）

姓は諸葛。諱は亮。字は孔明。劉備の軍師。諸葛亮は劉備に対して**天下三分の計**を説いたが、208 年の赤壁の戦いで曹操の進撃を食い止めたことで、まさに天下三分の計が実現した。名臣・名将の評価は実は後代に高まったもの。

関羽（かんう） F-25

字は雲長（うんちょう）。劉備に仕えた武将。武勇伝は数多く、義理を重んじた。長いヒゲゆえに**美髯公**（びぜんこう）ともいう。

張飛（ちょうひ） F-26

字は益徳。劉備に仕える勇猛果敢な武将。『三国志演義』では直情的で奔放、さらには酒好きとして描かれている。

成都（せいと） F-27

外敵からの攻撃を防ぎやすい地形であり、作物が豊かなため、古来より**天府の国**と呼ばれていた。現在は四川省の省都。

ウェイ ジン アンド サザン アンド ノーザン ダイナスティズ ピアリアド
[wei dʒin ənd sʌ́ðə-n ənd nɔ́ə-ðə-n dáinəstiz pí(ə)riəd]
F-1 **Wei, Jin, and Southern and Northern Dynasties period**

スリー キンッダムズ
[θri: kíŋdəmz]
F-2 **Three Kingdoms**

エンペラ リンッ オヴ ハン
[émpərə- liŋ əv hæn]
F-3 **Emperor Ling of Han**

エンペラ シャオ オヴ ハン
[émpərə- ʃaʊ əv hæn]
F-4 **Emperor Shao of Han**

ホー ヂン / ホー チン
[hə: dʒin] / [xɤ: tsəŋ]
F-5 **Hejin** / 何进 Hé Jìn

ドンッ ヂュオ / トンッ チュオ
[dɔŋ dʒuo] / [tʷuŋ ʈʂʷo]
F-6 **Dongzhuo** / 董卓 Dǒng Zhuó

エンペラ シエン オヴ ハン
[émpərə- ʃiæn əv hæn]
F-7 **Emperor Xian of Han**

ユエン シュー / ユエン シュー
[juæn ʃu:] / [ɥæn ʂʷu:]
F-8 **Yuanshu** / 袁术 Yuán Shù

ワンッ (ユ)イン / ワンッ (ユ)イン
[wæŋ (ju)in] / [wæŋ ɥin]
F-9 **Wang Yun** / 王允 Wáng Yǔn

リュー ブー / リュー プー
[lju: bu:] / [lɥy: pʷu:]
F-10 **Lübu** / 吕布 Lǚ bù

レッド ヘア / ツー トゥー マー
[red héə-] / [ʈʂʰʐ̩: tʰʷu: ma:]
F-11 **Red hare** / 赤兔马 Chì Tù Mǎ

ユエン シャオ / ユエン シャウ
[juæn ʃaʊ] / [ɥæn ʂau]
F-12 **Yuanshao** / 袁绍 Yuán Shào

バトル オヴ スーシュイ グワン
[bǽtl əv sə:ʃuikwan]
F-13 **Battle of Sishuiguan**
(汜水关 Sì Shuǐ Guān。)

ディアオ チャン / チアウ チャン
[diaʊ tʃan] / [tʲau ʈʂʰan]
F-14 **Diaochan** / 貂蝉 Diāo Chán

◆**Wei, Jin, and Southern and Northern Dynasties period 魏晋南北朝時代**
英語での表記は定まっておらず、Wei, Jin, Southern and Northern Dynasties や、Wei Jin and the Southern and Northern Dynasties のように and や the がさらに増えたりしているものもしばしば見られる。

◆**Red hare 赤兎馬** 『三国志演義』によれば、赤兎馬は最初は董卓が持っていたが、それを呂布に贈り、後に呂布を倒した曹操のものとなった。曹操は、自分の下にいた関羽を部下にしたいためにこの赤兎馬を贈った。しかし関羽は曹操に、「1日に千里（約400km）を駆けるこの馬があれば、劉備の居場所さえ分かれば、1日で会うことができる」と述べ、主を変えるつもりがないことを示した。関羽が処刑された後、赤兎馬は絶食して関羽に殉じたという。馬の平均寿命が20～30年であることを考えると、上記の出来事が1頭の馬で生じたというのは考えにくい。ちなみに、hare ヘアとは「ノウサギ（野うさぎ）」のこと。野うさぎといっても野生の rabbit「うさぎ」が hare というわけではなく、別種の生き物である。ペットになっているカイウサギ rabbit は、穴を掘ってその中

走るノウサギ。ペットのアナウサギよりも後ろ足が強力で長距離を走る。

日本語では「魏」「呉」「蜀」といえば、三国時代のものを指すことが多いが、単に魏や呉、蜀といっても、どの時代の魏なのか、戦国時代の魏なのか、三国時代の魏なのか、五胡十六国時代の魏（つまりは**北魏**）なのか分かりにくい。そこで、三国時代の魏、呉、蜀のことを**曹魏**、**孫呉**、**蜀漢**のようにして、区別できるように呼ぶ場合も多い。

に住む「アナウサギ（穴うさぎ）」を家畜化したもので、hare は穴には棲まない。rabbit は「脱兎のごとく」走ることはできるが、短距離のみ。両者は交配で交雑種を作ることもできない。赤兎馬を訳すには、アナウサギの rabbit よりも、長距離を疾駆できるノウサギの hare の方が適している。

なぜ関羽は神になった？

Guanju 関羽 は勇猛果敢な武将であった上に、決して劉備を裏切らないなど義に厚く、恩を忘れない人物として、後世、芝居や講談の中で様々な伝承が生じた。やがて神格化されて信仰を集め、中国のみならず世界各地の華僑の住む街には関羽を祀（まつ）った祠（ほこら）である **Guandi temple 関帝廟**（かんていびょう）が造られた（関羽を Guandi「関帝」ともいう）。日本でも中華街のある街には必ず関帝廟が存在している。関羽は「商売の神（財神関羽）」として崇（あが）められてきたが、これは関羽の出生地には古くから塩を生産していた巨大な塩湖の「解池（かいち）」があり、関羽も塩の販売をしていたといわれているためである。また、中国ではそろばんを発明したのも関羽だという説が広まっている。

山西省運城市（関羽の生まれた場所）にある関帝廟。

ウェイ [wei] / ツァオ ウェイ [tsaʊ wei] / ツァウ ウェイ [tsʰau wəi]
Wei / Cao Wei / 曹魏 Cáo Wèi F-15

ツァオ ツァオ [tsaʊ tsaʊ] / ツァウ ツァウ [tsʰau tsʰau]
Caocao / 曹操 Cáo Cāo F-16

ルオ ヤング [luo jaŋ] / ルオ ヤング [lʷo: jaŋ]
Luoyang / 洛阳 Luò Yáng F-17

ウー [u:] / イースタン ウー [í:stə˞n hæn] / スン ウー [sʷən u:]
Wu / Eastern Wu / 孙吴 Sūn Wú F-18

スン ヂエン [sun dʒiæn] / スン チエン [sʷən tɕæn]
Sunjian / 孙坚 Sūn Jiān F-19

スン チュエン [sun tʃuæn] / スン チュエン [sʷən tɕʰʷæn]
Sunquan / 孙权 Sūn Quán F-20

ヂエン イェー [dʒiæn je:] / チエン イェー [tɕæn je:]
Jianje / 建业 Jiàn Yè F-21

シュー [ʃu:] / シュー ハン [ʃu: hæn] / シュー ハン [ʂʷu: xæn]
Shu / Shu Han / 蜀汉 Shǔ Hàn F-22

リウ ベイ [lju bei] / リウ ペイ [lʲəu pəi]
Liubei / 刘备 Liú Bèi F-23

ヂューゴー リャング [dʒu: gə: ljæn] / チュー コー リアング [tʂʷu: kɤ: lʲaŋ]
Zhuge Liang / 诸葛亮 Zhū Gě Liàng F-24

コングミング [kʊŋ miŋ] / コング ミング [kʰʷuŋ mʲəŋ]
～Kongming / ～孔明 ～ Kǒng Míng

グァン ユー [guæn ju:] / クワン ユィー [kʷæn y:]
Guanju / 关羽 Guān Yǔ F-25

ヂャング フェイ [dʒan fei] / チャング フェイ [tʂaŋ fəi]
Zhangfei / 张飞 Zhāng Fēi F-26

チョング ドゥー [tʃəŋ du:] / チョング トゥー [tʂʰəŋ tʷu:]
Chengdu / 成都 Chéng Dū F-27

F-28 官渡の戦い
200年、少数の曹操軍が、華北を統一した袁紹の大軍と戦い、勝利を得た。以降、曹操が勢力を拡大する。

F-29 趙雲
劉備の武将。**長坂**（ちょうはん）**の戦い**で劉備が曹操に敗れて逃亡する際に、劉備の子の**阿斗**（あと・後の劉禅・F-38）を救出した。

F-30 赤壁の戦い
208年、長江中流の赤壁での曹操対孫権・劉備連合軍の戦い。曹操の水軍を火攻めにした。

F-31 周瑜
字は**公瑾**（こうきん）。呉の孫策・孫権に仕えた知略・武略共に優れた武将。赤壁の戦いで魏を打ち破った。

赤壁の古戦場にある、赤壁を模した壁と周瑜の像。

F-32 樊城の戦い
蜀の関羽が、曹操軍の樊城を包囲し陥落寸前となるも孫権が曹操を援軍し、関羽が処刑された。

華陀とも書く。

F-33 華佗
後漢末期の伝説的な医師。『三国志演義』では、関羽が毒矢を受けた右腕の肘の骨を削る手術の最中、酒を飲みつつ碁を打つ話が出てくる。

手術中に碁を打つ関羽と、治療する華佗。

F-34 曹丕 / 文帝
曹操の子で、魏の初代皇帝。諡は文帝。220年、漢の献帝に譲位を迫り、禅譲を受けた。

F-35 夷陵の戦い
222年、蜀の劉備が関羽の復讐のために、陸遜率いる呉軍に攻め込んだが大敗を喫した。

F-36 陸遜
字は**伯言**（はくげん）。呉の有力豪族の出身で、孫権に仕えた将軍。夷陵の戦いでは火計により蜀軍を壊滅させた。

F-37 出師の表
臣下が出陣する君主に奉(たてまつ)る文書。その中でも、諸葛亮が若き皇帝・劉禅に奏上したものが有名。

F-38 劉禅
劉備の子。字は公嗣（こうし）。蜀漢の第2代皇帝。幼名は阿斗（あと）。暗愚な皇帝で、中国語では**「救いようのない人物」**を指すのに阿斗が使われている。

F-39 司馬懿 / 仲達
司馬氏は代々、魏で高官を輩出した名門。司馬懿は曹操やその後の皇帝たちに仕え、諸葛亮といくつもの戦いで対峙した。

F-40 五丈原の戦い
蜀と魏との戦い。戦いの最中、諸葛亮は病死した。魏軍は撤退する蜀軍を追撃しようとしたが、生前の策であった諸葛亮の木像を見て追撃をやめた。

五丈原の戦いから**「死せる孔明、生ける仲達を走らす」**という言葉が生まれた。

F-41 曹叡 / 明帝
魏の第2代皇帝。曹丕の子。蜀の諸葛亮が魏との国境付近に侵攻すると、曹叡自ら出陣して撃退した。

五胡十六国の「五胡」とは５つの異民族のことで、十六国はそれら異民族が華北に打ち立てた国を指している。実際には、異民族だけでなく漢民族も国を興している。異民族による支配といっても、新たに侵略してきたわけではなく、すでに移住したり傭兵として華北に入っていた「五胡」の者たちが、バラバラに独立を図ったため、対立と競合が続いていた時代である。

十六国の国々

	国号	始祖	種族	年代	地域
1	前趙	劉淵	匈奴	304～329	陝西
2	成漢	李雄	氐	304～347	四川
3	後趙	石勒	羯	319～350	山西・陝西
4	前燕	慕容皝	鮮卑	337～370	河北・山東
5	前涼	張重華	漢族	345～376	甘粛
6	前秦	苻洪	氐	351～394	陝西・山西
7	後燕	慕容垂	鮮卑	384～409	山東・河北
8	後秦	姚萇	羌	384～417	山西
9	西秦	乞伏乾帰	鮮卑	385～431	陝西
10	後涼	呂光	氐	386～403	甘粛
11	南涼	禿髪烏孤	鮮卑	397～414	甘粛
12	北涼	沮渠蒙遜	匈奴	397～439	甘粛
13	南燕	慕容徳	鮮卑	398～410	山東
14	西涼	李暠	漢族	400～420	甘粛
15	夏	赫連勃勃	匈奴	407～431	陝西・山西
16	北燕	馮跋	漢族	409～436	河北

十六国のうち、すべてが異民族というわけではなく、前涼や西涼、北燕は漢族によって建国されている（下の地図では、漢族による国は赤文字で示している）。376 年に前秦の苻堅が華北を統一したが、383 年の淝水の戦いで東晋に敗れ、439 年に北魏によって統一されるまで、再び分裂の時代となった。五胡の時代、五胡の君主の中には仏教を信じる者が多く、この時代に中国の民衆の間にも仏教が広まった。

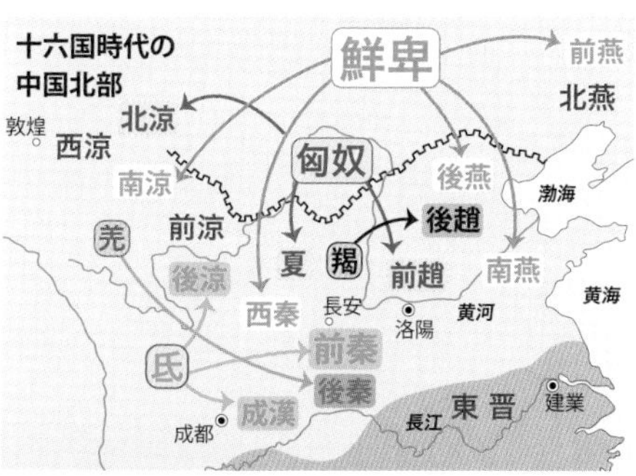

司馬炎（しばえん） F-42
魏の元帝から 265 年に禅譲を受けて帝位に就き、晋を建国。帝位に就いた後は政治に興味を失った。諡号は武帝。

晋（しん） F-43
皇帝の外戚の司馬炎が魏を乗っ取って建国した国。都は洛陽。呉を滅ぼしたことにより、中国全土を再統一した。

西晋（せいしん） F-44
司馬炎による建国から、匈奴の侵入を受けて 316 年に滅ぶまでの間の晋。

八王の乱（はちおうのらん） F-45
西晋の末期の内乱。諸侯が異民族の五胡を傭兵にしたため、やがて華北で五胡が勢力を伸ばす原因となった。

永嘉の乱（えいかのらん） F-46
匈奴が西晋の首都洛陽に攻め込み、略奪した。西晋の懐帝は屈辱を受け続けて２年後の 313 年に処刑された。

東晋（とうしん） F-47
西晋滅亡後、**司馬睿**（しばえい）が江南で 317 年に晋を再建した。それを東晋という。都は建康（以前の建業、後の南京）。

五胡十六国時代（ごこじゅうろっこくじだい） F-48
304年の前趙建国から、439 年の北魏による華北統一までの期間。

五胡（ごこ） F-49
八王の乱によって、華北に建国された５つの異民族の国家。最初は**匈奴**が勢力を伸ばしたが、やがて**鮮卑**に覇権を奪われた。

匈奴（きょうど） F-50
五胡のうちの１つ。西暦 48 年には南匈奴と北匈奴に分裂した。五胡十六国時代には南匈奴から前趙、夏、北涼が独立した。

前趙（ぜんちょう） F-51
開祖は匈奴の**劉淵**（りゅうえん）。当初の国号は漢だったが、第５代皇帝・劉曜が趙と改めた。

鮮卑（せんぴ） F-52
五胡のうちの１つ。トルコ系の北方民族。五胡十六国時代には前燕、後燕、南燕、南涼、西秦が独立した。

羯（けつ） F-53
五胡のうちの１つ。匈奴の一派とされるが、ソグド人由来やトハラ人由来説もある。羯族の**石勒**（せきろく）が、匈奴の前趙から独立して「後趙」を建てた。

氐（てい） F-54
五胡のうちの１つ。青海湖の周辺に住むチベット系の民族。成漢、前秦、後涼が独立した。前秦の王・**苻堅**は、一時、華北統一を果たしたが、東晋に破れた。

羌（きょう） F-55
五胡のうちの１つ。チベット系の民族。384 年、羌族の族長・**姚萇**（ようちょう）が長安に入り、**後秦**（姚秦）を建て、一時華北を支配したが、東晋の侵入で滅亡。

バトル オヴ **グワン** ドゥー
[bǽtl əv gwan du:]
F-28 **Battle of Guandu**

ヂャオ (ユ)イン **チャウ (ユ)イン**
[dʒaʊ (ju)in] [tʂau ɥin]
F-29 **Zhaoyun** / 赵云 Zhào Yún

バトル オヴ **レッ**ド クリフス
[bǽtl əv red klifs]
F-30 **Battle of Red Cliffs**

ヂョウ ユー **チョウ ユィー**
[dʒou ju:] [tʂəu y:]
F-31 **Zhouyu** / 周瑜 Zhōu Yú

バトル オヴ **ファンチョン**ᵍ
[bǽtl əv red fantʃen]
F-32 **Battle of Fancheng**

フア トゥオ **フア トゥオ**
[hua tuo] [xʷa: tʰʷo]
F-33 **Huatuo** / 华陀 Huà Tuó

ツァオ ピー **ツァウ ピー**
[tsaʊ pi:] [tsʰau pʰʲi:]
F-34 **Caopi** / 曹丕 Cáo Pī

バトル オヴ **イーリン**ᵍ
[bǽtl əv i: liŋ]
F-35 **Battle of Yiling**

ルー シュン **ルー シ(ュ)ィン**
[lu: ʃun] [lʷu: ɕʷin]
F-36 **Luxun** / 陆逊 Lù Xùn

チューシー ビアオ **チュー シー ピャアウ**
[tʃu: ʃi: biaʊ] [tʂʰʷu: ʂʐ̩: pʲau]
F-37 **Chushibiao** / 出师表 Chū Shī Biǎo

リウ シャン **リウ シャン**
[lju ʃan] [lʲəu ʂæn]
F-38 **Liushan** / 刘禅 Liú Shán

スーマー イー **スー マー イー** **チオン**ᵍ **ター**
[sə: ma: i:] [sz̩: ma: i:] [tʂʷuŋ ta:]
F-39 **Sima Yi** / 司马懿 Sīmǎ Yì / 仲达 Zhòngì Dá

バトル オヴ **ウーヂャン**ᵍ プレインズ
[bǽtl əv u:dʒaŋ pleinz]
F-40 **Battle of Wuzhang Plains**

ツァオ ルイ **ツァウ ル(ェ)イ**
[tsaʊ rui] [tsʰau ʐʷəi]
F-41 **Caorui** / 曹叡 Cáo Ruì

◆**Battle of Red Cliffs 赤壁の戦い** 湖北省には「赤壁」と呼ばれる場所が2カ所あり、1つはこの古戦場の赤壁で、もう1つが宋の詩人・**蘇軾**(I-51)が「赤壁の賦」という有名な詩を詠んだ赤壁である。古戦場の赤壁を**武赤壁**、蘇軾の赤壁を**文赤壁**といって区別することがある。赤壁の名の由来は、戦の後の宴席で、戦いで燃やされた曹操軍の船の炎が東岸の岩壁に赤く映ったことを呉の周瑜が思い起こし、石壁に剣で**赤壁**の2文字を刻んだのが由来だといわれている。ちなみに、英語で赤壁は Red Cliffs とあるように複数形で訳されているのは、文字が書かれたのは1つの岩壁だが、赤く照らされたのは複数の岩壁だったからといえる。ただし、映画『レッドクリフ』(張家振監督)は、Red Cliff と単数形である。

◆**Huatuo 華佗** 外科手術に秀でた華佗の治療法に、インドのアーユルヴェーダ医学の影響を認める考えがあり、実は華佗はインド人だった、もしくはペルシャ人だったという説も唱えられている。もしくは、インドのアーユルヴェーダをどこかで学んだという説もある。華佗の名は現代中国では Huatuo フアトゥオだが、古代では ghwa-thā グワターのような発音で、サンスクリット語の agada「医学、薬学」に由来するとする説や、中世ペルシャ語の khwada クワダー「先生、師」(現代ペルシャ語では khuda クーダに相当) に由来するという説も提唱されている。華佗が**麻沸散**という麻酔薬を使って腹部切開手術を行ったと『三国志』にあるため、「外科手術の祖」ともいわれる(処方は不明である)。江戸時代の日本で外科医・**華岡青洲**が、チョウセンアサガオやトリカブトを配合して作った「**通仙散**」(または**麻沸散**) を使って世界で初めて全身出師の表の「出」は、「しゅつ」ではなく「すい」なので、「しゅっしのひょう」ではなく「すいしのひょう」。シュツは漢音で、スイは呉音。仏教関連の語は別として、中国の歴史に関する用語は漢音で読まれることが多いが、これは例外である。

麻酔手術を行ったが、「麻沸散」の名は華佗の伝説の薬名に由来している。

◆**Jin 晋** 国号の晋と普通の「普」はよく似ているが、国号の晋には上に点がないので、書く時には要注意。

フン族は匈奴？

匈奴の最盛期と同じ頃、ヨーロッパにはフン族のアッティラが現れ、451年には西ローマ帝国のガリアに侵攻してきた。このフン族の野蛮さゆえに、当時のヨーロッパ全体が恐怖に包まれた。近代に入って、フン族と匈奴の関連性が取りざたされるようになった。漢民族の歴史が詳細に記録されているのに対して、北方の異民族に関しては文字としての記録が欠如しているため、漢民族による間接的な証拠に頼らざるを得ない。フンと匈奴という名前からは似ていないように思えるが、古代の匈奴という名前は、**xiuŋ no ヒュンノ**や、**flōŋ-nah フローンナ**だったのではないかと推測されており、フンを指すギリシャ語 **Φρούνοι フルーノイ**との類似も指摘されている。さらに、最近になってフン族の遺骨から古代人のDNAを分析し、比較するという手法で研究が進められている。それによれば、東アジア起源の遺伝的変異もあれば、ヨーロッパ起源の遺伝的変異も見られ、フン族と匈奴の関連性が示唆されると共に、混血が進んでいた可能性も明らかになっている。

ローマ教皇レオ1世（左）とフン族のアッティラ王（右）を描いた彫刻。

スーマー イエン [səː maː jæn] スー マー イエン [szː maː jæn]
Sima Yan / 司马炎 Sī Mǎ Yán F-42

ヂン [dʒin] チン [tɕin]
Jin / 晋 Jìn F-43

ウェスターン ヂン [wéstɚn dʒin]
Western Jin F-44

ウォー オヴ ザ エイト プリンスィズ [wɔ́ɚ əv ðə eit prínsiz]
War of the Eight Princes F-45

ディザースタ オヴ ヨンッヂァ [dizǽstɚ əv joŋdʒɑ]
Disaster of Yongjia F-46

イースターン ヂン [íːstɚn dʒin]
Eastern Jin F-47

スィクスティーン キンッダムズ [sikstíːn kíŋdəmz]
Sixteen Kingdoms F-48

ファイヴ バーベアリアンズ [faiv bɑːrbéəriənz]
Five Barbarians F-49

ションッ ヌー [ʃiʊŋ nuː] シュンッ ヌー [ɕʷuŋ nʷuː]
Xiongnu / 匈奴 Xiōng Nú F-50

フォーマ ヂャオ [fɔ́rmɚ dʒaʊ] チェン チャウ [tɕʰæn tʂau]
Former Zhao / 前赵 Qián Zhào F-51

シエン ベイ [ʃiæn bei] シエン ペイ [ɕæn pəi]
Xianbei / 鲜卑 Xiān Bēi F-52

ヂェ [dʒie] チェ [tɕe]
Jie / 羯 Jié F-53

ディー [diː] ティー [tiː]
Di / 氐 Dī F-54

チアンッ [tʃiaŋ] チアンッ [tɕʰaŋ]
Qiang / 羌 Qiāng F-55

F 魏晋南北朝〈3〉南北朝時代 / 隋

F-56 **南北朝時代**（なんぼくちょうじだい）
439年に北魏が華北を統一した時から、589年に隋が中国全土を統一するまでの期間。

F-57 **北朝**（ほくちょう）
南北朝時代の華北に登場した北魏・西魏・東魏・北斉・北周の5王朝の総称。北周を継いだ隋が最終的に中国を統一した。

F-58 **北魏**（ほくぎ）
または**元魏**、**後魏**。拓跋珪（たくばつけい・道武帝）が建国。第3代の太武帝が439年に華北を統一。534年、東魏、西魏に分裂した。

F-59 **拓跋部**（たくばつぶ）
または**拓跋氏**。鮮卑の中の強力な部族。北魏の拓跋部は漢人と姻戚関係を結び、その子孫が北周・隋・唐を建国した。

F-60 **孝文帝**（こうぶんてい）
北魏の全盛期の皇帝。諱は宏。制度や習慣の漢化政策を推し進め、**拓跋**という国姓（こくせい）を**元**に変更した。

F-61 **均田制**（きんでんせい）
485年、北魏の孝文帝が制定。土地を公有とし豪族の力を削いだ。女性や奴婢（ぬひ）・耕牛にまで土地が支給された。

F-62 **三長制**（さんちょうせい）
村落の5家を1つの**隣**とし、5隣を1つの**里**に、5里を1つの**党**にして、**隣長**、**里長**、**党長**を置く制度。

F-63 **柔然**（じゅうぜん）
モンゴル系の王朝で、モンゴル高原を支配した遊牧国家。王は可汗（かがん）と称した。北魏の北方にあって北魏と抗争を続けていた。

F-64 **南朝**（なんちょう）
江南に登場した宋、斉、梁（りょう）、陳の4つの漢民族による王朝。これに三国時代の呉と東晋を加えると六朝（りくちょう）になる。

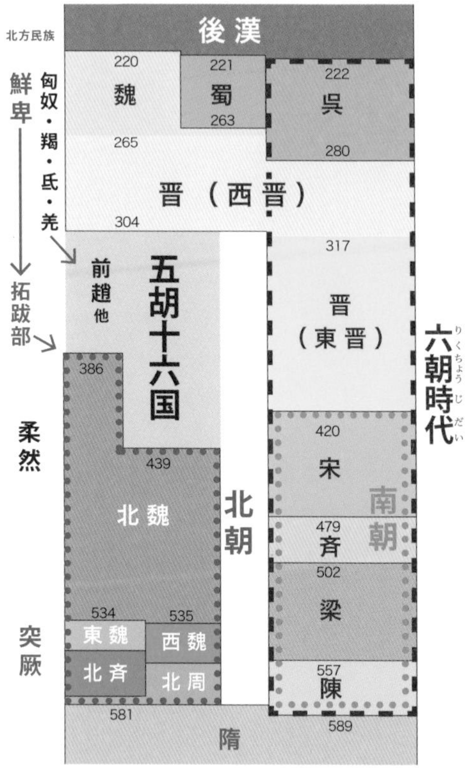

F-65 **六朝時代**（りくちょうじだい）
六朝とは、建康（建業）を都とする三国時代の呉、東晋、南朝の宋・斉・梁・陳の総称。魏晋南北朝時代は**220年の後漢の滅亡**から（別説では**184年の黄巾の乱**から）、**隋の建国（589年）**までの期間であるのに対し、六朝時代は**222年の呉の建国**から隋の建国までなのでほんの少し短い。

F-66 **六朝文化**（りくちょうぶんか）
六朝時代に栄えた文化。江南の優雅な貴族文化や華北の質実剛健とした風潮を特徴とする。

F-67 **昭明太子 / 蕭統**（しょうめいたいし / しょうとう）
梁の皇太子にして文学者。書を好み、蔵書は3万巻といわれた。

F-68 **文選**（もんぜん）
昭明太子編纂の詩文選集。周から梁までの約1000年間の130人の作者が残した760編の作品を収録している。文人の必読書となった。

F-69 **陶淵明**（とうえんめい）
字は元亮。東晋末・南朝宋の文学者。隠遁後、農作業の傍ら詩作に励み、**隠逸詩人**、**田園詩人**と呼ばれた。

昭明太子は神童と呼ばれ、3歳で『論語』『孝経』を読み、5歳で五経を読破したという。

陶淵明は、県令の職を捨て農村で晴耕雨読の生活を営み、自然に対する多くの詩を残した。

楊堅は隋を建国し、魏晋南北朝時代の長きにわたる分裂状態を終わらせた。隋は第 2 代の煬帝で滅亡し、わずか 37 年の短期王朝となるが、大運河建設のために民衆に苦役を強いたことも大きな要因とされる。それに反対する立場から唐が興ったが、ひとたび運河が完成すると南北の流通が増大し、結局、唐の時代の人々はそこから多大な恩恵を受けることになった。

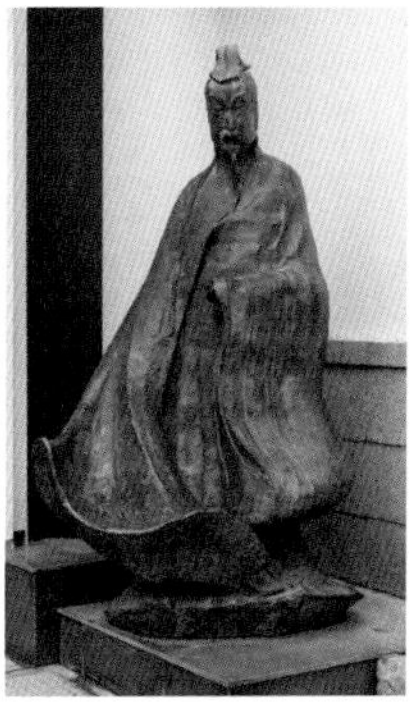

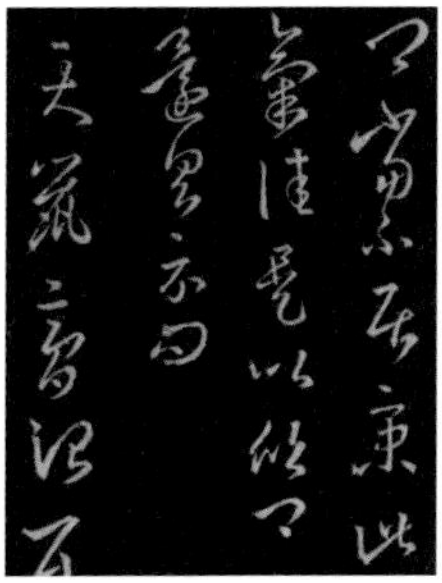

王義之の筆跡（上）と
南京市秦淮区にある王義之の像。

『女史箴図』の初唐時代の模写。

王義之（おうぎし） F-70
東晋の政治家であり書家。楷書、行書、草書の書体を完成し、**書聖**と呼ばれる。芸術としての「書」を確立した。

鳩摩羅什（くまらじゅう） F-71
タリム盆地生まれの西域の僧。『法華経』『阿弥陀経』『維摩経』を中国語に翻訳し、中国仏教を発展させた。

法顕（ほっけん） F-72
東晋の僧。399 年、仏典を求めて長安を出発し、グプタ朝のインド各地やセイロンを訪れた。帰国後、『仏国記』を記した。

顧愷之（こがいし） F-73
東晋の文人画家。字は長康。中国画の祖。人物画に優れる。真作は現存しないが『女史箴図』などの模写が残る。

女史箴図（じょししんず） F-74
顧愷之による図。西晋の張華が記した『女史箴』という宮中女官の心得を説いた書を絵画化したもの。

雲崗石窟（うんこうせっくつ） F-75
北魏の文成帝の時代、僧の曇曜（どんよう）が上奏し、460 年に武周川の断崖に造営された。

隋（ずい） F-76
581 年に北周の皇帝の外戚であった楊堅が建国。589 年に南朝の陳を滅ぼして中国を統一するが、わずか 37 年間の短期王朝に終わった。

楊堅 / 文帝（ようけん / ぶんてい） F-77
または文皇帝。581年、北周の第5代静帝から禅譲を受ける。賢帝として知られ、律令制度を整備した。

科挙（かきょ） F-78
隋の文帝が導入。家柄や身分に関係なく受験できる公平な官僚登用試験制度。清の時代に至る約1300 年もの間、この制度が存続した。

大興城（だいこうじょう） F-79
楊堅が旧長安城の東南の丘陵に、かつての長安より大きな都市を建設。隋の都となる。隋唐長安城とも呼ばれる。

煬帝（ようだい） F-80
楊堅の次子。母は独孤伽羅（どっこ から）。兄を失脚させ、父を殺して即位した悪名高い皇帝。諡の煬は暴君・悪帝であることを示す。

大運河（だいうんが） F-81
または**京杭大運河**。豊かな江南地方と首都大興城（長安）を結ぶために文帝が建設を開始し、煬帝が完成させた。

高句麗遠征（こうくりえんせい） F-82
文帝が1回、煬帝が3回にわたって高句麗に遠征するも、激しい抵抗に遭って失敗した。

遣隋使（けんずいし） F-83
推古天皇が隋の煬帝に派遣した朝貢使。初期の大使の1人が小野妹子。600 ～ 618 年の隋滅亡までに数度派遣された。

ノーザン アンド サザン ダイナスティズ
[nɔ́ɚðɚn ənd sʌ́ðɚn dáinəstiz]
F-56 **Northern and Southern dynasties**

ノーザン ダイナスティズ
[nɔ́ɚðɚn dáinəstiz]
F-57 **Northern dynasties**

ノーザン ウェイ / ペイ ウェイ
[nɔ́ɚðɚn wei] / [pəi wəi]
F-58 **Northern Wei** / 北魏 Běi Wèi

トゥウォウバー / ターガスト
[twoʊbɑ́:] / [tɑ́ɚgəst]
F-59 **Tuoba / Taugast**

エンペラ シャオウェン オヴ ノーザン ウェイ
[émpərɚ ʃaʊwen əv nɔ́ɚðɚn wei]
F-60 **Emperor Xiaowen of Northern Wei**

イークワル フィールド スィステム
[í:kwəl fí:ld sístəm]
F-61 **Equal-field system**

スリー ヘッド スィステム
[θrí: hed sístəm]
F-62 **Three Head system**

Three-Heads systemともいう。

ロウラン カガニット / ロウ ラン
[rou ran kɑ́gənət] / [zəu zæn]
F-63 **Rouran Khaganate** / 柔然 Róu Rán

サザン ダイナスティズ
[sʌ́ðɚn dáinəstiz]
F-64 **Southern dynasties**

スィックス ダイナスティズ ピアリアド
[siks dáinəstiz pí(ə)riəd]
F-65 **Six Dynasties period**

スィックス ダイナスティズ カルチャ
[siks dáinəstiz kʌ́ltʃɚ]
F-66 **Six Dynasties culture**

昭明太子は皇太子で、30歳の時に船が転覆して水死したため、皇帝にはならなかったが、後にEmperor Zhaoming 昭明帝と追号された。

クラウン プリンス ジャオミンヶ / シャウ トンヶ
[kráun prins dʒaʊmiŋ] / [ɕau tʰʷuŋ]
F-67 **Crown Prince Zhaoming** / 萧统 Xiāo Tǒng

ウェン シュエン / ウェン シュエン
[wen ʃuæn] / [wən ɕʷæn]
F-68 **Wenxuan** / 文选 Wén Xuǎn

タオ ユエンミンヶ / タオ ユエン ミンヶ
[taʊ juæn miŋ] / [tʰau ɥæn mʲəŋ]
F-69 **Tao Yuanming** / 陶渊明 Táo Yuān Míng

◆ **Northern and Southern dynasties**

南北朝時代　日本語や中国語では「南北」の順番で言うが、英語では通常、南北をnorth and southという順番で並べている。そのため、「南北朝」を英語に訳す際には、中国語の順番に倣いSouthern and Northern dynastiesと書く場合と、英語式にNorthern and Southern dynastiesと書く場合の2通りの表記が見られる。

隋と随、似ているのは偶然？

国名の**隋**を、随行員の**随**と書いてしまうとテストでは×になる。しかし、もし隋の時代に国号を「随」と書いても間違いにはならなかった。隋の名は元々、楊堅が「**隨**州」の刺史（長官）に任じられたことに由来する。諸説あるが、楊堅が隨のしんにょう（⻌）を嫌ってはずしたという説がある（嫌った理由も諸説ある）。しかし実際には、唐の時代までは国号として「隨」も、その略字である「隋」も「随」も使われていた。唐の時代の半ば頃に、国号は「隋」、地名は「随」という使い分けが始まったといわれている。このような理由で、楊堅が赴任した場所の地名は、現在も「**随**州市」と書かれている。

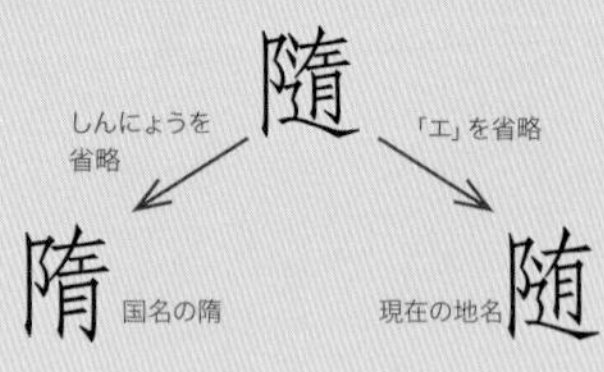

中国の皇帝名は**文帝**のように「帝」を**てい**（漢音）と読ませるのが普通だが、隋の**煬帝**だけは呉音**たい**を濁らせて**ようだい**と読む（ようていと読ませる文献もある）。これは悪帝なので特別に**だい**と読ませるとする説や、偶然煬帝だけ呉音になったとする説がある。ちなみに、帝釈天も**たいしゃくてん**だが別に悪い意味はない。中国では文帝も煬帝も区別なく帝は di である。

◆**Northern Wei 北魏** 当時は、自分たちのことを正当な魏の後継者とみなしていたので、国号は「北魏」のように「北」という言葉を付けずに、単に「魏」と呼んでいた。後の時代の歴史家が、すべてが魏では混乱するため、北魏、曹魏、東魏、西魏のように区別するようになった。

◆**Kumārajīva 鳩摩羅什** 鳩摩羅什はタリム盆地の北東にあるクチャ（亀茲）出身で、現在の新疆ウイグル自治区の人。父はインド人、母はクチャ国王の妹といわれる。英語の Kumarajiva は、サンスクリット語の名前を音訳したもの。鳩摩羅什は現代中国語の発音では [tɕəu mʷoː lʷo ʂʐ̩ː] チウモールオシーだが、古代の中国語では Ku-māl-rāl-gjub-bāl クマールラールギュバール（推定）となるので、「くまらじゅう」の方がやや近い。『法華経』『般若経』『阿弥陀経』『中論』はすでに中国語訳が存在していたが、鳩摩羅什はサンスクリット語（梵語）から直接漢語に訳すことによって正確な訳を完成させた。仏典の三蔵に通じ、それを翻訳した僧のことを「三蔵法師」というが、鳩摩羅什は少し後の時代の三蔵法師である玄奘（げんじょう）(G-29) と共に、二大訳聖と呼ばれている。

◆**Yangdi 煬帝** 隋の創始者が楊堅だったため、隋の国姓は「楊（ヤナギの木の意）」となった。それに対して、隋の第 2 代の楊広は、悪政ゆえに「煬帝」という諡を死後に与えられた。木偏と火偏で異なるので、書く時に注意が必要。

ワンγ シーヂー [waŋ ʃiː dʒiː] / ワンγ シー チー [waŋ ɕiː ʈʂʐ̩ː]
Wang Xizhi / 王羲之 Wáng Xī Zhī F-70

クマーラヂーヴァ [kumaːradʒiːvaː] / ヂウ モー ルオ シー [dʒiu moː luo ʃiː]
Kumārajīva / Jiumoluoshi F-71

鸠摩罗什 Jiū Mó Luó Shí。

ファー シエン [faː ʃiæn] / ファー シエン [faː ɕæn]
Faxian / 法显 fǎ Xiǎn F-72

グー カイ ヂー [guː kai dʒiː] / クー カイ チー [kʷuː kʰai ʈʂʐ̩ː]
Gu Kaizhi / 顾恺之 Gù Kǎi Zhī F-73

アドモニション オヴ インストラクトレス トゥー ザ コート レイディズ [ædmənɪ́ʃən əv instrʌ́ktris tuː ðə kɔ́ət leidiz]
Admonitions of the Instructress to the Court Ladies F-74

女史箴图 Nǚ Shǐ Zhēn Tú ともいう。

(ユ)インガンγ グラトウズ [(ju)ingaŋ grátoʊz]
Yungang Grottoes F-75

スイ [sui] / スイ [sʷəi]
Sui / 隋 Suí F-76

ヤンγ ヂエン [jaŋ dʒiæn] / ヤンγ チエン [jaŋ tɕæn] / エンペラ ウェン オヴ スイ [émpərə wen əv sui]
Yangjian / 杨坚 Yáng Jiān / **Emperor Wen of Sui** F-77

インピアリアル イグザミネイション [impíəriəl igzæminéiʃən]
Imperial examination F-78

ダーシンγ キャスル [daː ʃiŋ kǽsl]
Daxing castle F-79

ヤンγ ディー [jaŋ di] / ヤンγ ティー [jaŋ tiː] / エンペラ ヤンγ オヴ スイ [émpərə jaŋ əv sui]
Yangdi / 炀帝 Yáng Dì / **Emperor Yang of Sui** F-80

ヂンγ ハンγ [dʒiŋ hæn] / グランド キャナル [grænd kənǽl]
(Jing-Hang) Grand Canal F-81

ゴグリオ スイ ウォー [gogúrjo sui wɔ́ə]
Goguryeo–Sui war F-82

ジャパニーズ ミッションズ トゥー スイ チャイナ [dʒæpəníːz míʃənz tuː sui tʃáinə]
Japanese missions to Sui China F-83

G 唐〈1〉

G-1 **唐**（とう）　李淵が建国した国。隋の律令制度を継承・整備して国内を安定させ、突厥などの異民族を制圧して広大な土地を支配した。

G-2 **李淵／高祖**（りえん／こうそ）　隋の皇帝・楊堅の外甥（がいせい）。隋の高官。隋王朝を倒して、唐の初代皇帝となる。

G-3 **玄武門の変**（げんぶもんのへん）　626年、李世民は玄武門で、皇太子の兄・李建成と弟の李元吉を殺害し、皇帝に即位した。

G-4 **李世民／太宗**（りせいみん／たいそう）　唐の第2代皇帝。世民は諱。高祖の次子。父の李淵に挙兵を促した。

太宗の李世民は、清朝の聖祖と並び中国史上の最高の名君と評価されている。太宗と官吏たちとの問答である『貞観政要』は、後に帝王の必読書となった。

G-5 **房玄齢**（ぼうげんれい）　李世民の参謀として、後には宰相となり、**貞観の治**に貢献。後代には**房杜**（ぼうと）が名宰相の代名詞となる。

G-6 **杜如晦**（とじょかい）　房玄齢によって見出され、李世民に仕えた。優れた決断力で知られた。

G-7 **李勣**（りせき）　李世民に仕えた軍人で、李姓を下賜された。第3次高句麗遠征を成功させた名将。

G-8 **李靖**（りせい）　連戦連勝の将軍・閣僚。騎兵による奇襲戦を得意とし、突厥からも恐れられた。彼の兵法論『**李衛公問対**』は兵家の必携書となる。

G-9 **貞観の治**（じょうがんのち）　年号が貞観（627～649年）の時の太宗の治世。中国史上、特に理想的な治世とみなされた。

下の画像は、山西省太原市（たいげんし）の晋祠にある李世民とその将軍たちの像。太原市は李淵が最初に挙兵した地である。

G-10 **突厥**（とっけつ）　552年、柔然（F-63）を倒し、中央アジアに大帝国を作ったテュルク系民族。582年に東西に分裂。唐と抗争を続けた。

G-11 **募兵制**（ぼへいせい）　隋から始まった均田制が崩壊し、府兵制を維持できなくなったため、金銭で兵を徴募する募兵制が採用された。

G-12 **李治／高宗**（りじ／こうそう）　唐の第3代皇帝。諱は治。太宗の第9子。兄同士は後継者争いの末に失脚した。皇后が則天武后。

G-13 **羈縻政策**（きびせいさく）　異民族に自治を与え、異民族の文化・宗教を容認し懐柔する統治法。羈縻とは、牛馬をつなぎ止めること。

G-14 **都護府**（とごふ）　辺境警備・異民族の自治監視のために官吏と軍が地方に駐屯した。都護府の長官を**都護**（按察使・あぜち）という。

唐の時代、都護府は、安東、安西、安南、安北、単于、北庭の6カ所に置かれた。安南都護府は現在のハノイに設置された。ハノイのタンロン城址は、ベトナム王朝の王宮跡だが、それらはかつての安南都護府の城塞の上に建てられている。ホアンジエウ通り18番地（上の写真）では、現在も発掘が続けられ、都護府時代の遺物が発見されている。

則天武后と韋皇后の統治を**武韋の禍**（G-18）と呼んでいるが、この期間に大規模な戦争や粛清があったわけではない。後継者争いなど中国王朝には付き物なのに、あえて「禍」というのは、女性が上に立つべきではないとする儒教的な思想によるものだ。むしろ科挙を活用して民衆から人材を登用し、既存の特権階級を押さえ込んだのは、先進的だったとも言える。

則天武后は、皇后となると長孫無忌ら貴族閣僚を排斥し、科挙により選抜された官僚を積極的に任命することによって支配層を刷新した。

則天武后（そくてんぶこう） G-15

高宗の皇后。武則天（ぶそくてん）ともいう。姓は武、諱は照。高宗の死後、子の中宗・睿宗を次々と廃位させて女帝となり、690年に国号を**周**と改めた。

周 / 武周（しゅう / ぶしゅう） G-16

古代の周と区別する際は武周という。則天武后が高齢で病床に就くと705年に中宗に譲位。国号も唐に復した。

竜門石窟（りゅうもんせっくつ） G-17

北魏の孝文帝時代の494年から、唐の玄宗時代まで、洛陽の郊外の竜門に造営された仏教石窟群のこと。

武韋の禍（ぶいか） G-18

則天武后と、その後を継いだ中宗の皇后の韋（い）によって生じた政治的混乱の総称。

玄宗（げんそう） G-19

唐の第6代皇帝。初期の統治は「開元の治」と呼ばれたが、晩年には楊貴妃に溺れて政治を顧みず、安史の乱を招いた。

開元の治（かいげんのち） G-20

募兵制の採用、節度使の任命、官規の粛正、財政緊縮などにより政情は安定し、唐の文化的最盛期となった。

開元通宝（かいげんつうほう） G-21

開通元宝と読む説もある。秦の五銖銭（E-22）に代わるものとして鋳造された。唐時代を通じた基本通貨。

遣唐使（けんとうし） G-22

第1回遣唐使は**舒明（じょめい）天皇**が派遣し（630年）、太宗に謁見した。その後の約250年間に約15回遣わされた。

阿倍仲麻呂 / 朝衡（あべのなかまろ / ちょうこう） G-23

中国名は「朝衡（晁衡）」。遣唐留学生が中国の朝廷で出世を遂げた珍しい例。帰国のための船が難船し、再び中国に戻った。

阿倍仲麻呂の歌とされる**「天の原 ふりさけみれば 春日なる 三笠の山に 出でし月かも」**は百人一首に選ばれている（百人一首ではもっぱら安倍仲麿と書かれる）。仲麻呂は詩人の李白や王維らと友人だった。彼は後に安南節度使にも任命された。

西安の華清池にある楊貴妃の像。

楊貴妃は琵琶の演奏や舞踊にも優れていた。「**霓裳羽衣**（げいしょううい）」という曲は、玄宗が作曲し楊貴妃に舞わせたものだという。

楊貴妃（ようきひ） G-24

名は**玉環**。玄宗の寵姫。余りの寵愛ぶりで、玄宗は政治を軽んじたため、傾国の美女と呼ばれる。

安史の乱（あんしのらん） G-25

または安禄山の乱。節度使（H-6）の安禄山とその友人の史思明による反乱。ウイグルの助けにより鎮圧された。

安禄山（あんろくざん） G-26

唐の節度使だったが、史思明と共に安史の乱を起こす。燕を建国し、**大燕皇帝**に即位したが、息子に暗殺された。

史思明（ししめい） G-27

安禄山が反乱を起こすと、河北で軍を率い、**李光弼**（こうひつ）や**顔真卿**率いる唐軍と戦う。洛陽を攻め、大燕皇帝を引き継いだ。

両税法（りょうぜいほう） G-28

1年のうち夏と秋の2回徴税されるので両税と呼ばれる。均田制・租庸調制に代わって施行された。

ピンイン表記の「ui」は「uei」のeを省略したもの。ueiの前に子音が場合、第3、4声では「e」は弱く発音され、第1、2声ではほとんど発音されない。楊貴妃のYáng Guì fēiの Guìは第4声なので、**ク(ェ)イ**と表記している。

タンｸﾞ　タンｸﾞ
[taŋ]　[taŋ]
G-1 **Tang** / 唐 Táng

リー ユエン　リー ユエン　エンペラ ガオヅー オヴ タンｸﾞ
[li: juæn]　[lʲi: ɥæn]　[émpɚ gaʊdzə əv taŋ]
G-2 **Li Yuan** / 李渊 Lǐ Yuān / **Emperor Gaozu of Tang**

シュエン ウー ゲイト インスィデント
[ʃuæn u: geit ínsidənt]
G-3 **Xuanwu Gate Incident**

リー シーミン　リー シーミン　エンペラ タイヅォンｸﾞ オヴ タンｸﾞ
[li: ʃi:min]　[li: ʂʐ̩: min]　[émpɚ taidʒʊŋ əv taŋ]
G-4 **Li Shimin** / 李世民 Lǐ Shì Mín / **Emperor Taizong of Tang**

ファンｸﾞ シュエンリンｸﾞ　ファンｸﾞ シュエン リンｸﾞ
[fɑn ʃuænliŋ]　[faŋ ɕʷæn lʲəŋ]
G-5 **Fang Xuanling** / 房玄龄 Fáng Xuán Líng

ドウー ルーフイ　トウー ルーフ(ェ)イ
[du: ru: hui]　[tʷu: ʐʷu: xʷəi]
G-6 **Du Ruhui** / 杜如晦 Dù Rú Huì

リー ヂー　リー チー
[li dʒi:]　[li: tɕi:]
G-7 **Liji** / 李勣 Lǐ Jì

李世勣 Lǐ Shì Jìともいう。

リー ヂンｸﾞ　リー チンｸﾞ
[li dʒiŋ]　[li: tɕiŋ]
G-8 **Lijing** / 李靖 Lǐ Jìng

レイン オヴ ヂェングアン
[rein əv dʒenguan]
G-9 **Reign of Zhenguan**

贞观 Zhēn Guān。

セレスチャル ターク　トゥー チュエー　ギョク テュルク
[səléstʃəl tɚ́:k]　[tʰʷu: tɕʷe:]　[ɟøk tyrc]
G-10 **Celestial Turk** / 突厥 Tū Jué / **Göktürk**（トルコ語）

マースィナリ スィステム
[mɚ́:sənəri sístəm]
G-11 **mercenary system**

エンペラ ガオヅォンｸﾞ オヴ タンｸﾞ
[émpɚ gaʊdʒʊŋ əv taŋ]
G-12 **Emperor Gaozong of Tang**

ヂーミー スィステム
[dʒi:mi: sístəm]
G-13 **jimi system**

プロテクトリット　トウーフーフー
[prətéktərət]　[tʷu: xʷu: fʷu:]
G-14 **protectorate** / 都护府 dū hù fǔ

◆**Tang 唐**　唐という名は、現在でいう山西省を中心とする地域の古い呼称に由来する。唐の高祖・李淵は隋の皇帝・楊堅の外甥（がいせい）で、唐公に任ぜられていた。唐は、伝説時代の五帝の1人、**堯**（ぎょう）(A-15)が、唐侯に封ぜられた地でもある。ところで、元がモンゴルという異民族の支配した国であることは知られているが、実は唐や隋の支配者たちも、鮮卑（せんぴ）系の**拓跋部**（たくばつぶ）(F-59)の血を引き継いでいた。隋の楊堅

開元通宝？ 開通元宝？

唐から五代十国までの約300年間流通していた「開元通宝」だが、「開**元通**宝」と「開**通元**宝」のどちらの語順が正しいのか、今も論議となっている。

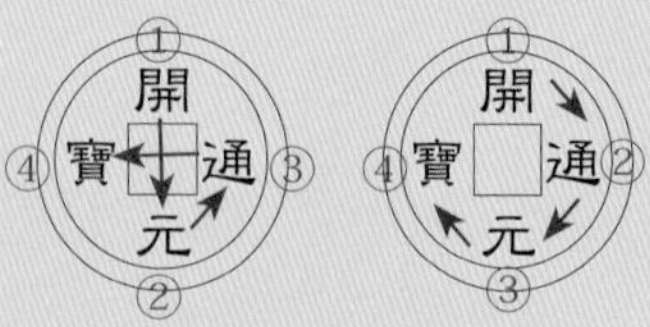

開元通宝の初鋳造は621年なので、「開元の治」の開元（713～741年）よりも前であり、元号が由来ではない。安史の乱の時代の地方銭には「大暦元宝」のように「元宝」で終わる貨幣もあれば、「建中通宝」のように「通宝」で終わるものもあって、そこも決め手にはならない。唐時代の文献には「開**元通**宝」と「開**通元**宝」のどちらも見られるので、当時から混乱していたのだ。

や唐の李淵の父・李昞（りへい）は漢民族だったが、鮮卑族の宇文氏が支配する北周に仕えていた。楊堅は鮮卑族で北周の高官・**独孤信**（どっこしん）の七女を娶（めと）り、李昞はその四女を娶った。つまり、隋の楊堅の子・煬帝や李淵は共に母方が鮮卑族だったことになる。さらに李淵の皇后である太穆竇（たいぼくとう）皇后も北方異民族出身なので、李淵と太穆竇皇后の子の李世民は、少なくともその血の４分の３以上は異民族ということになる。李世民の皇后も鮮卑系の**長孫無忌**（ちょうそんむき）の妹だったので、李世民の子の**高宗**（皇后は則天武后）に至っては、血の８分の７以上が異民族というとになる。こうして、隋および初期の唐は拓跋系の皇帝や貴族が支配していたため、隋や唐は**拓跋国家**とも呼ばれている。やがて、唐の皇帝たちは漢民族の皇后を娶るようになるため、拓跋氏の血は薄れていった。

◆**Chao Heng 阿倍仲麻呂 / 朝衡**

阿倍仲麻呂は中国においては中国風の**朝衡**という名を名乗った。朝衡は晁衡とも書くが、晁も朝夕の「朝」という意味であり、日本語の晁の訓読みも「あさ」である。現代の中国語でも、朝も晁も cháo [ʈʂʰau] チャオで同じ読みである。仲麻呂は、李白・王維・儲光羲ら数多くの唐詩人とも交友があったが、彼が日本に帰国する際の送別会で、**王維**は『送秘書晁監還日本国』（秘書晁監の日本国に還るを送る）という別離の詩を贈っている。その後、仲麻呂の船が遭難したという報告を聞いてその死を嘆き、**李白**は『哭晁卿衡』（晁卿衡を哭（こく）す。卿は尊称）という詩を詠んでいる。王維や李白の詩の中では「晁」の字が使われている。実際には船は嵐に遭ってベトナムに漂着していた。

ウーヅォー ティエン [uː dzəː tiæn] ウー ツォー ティエン [uː tsɤː tʰjæn] エンプレス ウー オヴ ヂョウ [émpres uː əv dʒou]
Wu Zetian / 武則天 Wŭ Zé Tiān / **Empress Wu of Zhou** G-15

ヂョウ [dʒou] ウー ヂョウ [uː dʒou] ウー チョウ [uː ʈʂóu]
Zhou / Wu Zhou / 武周 Wŭ Zhōu G-16

ロンゥメン グラトウズ [lɔŋmen grátouz]
Longmen Grottoes G-17

ウー ウェイ ツー ラン [uː wei ʈʂʐ̩ː lʷæn]
武韦之乱 Wŭ Wéi Zhī Luàn G-18

エンペラ シュエンヅォンゥ オヴ タンゥ [émpərə ʃuændzɔŋ əv taŋ]
Emperor Xuanzong of Tang G-19

レイン オヴ カイユエン [rein əv kaijuæn]
Reign of Kaiyuan G-20

カイユエン トンゥバオ [kaijuæn tɔŋbao] カイユエン トンゥパオ [kʰai ɥæn tʰʷuŋ pau]
Kaiyuan Tongbao / 开元通宝 kāi Yuán Tōng bǎo G-21

ジャパニーズ ミッションズ トゥー タンゥ チャイナ [dʒæpəníːz míʃənz túː taŋ tʃáinə]
Japanese missions to Tang China G-22

チャオ ヘンゥ [ʈʂʰau xəŋ]
Abe no Nakamaro / 朝衡 Cháo Héng G-23

ヤンゥ グイフェイ [jaŋ gui fei] ヤンゥ ク(ェ)イ フェイ [jaŋ kʷəi fəi] ヤンゥ ユー ファン [jaŋ yː xʷæn]
Yang Guifei / 杨贵妃 Yáng Guì fēi / 杨玉环 Yáng Yù Huán G-24

环は環の簡体字。

アン ルーシャン リベリオン [æn luː ʃæn ribéljən]
An Lushan Rebellion G-25

アン ルーシャン [æn luː ʃæn] アン ルー シャン [æn lʷuː ʂæn]
An Lushan / 安禄山 Ān Lù Shān G-26

シー スーミンゥ [ʃiː səːmiŋ] シー スー ミンゥ [ʂʐ̩ː sz̩ː mʲəŋ]
Shi Siming / 史思明 Shĭ Sī Míng G-27

両税 liǎng shui。

リャンゥシュ(エ)イ スィステム [ljaŋ ʃu(ə)i sístəm]
liangshui system G-28

G 唐〈2〉宗教・文化

G-29 玄奘（げんじょう）
仏教の原典探究のため禁を犯して出国。インド仏教の総本山ナーランダ僧院で修行。多数の仏典を入手後、長安に戻り、訳経に専念した。『大唐西域記』を記した。

G-30 浄土教（じょうどきょう）
もしくは「浄土宗」。阿弥陀仏信仰によって極楽浄土への往生を説いた。理解しやすい教義から、一般民衆に広がった。

G-31 禅宗（ぜんしゅう）
単に**禅**と呼ばれることもある。禅（瞑想）または坐禅による修行を行う仏教の宗派。開祖はインドから唐に渡来した仏僧の**達磨大師**。

G-32 祆教（けんきょう）
ゾロアスター教（拝火教）のこと。唐代三夷教の1つ。その礼拝所（祆祠、または祆寺）は長安の各所に存在した。

G-33 摩尼教（まにきょう）
マニ教（または**明教**）。唐代三夷教の1つ。ササン朝ペルシャで始まったマニ教が、ソグド人などを通じて唐に伝わった。

G-34 景教（けいきょう）
ネストリウス派のキリスト教のこと。唐代三夷教の1つ。その教会は**波斯**（はし）寺、745年以降は**大秦寺**と呼ばれた。

G-35 回教（かいきょう）
イスラーム教。中国では回々（フイフイ）教や「清真教」、「天方教」とも呼ばれる。回教徒のことを**回々**（フイフイ）という。

G-36 中書省（ちゅうしょしょう）
三省のうちの1つ。詔勅（皇帝の命令）の立案・起草を行う省。臣下からの上奏に対する返答の草案も作った。

G-37 門下省（もんかしょう）
三省のうちの1つ。中書省が起草した詔勅を審議し、承認を与えた。三省のうち、最も重きをなした。

G-38 尚書省（しょうしょしょう）
三省のうちの1つ。詔勅を六部に伝えて施行させた。六部の各長官が尚書と呼ばれていた。

G-39 六部（りくぶ）
吏部（官僚の人事を司る）・**戸部**（財政と地方行政を司る）・**礼部**（科挙と外交を司る）・**兵部**・**刑部**・**工部**の6つの部。

G-40 鴻臚寺（こうろじ）
九寺（9つの部局）のうちの1つ。外国使節の応接・対応を司る官庁。宿と食事を提供し儀礼を執行する。

G-41 御史台（ぎょしだい）
三省六部からは独立した官吏の監察機関。官吏の不正を取り締まる。後には御史台に代わり、都察院を置いた。

G-42 長安（ちょうあん）
隋や唐の首都。周の時代の**豊京**、**鎬京**、秦代の**咸陽**、隋の**大興城**も、すべて現在の**西安市**の市域に含まれる。

明の時代の小説『西遊記』の三蔵法師のモデルとなった人物。

玄奘は、三蔵（『経蔵』『律蔵』『論蔵』）に精通したことから鳩摩羅什（F-71）などと共に三蔵法師の1人とされている。

西安市にある西安大清真寺の省心楼（中国語で「清真寺」はモスクのこと）。742年、つまり玄宗の時代に創建された中国最古のモスク。モスクだが、建物は中華様式。

唐の時代の王宮であった「大明宮」を1/15スケールでジオラマ化した西安市にある「微縮景観」。

唐は文学史では4つの時代に区分される。**初唐**は高祖の建国（618年）から第5代睿宗（えいそう）までの約100年。**盛唐**は第6代玄宗の開元元年（713年）から第8代代宗（だいそう）の永泰年間までの約50年。**中唐**は、代宗の大暦元年（766年）から第14代文宗の大和末年までの約70年。**晩唐**は第14代文宗の開成元年（836年）から第20代昭宣帝の天祐末年（907年）の唐滅亡まで。

西安の貞観広場にある唐の詩人たちの像の一部から王維（上）と白居易（下）。

呉道玄による『八十七神仙図巻』の一部（模写）。

租調庸制（そちょうようせい） G-43
隋唐時代に行われていた税制度。租は穀物を物納する税、調は絹や麻を物納する税、庸は中央での労役またはその代わりに絹を物納する税のこと。

孔穎達（くえいたつ） G-44
「くようだつ」「こうえいたつ」とも読む。孔子の子孫といわれる。初唐の儒学者。五経の解釈書『五経正義』を編纂した。

王維（おうい） G-45
盛唐の詩人。自然を描いた詩を得意とした。文だけでなく、絵・書・音楽と多方面に才能を発揮した。**南宗画**の祖とされる。

李白（りはく） G-46
盛唐の詩人。「詩仙」。各地を放浪し「酒と美女の歌」を多く残した。玄宗に仕えたが、安史の乱の際に獄に入れられた。

杜甫（とほ） G-47
名門の家に生まれ、祖先には杜預（とよ）という学者がいる。杜甫と李白は偶然に洛陽で出会い意気投合した。作品は『春望』など多数。

韓愈（かんゆ） G-48
字は退之（たいし）。「韓白」として、白居易と並び称された中唐を代表する文人。思想では孟子を尊び、道教・仏教を退けた。

柳宗元（りゅうそうげん） G-49
中唐を代表する詩人。韓愈と柳宗元は**韓柳**と並び称され、**四六駢儷**（べんれい）**体**を批判。漢や魏の古文復興を推進した。

白居易（はくきょい） G-50
「はっきょい」とも読む。
字は楽天。白楽天としても知られている。中唐の詩人。『長恨歌』『琵琶行』が有名。選集に『白氏文集』がある。

長恨歌（ちょうごんか） G-51
玄宗と楊貴妃の悲劇について詠んだ詩。安史の乱勃発の約50年後に**白居易**が作ったもの。長さは120句もある。

呉道玄（ごどうげん） G-52
玄宗に仕えた画家。人物画や仏教寺院や道観（道教寺院）の壁画、また山水画など様々な分野の絵を手がけた。

顔真卿（がんしんけい） G-53
盛唐を代表する書家。東晋の王羲之（F-70）の貴族的で端正な書風に対し、気迫のこもった雄大な書風を特色とした。

欧陽詢（おうようじゅん） G-54
楷書に優れ、楷書の四大家の1人として数えられている。勅命により『芸文類聚』という大著を編纂。

虞世南（ぐせいなん） G-55
字は伯施。政治家であり、初唐の三大家の1人。書風は、その品位の高さゆえに「君子の書」と呼ばれた。

唐三彩（とうさんさい） G-56
唐前期に焼かれた色彩豊かな陶器。器としてよりも、もっぱら貴族の墓の副葬品として使用された。

シュエン ヅァンヶ [ʃuæn dzaŋ]　シュエン ツァンヶ [ɕʷæn tsaŋ]

G-29 **Xuanzang** / 玄奘 Xuán Zàng

ピュア ランド ブーディズム [pjuə- lǽnd bú:dizm]　アミディズム [ǽmədizm]

G-30 **Pure Land Buddhism / Amidism**

ゼン [zen]　チャン スクール [tʃæn sku:l]　禅 chán。

G-31 **Zen / Chan school**

ゾーロウアストリアニズム [zɔ:rouǽstriənizm]

G-32 **Zoroastrianism**

マニキーイズム [mǽniki:izm]

G-33 **Manichaeism**

ネストリアニズム [néstɔriənizm]

G-34 **Nestorianism**

イスラーム [islá:m]　フェイ ヂャオ [xʷəi tɕau]

G-35 **Islam** / 回教 Huí Jiào

ヂョンヶシュー ションヶ [dʒuŋ ʃu: ʃəŋ]　セクレテアリアト [sekrətéəriət]

G-36 **Zhongshu Sheng / Secretariat**

メンシャー ションヶ [men ʃa: ʃəŋ]　チャンセラリ [tʃǽnsələri]

G-37 **Menxia Sheng / Chancellery**

シャンヶ シュー ションヶ [ʃaŋ ʃu: ʃəŋ]　ディパートメント オヴ ステイト アフェアズ [dipá:ə-tmənt əv steit əféə-z]

G-38 **Shangshu Sheng / Department of State Affairs**

スィクス ミニストリズ [siks mínistriz]

G-39 **Six Ministries**

コート オヴ ステイト セレモウニアル [kɔ́ə-t əv steit serəmóuniəl]

G-40 **Court of State Ceremonial**

センソリット [sénsərit]

G-41 **Censorate**

チャンヶ アン [ʃæŋ æn]　チャンヶ アン [tʂʰaŋ æn]

G-42 **Chang'an** / 长安 Cháng Ān

◆**Pure Land Buddhism 浄土教**　浄土とは仏の住む、一切の煩悩や穢(けが)れのない清浄な世界のこと。英語では Pure Land ピュアランドと訳されている。

◆**Zu Yong Diao system 租調庸制**　かつて日本では、**租庸調**という順番で述べられることが多かったが、近年の教科書では、**租調庸**の順で語られている。理由としては、租庸調は実際には雑役を意味する**雑徭**(ぞうよう)を足して**租・庸・調・雑徭**になるが、**租・調・庸・雑徭**だと前半の２つ(租・調)が物納、後半の2つ(**庸・雑徭**)が労役を指すので意味が揃うという点や、日本の『養老令』の中の賦(ふ)役令(えきりょう)には、**調**の項目が先で**庸**の項目が後に出てくる点などが考えられる。とはいえ、英語で Zu Diao Yong という語順は見かけない。

◆**Libai 李白**　李白は中央アジアで大商人の子として生まれたため、異民族の血を引いていたという説もある。彼は杜甫、韓愈、白居易と共に**李杜韓白**と称される。その生き様や幻想的で自由奔放な詩風から**詩仙**(詩の仙人)と呼ばれた。

◆**Song of Everlasting Sorrow 長恨歌**　中国語のピンインをもとにしたスペルでは Chang hen ge チャン ヘン ゴーともいう。長恨歌の「恨」は「恨み」というより「非常に残念だ」という意味の恨である。

◆**Sancai / three colors glaze　唐三彩**　英語で glaze グレイズは、釉薬(ゆうやく)(うわぐすり)のこと。china glaze といえば、「陶磁器の艶(つや)」のことを指す。唐三彩は白地に、緑や茶色、時に藍や紫などの釉薬、いわゆ唐の律令官制において、中央行政機関は三省・六部・九寺・一台が設置された。農業制度に関しては、北魏に始まる土地制度である均田制が行われた。唐の時代は、全国の州を10の道（玄宗時代は15道）に分けて、州を管轄させたため、「道州県制」となった。

る色釉で彩色されている。英語の three colors glaze は釉薬から、焼き物そのものを指すようになった。glaze と glass「ガラス、窓ガラス、グラス」はもとをたどれば同じ語源である。

高さ約66cmのこのラクダの唐三彩は、陝西省で出土したもの。ラクダの背に乗っている楽人たちは、明らかに胡人（異邦人）たちである。唐三彩は、壺や皿だけでなく、武将や貴婦人、馬、そしてこのラクダなどが定番だった。

国際都市・長安

唐の首都・長安は、玄宗皇帝の時代には人口100万人を数える国際都市として発展した。外国人が集まった理由としては、シルクロードや大運河によって交易が盛んになったため、また唐が他国の宗教に寛容で、祆教（けんきょう）や摩尼教（まにきょう）、景教、回教などを広める外国人も多く訪れたことが挙げられる。また日本や朝鮮など周辺諸国からの使節や留学生も多数集まり、加えて、諸外国同士の抗争のため避難してきた人々も多かった。例えば、当時はアラビア半島に起こったイスラーム教勢力がペルシャのササン朝を倒した時期に当たり、ササン朝の王家や貴族が迫害を避けるため長安に逃れてきていた。唐の皇帝は、自らも鮮卑系の血を色濃く引いているため、人種や民族に関係なく、優秀な人材を登用した。唐王朝の高官となった外国人としては、もと突厥人の王族で李の姓を賜った**李思摩**（りしま）や、高麗人の**高仙芝**（こうせんし）、日本人の**阿倍仲麻呂**（朝衡・G-23）がいる。後に安史の乱を起こした**安禄山**（G-26）もソグド人と突厥人の混血である。こうして開放的・開明的な長安には、国際色豊かな文化が誕生した。

ヅー ヨンｸﾞ ディアオ スィステム
[dzu: jʊŋ diaʊ sístəm]
Zu Yong Diao system G-43

コンｸﾞ インｸﾞダー　コンｸﾞ インｸﾞ ター
[kʊŋ iŋ da:]　[kʰʷuŋ iŋ ta:]
Kong Yingda / 孔颖达 Kǒng Yǐng Dá G-44

ワンｸﾞ ウェイ　ワンｸﾞ ウェイ
[waŋ wəi]　[waŋ wəi]
Wangwei / 王维 Wáng Wéi G-45

リー バイ　リー パイ
[li: bai]　[lʲi: pai]
Libai / 李白 Lǐ Bái G-46

ドゥー フー　トゥー フー
[du: fu:]　[tʷu: fʷu:]
Dufu / 杜甫 Dù Fǔ G-47

ハン ユー　ハン ユー
[han ju:]　[xæn y:]
Hanyu / 韩愈 Hán Yù G-48

リウ ヅォンｸﾞユエン　リウ ツォンｸﾞ ユエン
[lju dzʊŋ juæn]　[lʲəu tsʷuŋ ɥæn]
Liu Zongyuan / 柳宗元 Liǔ Zōng Yuán G-49

バイ ヂュー イー　パイ チュー イー
[bai dʒu: i:]　[pai tɕʷy: i:]
Bai Juyi / 白居易 Bái Jū Yì G-50

ソンｸﾞ オヴ エヴァラスティング サロウ
[sóŋ əv ɛvəlǽstiŋ sárou]
Song of Everlasting Sorrow G-51

Sorrowの代わりにRegretも用いられる。

ウー ダオシュエン　ウー タウ シュエン
[u: daʊ ʃuæn]　[u: tau ɕʷæn]
Wu Daoxuan / 吴道玄 Wú Dào Xuán G-52

イエン ヂェンチンｸﾞ　イエン チェン チンｸﾞ
[jæn dʒen tɕʰəŋ]　[jæn ʈʂən tɕʰəŋ]
Yan Zhenqing / 颜真卿 Yán Zhēn Qīng G-53

オウ ヤンｸﾞシュン　オウ ヤンｸﾞ シ(ュ)ィン
[ou jaŋ ʃun]　[əu jaŋ ɕʷun]
Ouyang Xun / 欧阳询 Ōu Yáng Xún G-54

ユー シーナン　ユー シー ナン
[ju: ʃi:næn]　[y: ʂʐ̩: næn]
Yu Shinan / 虞世南 Yú Shì Nán G-55

サンツァイ / サンカイ　スリー カラズ（グレイズ）
[santsai/sankai]　[θrí: kʌ́lɚz gleiz]
Sancai / three colors (glaze) G-56

H 五代十国

五代十国の時代は、朱全忠が唐を滅ぼしてから、再び宋が中国を統一するまでの戦国時代のような混乱期。五胡十六国の混乱は約 300 年続いたが、五代十国の時は約 50 年間。その間に 5 つの王朝が交代したので、いずれも短命な王朝だった。

H-1 **五代十国**（ごだいじっこく）

有力な節度使が建国した華北の**後梁・後唐・後晋・後漢・後周**の 5 王朝（五代）と、江南の小さな国が続々と登場した分裂時代。

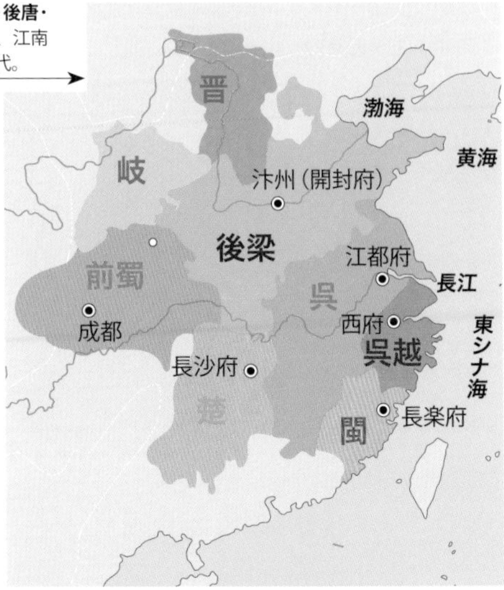

後梁時代の中国（907-923 年頃）。後梁は五代の国の 1 つ。この時代には十国のうち、前蜀、呉、呉越、閩（びん）、楚が登場している（十国すべてが同時期に存在する期間はない）。

H-2 **黄巣の乱**（こうそうのらん）

唐の末期である 875 年に、**黄巣**や王仙芝を中心に蜂起した農民反乱。一時は長安を占領した。

H-3 **王仙芝**（おうせんし）

山東の塩の密売人。王仙芝が挙兵し、塩の密売人の黄巣も反乱に加わった。唐の策略によって殺害された。

H-4 **黄巣**（こうそう）

王仙芝に応じて挙兵し、長安を占領。880 年、皇帝を名乗り「大斉」を建国。唐の反撃を受け、長安を逃亡、自害した。

H-5 **大斉**（だいせい）

もしくは「斉」。黄巣の反乱軍が長安で建国を宣言した国。年号を金統とした。

H-6 **節度使**（せつどし）

唐の時代、異民族に対する防備のために辺境に置かれた軍の司令官。安史の乱以降は中国国内にも置かれた。

H-7 **藩鎮**（はんちん）

節度使を中心とした軍閥のこと。地方の軍事と民政を掌握し、なかば独立国のように振る舞った。

H-8 **朱全忠**（しゅぜんちゅう）

黄巣の乱に加わるが途中で唐に投降。一転して黄巣の乱を鎮圧する側に寝返り、功を立てて唐の節度使に任ぜられた。907年、唐の哀帝より禅譲を受け後梁を建国した。

H-9 **後梁**（こうりょう）

五代の最初の国。首都は汴州。907年に朱全忠は皇帝となり、唐代の政治的弊害だった宦官や門閥貴族を一掃した。しかしわずか 3 人の皇帝による 16 年の支配で、李存勗に倒された。

H-10 **汴州**（べんしゅう）

H-11 **開封**（かいほう）

戦国時代は魏の都で**大梁**と呼ばれた。大運河と黄河の接点であり、南からの物資の集積地として繁栄した。やがて、五代十国の「五代」のうち 4 つの国（後唐を除く後梁・後晋・後漢・後周）もこの汴州を首都とした。宋（北宋）の首都にもなり、開封（東京開封府）という名になった。

北宋時代の開封の大運河。張択端作『清明上河図』（部分）。

H-12 **後唐**（こうとう）

五代の 2 番目の短命王朝。都は洛陽。923 年、李存勗（先祖の本姓は朱邪。李は唐からの賜姓）が、李淵の唐を継ぐ国の意味で唐と号した。

H-13 **李克用**（りこくよう）

突厥の血筋を引いていた独眼竜の唐の将軍。**鴉軍**という名の精鋭を率いて黄巣の乱を鎮圧した。朱全忠のライバル。

H-14 **李存勗**（りそんきょく）

李克用の子。後唐の初代皇帝。武将としては父を超える名将と讃えられたが、悪政により晩年に反乱が各地で生じた。

五代十国は軍人の武断政治だったため、軍閥（**藩鎮**）同士の抗争が絶えなかった。こうした混乱の原因の1つが、唐の制度である**節度使**だった。唐の中央政府が弱体化すると、地方の防衛と行政を担った節度使が大きな権力を握るようになり、やがて国家として独立していった。一方、貴族層は没落していった。その反動で、次の宋は軍に力を与えず文治政治を国策とした。

石敬瑭は、後晋の建国への支援に対する見返りとして、契丹の第2代皇帝・耶律堯骨に燕雲十六州を献じると共に、毎年30万疋の絹を献上する盟約を立てた。契丹にとっては南の華北に侵略する足掛かりとなり、五代や宋はこの燕雲十六州の奪還を悲願としたが、完全に取り戻すには長く時間がかかり、漢民族の王朝の手に戻ったのは明の時代だった。

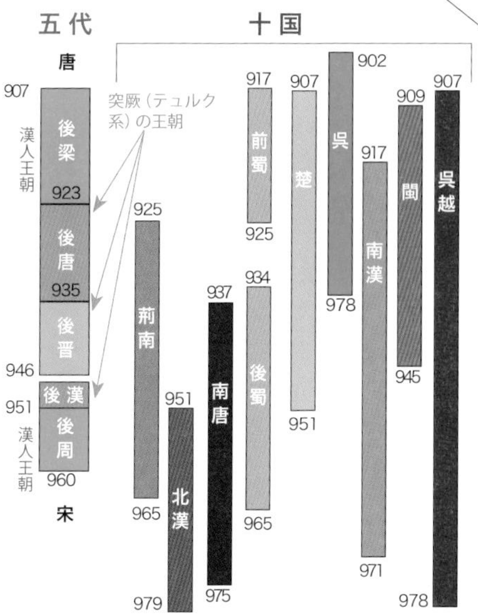

五代十国の十国は、前蜀、後蜀、呉、南唐、荊南（けいなん）、呉越、閩（びん）、楚、南漢、北漢を指す。

明宗（めいそう） H-15
後唐の第2代皇帝。李克用の養子である**李嗣源**（しげん）が、李存勗の後を継いで即位し「明宗」となる。五代十国の時期には珍しい謙虚な明君で、安定した統治だった。

馮道（ふうどう） H-16
「ひょうどう」の読みもある。五代の後唐、後晋、後漢、後周および遼に仕えた名宰相。民衆のための政治を行った。

後晋（こうしん） H-17
五代の3番目の国。都は汴州。石敬瑭が936年に建国し、946年、第2代皇帝・出帝の時に遼の耶律堯骨によって滅ぼされた。

燕雲十六州（えんうんじゅうろくしゅう） H-18
燕京（現在の北京）周囲の河北北部や、雲州（現在の大同）付近の計16州を指す。

石敬瑭（せきけいとう） H-19
突厥系の将軍で明宗の娘婿。後晋の初代皇帝。契丹の兵を頼って936年に後唐を滅ぼし、後晋を建国した。

契丹（きったん） H-20
鮮卑の子孫の一派で、もとは**キタイ**という。契丹はキタイを漢字に音訳したもの。後の「遼」。1125年、金と北宋に滅ぼされた。

耶律阿保機（やりつあぼき） H-21
契丹の初代皇帝。華北進出を目前にして病死したため、次子の耶律堯骨が跡を継いだ。

耶律堯骨（やりつぎょうこつ） H-22
または耶律徳光。契丹の第2代皇帝。国号を中国風に**遼**と改めた。燕雲十六州を得て、後晋を滅亡させた。

後漢（こうかん） H-23
五代の4番目の国。都は開封。947年に建国し、950年、後周によって滅亡した超短命王朝。後唐・後晋同様に突厥人による王朝。

劉知遠（りゅうちえん） H-24
後漢の建国者。元末・明初に流行した戯曲・**劉知遠諸宮調**や**白兎（と）記**は、彼と妻の**李三娘**の立身物語（架空の話が多い）。

後周（こうしゅう） H-25
五代の5番目の国。首都は開封。郭威が後漢に叛逆して951年に建国。960年に、7歳の恭帝が趙匡胤（I-3）に帝位を禅譲して滅亡。

郭威（かくい） H-26
没落した貴族に生まれた郭威は、一兵卒から身を起こし、劉知遠に見出され重臣となり、やがて皇帝になったが、わずか3年で死去。

世宗（せそう） H-27
後周の第2代皇帝。名は柴栄。軍事・内政ともに優れ、五代において後唐の明帝と共に数少ない名君とされたが、38歳で病死した。

三武一宗の法難（さんぶいっそうのほうなん） H-28
中国の歴史上、影響・規模の大きい4回の仏教弾圧事件の総称。

H-1 ファイヴ ダイナスティズ アンド テン キンッグダムズ ピアリアド
[faiv dáinəstizsʌ́ðə-n ənd ten kíŋdəmz pí(ə)riəd]
Five Dynasties and Ten Kingdoms period

H-2 フアンッグ チャオ リベリオン
[huaŋ tʃaʊ ribéljən]
Huang Chao rebellion

H-3 ワンッグ シエンヂー / ワンッグ シエン チー
[waŋ ʃiæn dʒiː] / [waŋ ɕæn tʂʐ̩ː]
Wang Xianzhi / 王仙芝 Wáng Xiān Zhī

H-4 フアンッグ チャオ / フアンッグ チャオ
[huaŋ tʃaʊ] / [xʷaŋ tʂʰau]
Huang Chao / 黄巣 Huáng Hé

H-5 ダー チー / ター チー
[daː tʃiː] / [taː tɕʰiː]
Daqi / 大齐 Dà Qí

H-6 ヂェドゥーシー / チェ トゥー シー
[dʒeː tuː ʃiː] / [tɕeː tʷuː ʂʐ̩ː]
Jiedushi / 节度使 Jié Dù Shǐ

H-7 ファン ヂェン / ファン チェン
[fæn dʒən] / [fæn tʂən]
Fanzhen / 藩镇 Fān Zhèn

H-8 ヂュー チュエンヂョンッグ / チュー チュエン チョンッグ
[dʒuː tʃuæn dʒoŋ] / [tʂʷuː tɕʰʷæn tʂʷuŋ]
Zhu Quanzhong / 朱全忠 Zhū Quán Zhōng

H-9 レイタ リャンッグ / ホウ リャンッグ
[léitə- ljæŋ] / [xəu lʲaŋ]
Later Liang / 后梁 Hòu Liáng

H-10 ビエン ヂョウ / ピエン チョウ
[bian dʒou] / [pʲæn tʂəu]
Bianzhou / 汴州 Biàn Zhōu

H-11 カイ フォンッグ / カイ フォンッグ
[kai fəŋ] / [kai fəŋ]
Kaifeng / 开封 Kāi Fēng

H-12 レイタ タンッグ / ホウ タンッグ
[léitə- tæŋ] / [xəu taŋ]
Later Tang / 后唐 Hòu Táng

H-13 リー コーヨンッグ / リー コー ヨンッグ
[lʲiː kəː joŋ] / [lʲiː kʰɤː jʷuŋ]
Li Keyong / 李克用 Lǐ Kè Yòng

H-14 リー ツンシュー / リー ツ(ウェ)ン シュー
[lʲiː tsun ʃuː] / [lʲiː tsʰʷən ɕʷyː]
Li Cunxu / 李存勗 Lǐ Cún Xù

◆**Later Liang 後梁** 南北朝時代にも、**後梁**（別名、**西梁**）という国が存在し紛らわしいため、朱全忠が建てた五代十国時代の後梁は**朱梁**とも呼ばれている。五代十国の五代は、**後**梁、**後**唐、**後**晋、**後**漢、**後**周のようにすべてに**後**という言葉が付いているが、これらはすべて後代の歴史家がそれ以前の梁や唐、晋、漢、周と区別するために付けたもの。ちなみに、日本語では五代十国の「後～」はすべて「こう」と読んでいる。

◆**Fengdao 馮道** 馮道は、生涯で５つの王朝の11人の皇帝に仕えたという。後世の儒教的な視点から批判する人は、君子は二君に仕えずというのに、馮道はまったく節操がないといって非難している。しかし、馮道は皇帝に次々とごまをすって仕えることができたわけではなく、むしろ軍人皇帝たちの民を顧みない無謀な計画を、何度も諫めてやめさせた（直言ゆえに幾度も左遷させられた）。普通、前政権の宰相は辞めさせられたり処刑されるのが常だが、政権が変わっても何度も高官に任じられたというのは、馮道が極めて有能で得難い人材だったためであろう。

◆**Later Han 後漢** 日本語では光武帝が漢を再興してできた「後漢」を「ごかん」、五代十国時代の「後漢」を「こうかん」と呼んで区別している。中国語では、光武帝の「後漢」は「東漢」と呼んでいるので混同することはない。

◆**Four Buddhist Persecutions in China**
三武一宗の法難 4つの事件とは、①**魏武の法難** 446年の北魏の太**武**帝による迫害。②**周武の法難** 573年の北周の**武**帝による迫中国は絶えず北方の異民族による侵略や強奪などの攻撃にさらされた。しかし、北方の異民族同士も熾烈な戦いを繰り広げていた。紀元前の時代には「匈奴」が勢力を伸ばし、やがて鮮卑、柔然、突厥、金、モンゴルなどの民族が覇権を争った。それらの民族も一様ではなく、モンゴル系・テュルク（トルコ）系・チベット系など様々である。

害。③**会昌の廃仏**（かいしょう） 845 年の唐の**武**宗による迫害。④**後周の法難** 955 年の後周の世**宗**による迫害。これらをまとめて、仏教側の観点から**三武一宗の法難**と呼んでいる。この中で、3 番目の会昌の廃仏が最も大規模であり、4,600 もの仏教寺院が破壊され、さらに 26 万人の僧や尼が還俗（げんぞく）させられた。何度もこうした弾圧が行われた理由には、対抗勢力である道教を奉じた人物による弾圧の場合もあるが、政府が財政難で、僧を還俗させると徴税の対象になることや（税金逃れのために僧になる者が増えていた）、寺院の財産や土地を没収して財源にできるという経済的な理由が関係する場合がある。

リー シーユアング [li: ʃi: juɑn] エンペラ ミングヅォング オヴ レイタ タング [émpərə mindzʊŋ əv léitə taŋ]
李嗣源 Lǐ Sì Yuán / **Emperor Mingzong of Later Tang** H-15

フェング ダオ [fəŋ daʊ] フェング タウ [fəŋ tau]
Fengdao / 冯道 Féng Dào H-16

レイタ ヂン [léitə dʒin] ホウ チン [xəu tɕin]
Later Jin / 后晋 Hòu Jìn H-17

スィクスティーン プリーフェクチャズ オヴ イエン アンド（ユ）イン [sikstí:n prí:fektʃə-z əv jæn ənd (ju)in]
Sixteen Prefectures of Yan and Yun H-18

シー ヂングタング [ʃi: dʒiŋ taŋ] シー チング タング [ʂʐ̩: tɕəŋ tʰaŋ]
Shi Jingtang / 石敬瑭 Shí Jìng Táng H-19

キータン [ki:tǽn]
Khitan H-20

イェーリュー アーバオヂー [je: lju: a: baʊ dʒi:] イェー リュー アー パウ チー [je: lɥy: a: pau tɕi:]
Yelü Abaoji / 耶律阿保机 Yē Lǜ Ā Bǎo Jī H-21

イェーリュー ヤオグー [je: lju: jaʊ gu:] イェー リュー ヤウ クー [je: lɥy: jau kʷu:]
Yelü Yaogu / 耶律尧骨 Yē Lǜ Yáo Gǔ H-22

レイタ ハン [léitə dʒin] ホウ ハン [xəu xæn]
Later Han / 后汉 Hòu Hàn H-23

リウ ヂーユエン [lju dʒi: juæn] リウ チー ユエン [lʲəu ʈʂʐ̩: ɥæn]
Liu Zhiyuan / 刘知远 Liú Zhī Yuǎn H-24

レイタ ヂョウ [léitə dʒou] ホウ チョウ [xəu ʈʂəu]
Later Zhou / 后周 Hòu Zhōu H-25

グオ ウェイ [guo wei] クオ ウェイ [kʷo wəi]
Guo Wei / 郭威 Guō Wēi H-26

エンペラ シーヅォング オヴ レイタ ヂョウ [émpərə ʃi:dzʊŋ əv léitə dʒou]
Emperor Shizong of Later Zhou H-27

フォー ブディスト パーセキューションズ イン チャイナ [fɔə búdist pə-səkjú:ʃənz in tʃáinə]
Four Buddhist Persecutions in China H-28

契丹とキャセイ

契丹は元々、彼らの言語で**キタイ**といった。モンゴル帝国が中国を侵略した時には、すでに契丹は存在しなかったが、彼らは中国の北半分を「キタイ」Kithai と名付けた。ヨーロッパ人宣教師たちがそれをヨーロッパに伝え、やがてロシア語では中国のことを Китай **キタイ**と呼ぶようになる。また、英語でも「中国」を意味する **Cathay** [kæθei] **キャセイ**という語が生まれた（香港を拠点とするキャセイパシフィック航空にも使われている）。今日、種々の言語で、契丹が中国を指すのに使われている。

I　宋〈1〉北宋と北方異民族

I-1 **宋**（そう）
960 年、趙匡胤が五代最後の後周の皇帝から禅譲を受けて建国した国。1276 年、モンゴルに首都の臨安を占領されて滅亡した。

I-2 **北宋**（ほくそう）
宋の統治のうち、金に華北を奪われた 1127 年以前を**北宋**といい、それ以降の臨安（杭州市）に南遷した時代を**南宋**という。

I-3 **趙匡胤 / 太祖**（ちょうきょういん / たいそ）
北宋の初代皇帝。文治主義を推し進め、節度使を廃止した。

I-4 **禁軍**（きんぐん）
趙匡胤は帝国内の兵力を皇帝の直属軍である**禁軍**に一本化し、反対に地方の節度使の軍事力を解体した。

I-5 **殿試**（でんし）
趙匡胤は、自らが有能な人材を見分けて登用するため、科挙に最終試験として皇帝の面接である「殿試」を加えた。

I-6 **士大夫**（したいふ）
科挙官僚・地主・文人の三者を兼ね備えた者。没落貴族に代わって、新たに政治・社会・文化を支えた新興地主階級。

I-7 **枢密院**（すうみついん）
宋の時代には、軍政を司る最高機関とされた。民政を管轄する中書門下省と並んで**二府**と称された。

I-8 **遼**（りょう）
916 年に、耶律阿保機（H-21）が建国。最初の国号は**大契丹国**だったが、947 年に後晋を倒し、国号を遼とした。

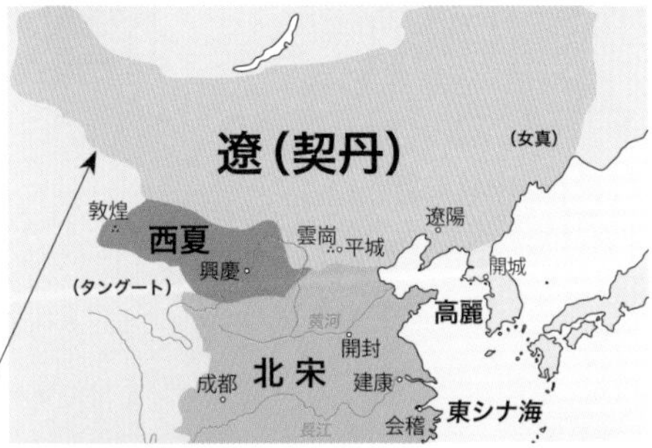

I-9 **澶淵の盟**（せんえんのめい）
遼は、北宋が銀や絹などの貢ぎ物を毎年贈ることを条件に 1004 年に和平を結んだ。澶淵は条約締結地。

I-10 **天祚帝**（てんそてい）
遼の第 9 代にして最後の皇帝。金の太祖となる完顔阿骨打との戦いに敗れ、遼は滅亡した。

I-11 **タングート / 党項**（とうこう）
またはタンガット。チベット系民族で羌族の一部。

銀川市にある西夏の皇帝・李元昊の皇帝陵。「東洋のピラミッド」と呼ばれている。元々は八角形をした塔だったが、角が風化してしまった。ここには 9 基の王墓が並んでいる。

I-12 **西夏**（せいか）
タングートの李元昊が、1032 年に現在の寧夏（ねいか）回族自治区付近に建国。首都は**興慶**（現在の銀川）。

I-13 **李元昊**（りげんこう）
タングート族を率い 1038 年に西夏を建国し、皇帝となる。遼と同様に北宋との間に有利な条約を結んだ。

I-14 **西夏文字**（せいかもじ）
西夏の李元昊が制定した独自の文字。漢字に似ているが、その意味はまったく異なる。現在は解読が進んでいる。

銅製の通行手形に書かれた西夏文字。

中国の王朝の創始者たちは皆、野心家ばかりだが、北宋の初代皇帝である趙匡胤は異なっていた。人望が高かった趙匡胤は、幼少の皇帝ではこの時局に対応できるか不安に感じていた軍の部下たちや弟の**趙匡義**から祭り上げられる形で即位した。出陣の酒に酔って熟睡している趙匡胤の寝所に、大勢が押し込んで来て、天子の着る黄色の上衣を無理やり着せて皇帝にした。

女真文字の例。

ハルビン金上京歴史博物館の完顔阿骨打像。

カラ・キタイの首都ベラサグンの遺跡に残るバルバル（石人）と呼ばれる石像。石像ごとに顔の表情は様々。

金（きん） I-15
女真族の完顔阿骨打が 1115 年に建国。都は**会寧**（かいねい・上京会寧府）。1153 年には**燕京**（現在の北京）に、そして 1214 年に**開封**（**汴州**）に遷都した。モンゴルの侵攻により 1234 年滅亡した。

女真（じょしん） I-16
ツングース系の民族。金を建国した。金の滅亡後、「女真族」から**満洲族**に名を改め、やがて**清**を建国する。

完顔阿骨打（わんやんあぐだ） I-17
「あくだ」とも読む。
女真族を統一し、遼からの金の独立を果たして皇帝となる。中央集権化を進めた。

海上の盟（かいじょうのめい） I-18
1120 年、北宋と金が、遼を挟み撃ちにするために交わした軍事同盟。遼領を通らず海路で行き来した。

太宗（たいそう） I-19
金の第2代皇帝。**完顔呉乞買**（うきまい）。阿骨打の弟。宋の歳貢が滞ったため、開封を陥落させ、欽宗・徽宗を連行し北宋を滅ぼした。

女真文字（じょしんもじ） I-20
完顔阿骨打が制定した女真族独自の文字体系。漢字が部品として使われていて、一部の意味は漢字と同じ。

耶律大石（やりつたいせき） I-21
カラ・キタイの初代皇帝。耶律阿保機の子孫。遼滅亡直前に契丹人を引き連れて西に移住し建国した。

カラ・キタイ I-22
または「西遼」。耶律大石がカラ＝ハン朝を倒して 1133 年に建国。都はベラサグン。

神宗（しんそう） I-23
北宋の第 6 代皇帝。苦しい国の財政を改善するため、王安石を登用し、国家再建を進めた。

王安石（おうあんせき） I-24
唐宋八大家に数えられる名文家であり、農民保護・財政再建（王安石の改革・**王安石変法**）を主導した宰相。

青苗法（せいびょうほう） I-25
王安石による新法の1つ。植え付け前の農民に低利で穀物や金を貸し、農民を高利から解放した。

保甲法（ほこうほう） I-26
王安石による新法の1つ。10 家を 1 保、5 保を 1 大保、10 大保を 1 都保に組織し、自警団を作らせ、徴税を請け負わせた。

保馬法（ほばほう） I-27
西北の辺境の住民に対して政府が馬や購入代金を支給して飼育させ、平時にはその使用を認め、戦時には徴収した。

司馬光（しばこう） I-28
歴史書・**資治通鑑**の編者。政治では旧法派として、王安石ら新法派と対立。神宗の死後、王安石の新法をすべて廃した。

ソンɡ　ソンɡ
[soŋ]　[sʷuŋ]
I-1 **Song** / 宋 Sòng

ノーザン ソンɡ　ペイ ソンɡ
[nɔ́ɚðɚn soŋ]　[pəi sʷuŋ]
I-2 **Northern Song** / 北宋 Běi Sòng

ヂャオ クワンɡイン　チァウ クワンɡ イン
[dʒaʊ kwaŋ in]　[tʂau kʰʷaŋ in]
I-3 **Zhao Kuangyin** / 赵匡胤 Zhào Kuāng Yìn

チン アーミ　チン チ(ュ)ィン
[tʃin ɑ́ɚmi]　[tɕin tɕʷin]
I-4 **Chin army** / 禁軍 Jìn Jūn

本来の禁軍の意味では palace guard や、forbidden army と約されるが、やがて宋の常備軍となったため Imperial army や regular army と訳されることもある。

インピアリアル イグザミネイション
[impí(ə)riəl igzæminéiʃən]
I-5 **Imperial examination**

スカラ オフィシャル　スー ター フー
[skɑ́lɚ əfíʃəl]　[ʂʐ̩: ta: fʷu:]
I-6 **Scholar-official** / 士大夫 **Shì dàfū**

ビュアロウ オヴ ミリタリ アフェアズ
[bjʊ(ə)roʊ əv mílәteri əférz]
I-7 **Bureau of Military Affairs**

リャオ　リャウ
[ljaʊ]　[lʲau]
I-8 **Liao** / 辽 Liáo

チャンユエン トリーティ
[tʃænjuæn ran]
I-9 **Chanyuan Treaty**

エンペラ ティアンヅオ オヴ リャオ
[émpərɚ tiændzuo əv ljaʊ]
I-10 **Emperor Tianzuo of Liao**

タ(ー)ングート　タンɡ シャン
[tǽŋgu:t / tɑ́:ŋgu:t]　[taŋ ɕaŋ]
I-11 **Tangut** / 党项 Dǎng Xiàng

ウェスタン シャー
[wéstɚn ʃa:]
I-12 **Western Xia**

リー ユエンハオ　リー ユアン ハウ
[li: juæn haʊ]　[lʲi: ɥæn xau]
I-13 **Li Yuanhao** / 李元昊 Lǐ Yuán Hào

タ(ー)ングート スクリプト
[tǽŋgu:t / tɑ́:ŋgu:t skrípt]
I-14 **Tangut script**

◆**Bureau of Military Affairs 枢密院**　英語の bureau「ビューロー」は、元々は**テーブルクロス**を意味した。やがて、そこから引き出し付きの書き物机に意味が移り、さらには、引き出し付きの書き物机が備品として必ずある**執務室、オフィス**という意味に変化した。明治時代の日本における「枢密院」は、軍政を扱った宋の時代の枢密院とは異なり、天皇の最高諮問（しもん）機関であり、特に大日本帝国憲法草案審議のために設置された機関だった。そのため、近代の枢密院を英語にする場合には **Privy Council** プリヴィ カウンスルのような訳がよく見られ、Military という言葉は入らない (privy は、「秘密裏の」「国王などに個人的に関係する」の意)。

◆**Western Xia 西夏**　国号は「夏」だけだが、古代の夏王朝と区別するために「西夏」と呼ばれている。1044 年、北宋と西夏との間で「慶暦（けいれき）の和約」が交わされた。宋は毎年銀5万両、絹13万疋（ぴき）、茶2万斤（きん）という莫大な量の歳貢（さいぐ）を贈ることが定められた。

◆**Chanyuan Treaty 澶淵の盟**　英語で treaty とは、「条約、約定」を指している。盟とは「誓い」や「同盟」のことを指すが、澶淵の盟や海上の盟の場合、明らかに北宋が臣下で、異邦国家が上位に立っていたので、とても alliance「アライアンス、同盟」という訳にはならない。

◆**Wang Anshi 王安石**　宋は軍事力に重きを置かず、貴族に力を与えず、文治主義、つまり科挙で優秀な文官を集めて、政治に趙匡胤は、過去の唐や五代十国の失敗例から学び、節度使といった軍閥に大きな権力を持たせないようにした。そうなると当然、辺境の軍備が弱まる。そこで、周辺の異民族国家とは、お金や絹・茶などを貢ぐことによって平和な関係を維持するというかなり弱腰な外交を繰り広げた。宋の時代は農業生産が著しく飛躍した時代なので、初期の頃はそれで賄うことができた。

参画させる方法を選んだ。農業や商工業が発展した宋の時代だったため、初期には多数の文官たちへの支払いや、平和をお金で買うため周辺諸外国への貢ぎ物に巨費を割いても問題はなかった。しかし、時が経過するうちに、文官層が肥大化し、皇帝も無駄遣いが過ぎるようになり、周辺国への貢納も厳しくなっていった。そこで王安石が、農民や商人たちを疲弊させずに、殖産興業を進めつつ税収を増やす改革に取り掛かった。

頭に刺さった? 長い棒は何?

p.72 の趙匡胤の肖像画を見て、多くの人は「頭に刺さっている、あの長い棒は何なのだ」と思うに違いない。あんなに長い棒があったら、隣の人に突き刺さりそうである。この棒は**脚**(きゃく)といい、**幞頭**(ぼくとう)(烏紗帽)というタイプの頭巾の端を棒状にしたもの。初期の幞頭は鮮卑の胡服からデザインを拝借したもので、やがて中国風に色々とアレンジされていく。唐末から五代には脚は太めだったが、宋代には細く、そして長くなった。これが明の時代になると、丸い耳がついたような形に発展する。このように冠の形から、どの時代なのか判断できることがある。

幞頭(晩唐)

幞頭は皇帝から民衆まで幅広く使用した。

幞頭(宋)

幞頭の脚は、広くなったり尖ったり、上を向いたり下を向いたりした。

幞頭(明)

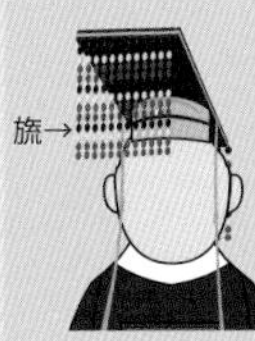

冕冠(べんかん)

冕冠は冠の上に冕板という板を載せたもので、皇帝や位の高い者が着用した。冠の先の宝石などを連ねた旒(たまだれ)は、皇帝は 12 本で、下の位になるにつれて数が減った。西周時代に始まり、秦の始皇帝が廃し、その後、復活して明まで続いたが、清は廃した。

ヂン　チン
[dʒin]　[tɕin]
Jin / 金 Jīn　I-15

ジューチェン　ニュー チェン
[dʒə́ːtʃən]　[nɥy: ʈʂən]
Jurchen / 女真 Nǚ Zhēn　I-16

女真族という場合は、Jurchen people。

ワンヤン アグーダ
[wán.jan agú:da]
Wanyan Aguda　I-17

満州語を字訳するとJušen チューシャンとなる。

アライアンス カンダクティッド アト スィー
[əláiəns kɑ́ndʌktəd ət si:]
Alliance Conducted at Sea　I-18

エンペラ タイヅォンヶ オヴ ヂン
[émpərɚ taidzʊŋ əv léitɚ dʒou]
Emperor Taizong of Jin　I-19

ジャーチェン スクリプト
[dʒə́ːtʃən skrípt]
Jurchen script　I-20

イェーリュー ダーシー　イェー リュー ター シー
[je: lju: da: ʃi:]　[je: lɥy: ta: ʂʐ̩:]
Yelü Dashi / 耶律大石 Yē Lǜ Dà Shí　I-21

カーラ キターイ カターイ
[ká:rə kitá:i / kətá:i]
Qara Khitai　I-22

または Kara Khitai。

エンペラ シェンヅォンヶ オヴ ソンヶ
[émpərɚ ʃendzʊŋ əv léitɚ sʊŋ]
Emperor Shenzong of Song　I-23

ワンヶ アンシー　ワンヶ アン シー
[waŋ æn ʃi:]　[waŋ æn ʂʐ̩:]
Wang Anshi / 王安石 Wáng Ānshí　I-24

チンヶ ミャウ ファー
[tɕʰəŋ mʲau fa:]
青苗法 Qīng Miáo Fǎ　I-25

パウ チャー ファー
[pau tɕa: fa:]
保甲法 Bǎo Jiǎ Fǎ　I-26

パウ マー ファー
[pau ma: fa:]
保马法 Bǎo Mǎ Fǎ　I-27

スーマー クワンヶ　スー マー クワンヶ
[sə:ma: tʃɑn]　[sz̩: ma: kʷaŋ]
Sima Guang / 司马光 Sīmǎ Guāng　I-28

I-29 **靖康の変**
1127年、宋が金との間で交わした約束の貢ぎを贈らなかったため、金軍が宋の都の開封に侵攻し、前皇帝の徽宗と現皇帝の欽宗に加え、その一族や徽宗の妃嬪ら後宮の女性たち約3,000人を北方に連れ去る事件が起きた。これを**靖康の変**という。この変によって事実上、北宋は滅亡した。

I-30 **徽宗**
北宋の第8代皇帝。道教の熱心な信奉者。芸術のあらゆる分野に精通していた。特に宮殿建設や造園に熱中し、珍木奇石を開封に運ばせたため、多額の国費を費やした。ちなみに珍木奇石、ないしはそれを運ぶ船団のことを**花石綱（かせきこう）**という。統治初期には新法の施行に尽力したが、やがて政治に対する関心は薄れた。

I-31 **欽宗**
北宋の第9代で最後の皇帝。徽宗の長子。靖康の変で金軍によって北方に連行された。欽宗と徽宗は異郷の地で没した。

I-32 **蔡京**
北宋の末期の宰相。徽宗は政治を蔡京に任せっきりにし、蔡京は自らの蓄財に励んだ。しかし書家としては超一流だった。

I-33 **高俅**
蹴鞠の技量を皇族の端王に見出され、端王が即位して徽宗となると重用された。後世の『水滸伝』では一番の悪役にされている。

I-34 **童貫**
宦官なのにたくましく、髭が伸びていた将軍。**方臘**（ほうし）**の乱**という農民反乱を鎮圧するも、遼との戦いで大敗。骨董収集が有名。

I-35 **淮河**
または**淮水**。黄河と長江の間を東西に流れており、この川が華北と華南の境界線となっている。南宋と金の境界線ともなった。

I-36 **臨安 / 行在**
南宋の臨時首都が置かれた都市。行在という名称も「仮の都」という意味である。

広州と区別するときは「くいしゅう」とも読む。

杭州
臨安の元の名（そして現在の名称）。**京杭大運河**（F-81）の南の起点として栄えた都市。日本の**遣隋使**、**遣唐使**の上陸地点だった。

I-37 **南宋**
北宋が滅亡した後、南遷して淮河以南の地に再興した政権。首都は臨安（現在の杭州市）。モンゴル帝国により滅亡。

I-38 **高宗**
姓は趙、諱は構。北宋の第8代皇帝であった徽宗の九男。靖康の変の時に難を逃れ、その後、臨安で南宋の政権を樹立した。

I-39 **岳飛**
豪農の家に生まれた。文武両道に秀で、清廉潔白な宋の将軍で今も国民的英雄。金との戦いでは全戦全勝という強さだった。

浙江省杭州郊外の西湖畔にある岳王廟（がくおうびょう）の岳飛像。

I-40 **秦檜**
金との和平を主張した南宋の宰相。岳飛ら抗金派と対立した。金との交渉により紹興の和議が実現。後に売国奴と批評される。

I-41 **紹興の和議**
1142年、毎年銀25万両と絹25万疋の貢納を条件に、淮河より南を南宋の領土と定めた。

徽宗に仕えた蔡京、高俅、童貫といった人物は、明の時代に成立した長編歴史小説である『**水滸伝**』の中では悪役とされ、史実にはない様々な悪行が描かれている。『水滸伝』では、**高俅**が悪の親玉のように描かれているが、現実にはそれほどの悪人でも（そして善人でも）ない小人物だったと考えられている。彼らは共通して、徽宗と似て種々の芸術に通じていた。

景徳鎮の職人による作業風景。

けいとくちん 景徳鎮 I-42

景徳鎮の製陶は、漢や唐時代にさかのぼるが、宋の時代には青磁・白磁が一世を風靡（ふうび）した。北宋の第３代皇帝・**真宗**は年号の「景徳」を地名に与え、「景徳鎮」という名が生まれた。

官窯で製作された南宋時代の青磁。

せいじ 青磁 I-43

鉄を含む灰を用いた釉薬を塗り、高熱で焼いた明るい青緑色の磁器。酸化の具合により黄褐色になる**米色（べいしょく）青磁**もある。

はくじ 白磁 I-44

白素地に無色の釉薬を用いて作った磁器のこと。「雪のような白い肌」といわれる艶と、透明感のある姿が美しい。

かんよう 官窯 I-45

宮廷直属の陶磁窯。日本の江戸時代の御用窯（ごようがま）のようなもの。 宋代の官窯は青磁や白磁などの優れた作品を多く残した。

しゅうとんい 周敦頤 I-46

宋学の始祖といわれ、道教に仏教の理論を導入して『**太極図説**』を記した。他の著書に『**通書**』がある。

「三蘇」（蘇軾の父子３人）の像。父の蘇洵（そじゅん）は老蘇、蘇軾は大蘇、弟の蘇轍（そてつ）は小蘇という。

そうがく 宋学 I-47

宋代に生まれた、新しい儒学思想。朱熹によって完成。以後、中国の主要な思想となり、日本や朝鮮にも多大な影響を及ぼした。

しゅき 朱熹 I-48

字は**元晦**（げんかい）。福建省生まれ。南宋を代表する儒学者。尊称として**朱子**という。その思想が後の**朱子学**へと発展した。

しゅしがく 朱子学 I-49

儒教の中の１つ。朱熹が宋学を論理的に整理し、哲学体系として完成させた。**理気二元論**、**性即理**を説く。

おうようしゅう 欧陽脩 I-50

脩は修とも書く。旧法党の政治家であり、『新五代史』を著した歴史家、また詩人・文学者としても知られている。

そしょく 蘇軾 I-51

蘇軾は、宋代を代表する文豪であり、政治家。書、画、音楽にも通じていた（p.54 赤壁参照）。蘇軾の父も弟も文筆家として優れていた。

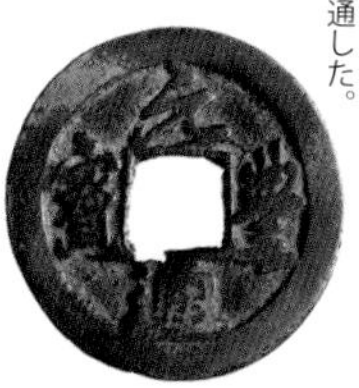

元豊通宝は、第6代皇帝・神宗により1078～85年（元豊元～8年）に発行。日宋貿易の結果、日本国内でも「渡来銭」として大量に流通した。

北宋時代の交子。

もっけい 牧谿 I-52

または法常。蜀（四川）出身。南宋末期から元の初期の水墨画家・僧。日本にも作品が伝わり、日本の水墨画に多大な影響を与えた。

こうし 交子 I-53

宋の交子は世界最初の紙幣。開封や臨安で民間の金融業者が発行した手形の一種。南宋では民間の発行が禁止された。

かいし 会子 I-54

南宋では、民間の「交子」が禁止となり、政府が兌換期限のある紙幣の「会子」を発行した。銅の不足により紙幣の需要が高まった。

皇宋通宝は、第４代皇帝・仁宗により 1039 年に発行。渡来銭として日本で最も多く発掘されている。

そうせん 宋銭 I-55

宋代に鋳造された貨幣。銅銭が大量に鋳造された。原料の銅不足のために、代わりに原価の安い鉄銭が作られ、価値の下落を招いた。

I Song 〈2〉 Culture

ヂンㇰ゙カンㇰ゙ インスィデント
[dʒiŋ kaŋ ínsədənt]
I-29 **Jingkang incident**

エンペラ フイヅォンㇰ゙ オヴ ソンㇰ゙
[émpərə huidzʊŋ əv sɔŋ]
徽宗 Huī Zōng。
I-30 **Emperor Huizong of Song**

エンペラ チンヅォンㇰ゙ オヴ ソンㇰ゙
[émpərə tʃindzʊŋ əv sɔŋ]
I-31 **Emperor Qinzong of Song**

ツァイ ヂンㇰ゙ [tsai dʒiŋ] ツァイ チンㇰ゙ [tsʰai tɕəŋ]
I-32 **Caijing** / 蔡京 Cài Jīng

ガオ チウ [gaʊ tʃiu] カウ チウ [kau tɕʰəu]
I-33 **Gaoqiu** / 高俅 Gāo Qiú

トンㇰ゙ グワン [tʊŋ kwæn] トンㇰ゙ クワン [tʰʷuŋ kʷæn]
I-34 **Tongguan** / 童贯 Tóng Guàn

フワイ リヴァ [huwai rívə] フワイ ホー [xʷai xɤː]
I-35 **Huai river** / 淮河 Huái Hé

リン アン [lin æn] リン アン [lʲin æn] シンㇰ゙ ツァイ [ɕəŋ tsai]
I-36 **Lin'an** / 临安 Lín Ān / 行在 Xíng Zài

ハンㇰ゙ ヂョウ [xaŋ dʒou] Hang Prefectureともいう。 ハンㇰ゙ チョウ [xaŋ tʂəu]
Hangzhou / 杭州 Háng Zhōu

サザン ソンㇰ゙ [sʌ́ðən sɔŋ] ナン ソンㇰ゙ [nan sʷuŋ]
I-37 **Southern Song** / 南宋 Nán Sòng

エンペラ ガオヅォンㇰ゙ オヴ ソンㇰ゙
[émpərə gaʊdzʊŋ əv sɔŋ]
I-38 **Emperor Gaozong of Song**

ユエ フェイ [jue fei] ユエ フェイ [ɥeː fəi]
I-39 **Yuefei** / 岳飞 Yuè Fēi

チン フイ [tʃin hui] チン フ(ェ)イ [tɕʰin xʷəi]
I-40 **Qinhui** / 秦桧 Qín Huì

トリーティ オヴ シャオシンㇰ゙
[tríːti ʃaʊʃiŋ]
I-41 **Treaty of Shaoxing**

◆**Jingkang incident 靖康の変**　英語のincidentは「事件、事故、紛争」のこと。Humiliation of Jingkangともいう。この時、宋王朝の皇女や、官吏・平民の若い女性が連行され、金の皇帝や皇族の妾(めかけ)にされたり、捕虜女性の収容所であり官設妓楼(ぎろう)でもある**洗衣院**に入れられたりした。そのうちの1人、徽宗の第20皇女の**柔福帝姫**(じゅうふくていき)を名乗る女性が、靖康の変から3年後に南宋の高宗の前に現れ、洗衣院から逃亡したと述べた。高宗は彼女に福国長公主の位を授け、毎年1万8千貫を下賜(かし)した。しかしその12年後、紹興(しょうこう)の和議成立により、高宗の母・**顕仁皇后**(けんじん)が南宋に帰還し、「柔福帝姫は金で亡くなった」と明かしたことから、柔福帝姫は顔のよく似た尼僧だったことが露見し、処刑された。

◆**Qinhui 秦檜**　靖康の変の後、金が和平派の張邦昌を傀儡(かいらい)皇帝にして「楚」の国を立てようとした際、秦檜は金に対して強硬に反論した。これが金の逆鱗に触れ、軍の指導者・粘没喝(めねが)により北へ拉致された。1130年、秦檜は妻の王夫人と共に（本人の言によれば

杭州郊外の西湖畔にある岳飛廟の前には、秦檜とその妻の王氏の鉄像が置かれている。秦檜が岳飛殺害を躊躇している時に、王氏は処刑を促したといわれている。かつてはこの鉄像に人々は唾を吐きかけた。中国人が朝食に食べる揚げパンを広東語では**油炸鬼**（ヤウザーグァイ）というが、「鬼」は秦檜夫妻のことで、2本の揚げパンをこの2人に見立て、油で揚げて食べることで復讐を遂げるという。

徽宗の９男である**趙構**、すなわち後の**高宗**は、兄の欽宗の警告によって開封から脱出した。しかし金は趙構を追跡し続け、金の太宗の死によって金軍はようやく引き上げた。趙構は８年間もの間、逃亡生活を余儀なくされ、やがて南宋政権を樹立した。ちなみに、高宗は父と同様に能書家で、序文が高宗の筆になる『**徽宗文集序**』は現在、日本にあり、国宝に指定されている。

脱走して）南宋に現れた。帰国後、交戦派から和戦派に転じた秦檜を高宗は宰相に任じた。秦檜は和平交渉を進める際、既存の軍を解体して中央軍に再編することを将軍たちに伝え、軍権を返還させた。他の将軍が応じる中で岳飛だけは頑として拒否。岳飛と養子の岳雲は別件で逮捕され、処刑された。

多才な芸術家・徽宗

徽宗は、政治家としての評価は極めて低いが、芸術家としては詩文・書画・音楽に優れ、北宋最高の芸術家の1人とされている。書では**瘦金体**（そうきんたい）という書風を考案した。金の第６代皇帝の**章宗**（しょうそう）（マダガ）がこの書を好み、自らも模倣し瘦金体の書を記した。画の世界でも、徽宗は写実的かつ精緻な筆遣いの花鳥画を残している。こうした理由で、徽宗は後世の人々からは**風流天子**と呼ばれている。

『桃鳩図（ももはとず・とうきゅうず）』　徽宗 作
画面の右上の「大観丁亥御筆」の文字は瘦金体で書かれている。

ヂンヶ ドー ヂェン [dʒin də: dʒən]　チンヶ トー チェン [tɕəŋ tɤ: ʈʂən]
Jingdezhen / 景德镇 Jĭng Dé Zhèn　I-42

セラダン [séladan]　グリーン ウェア [gri:n weə]
Celadon / greenware　I-43

デイフア ポーセリン [deihuə pɔ́ə-s(ə)lin]　ブラン ドゥ シーン [blæŋk də ʃi:n] フランス語
Dehua porcelain / Blanc de Chine　I-44

グアン ウェア [guan weə]
Guan ware　I-45

ヂョウ ドゥン イー [dʒou dun i:]　チョウ トゥン イー [ʈʂəu tʷən i:]
Zhou Dunyi / 周敦颐 Zhōu Dūn Yí　I-46

ニーオウ コンフューシャニズム [ní:ou kənfjú:ʃənizm]
Neo-Confucianism　I-47

ヂュー シー [dʒu: ʃi:]　チュー シー [ʈʂú ɕí]
Zhuxi / 朱熹 Zhū Xī　I-48

チョンヶ ヂュー スクール [tʃəŋ dʒu: sku:l]
Cheng–Zhu school　I-49

ウ ヤンヶシュウ [ou jaŋ ʃiu]　オウ ヤンヶ シュウ [əu jaŋ ɕəu]
Ouyang Xiu / 欧阳修 Ōu Yáng Xiū　I-50

スー シー [su: ʃi:]　スー シー [sʷu: ʂʐ̩:]
Sushi / 苏轼 Sū Shì　I-51

ムー シー [mu: ʃi:]　ムー シー [mʷu: ɕi:]
Muxi / 牧谿 Mù Xī　I-52

ヂャオ ヅー [dʒao dzə:]　チャオ ツー [tɕau tsz̩:]
Jiaozi / 交子 jiāo zǐ　I-53

フイ ヅー [hui dzə:]　フ(ェ)イ ツー [xʷəi tsz̩:]
huiozi / 会子 huì zǐ　I-54

ソンヶ カーレンスィ [soŋ kə́:rənsi]　ソンヶ コイン [soŋ koin]
Song currency / Song coin　I-55

または Southern Song dynasty coinage。

J モンゴル帝国

J-1 **モンゴル帝国**（ていこく）
チンギス・カンがモンゴル高原の諸部族を統一した国。やがて人類史上最大の帝国に発展した。

J-2 **蒼き狼**（あお おおかみ）
モンゴル人の先祖は、ブルカン山に住む伝説上の蒼き狼**ボルテ・チノ**と白い牝鹿の間に生まれたとされる。

なぜカアンでないかは p.84 参照。

J-3 **チンギス・カン**
成吉思汗、太祖。ジンギス・カンともいう。モンゴルの英雄。

テムジン
チンギス・カンの本名。その父イェスゲイが倒したタタール部の首長**テムジン・ウゲ**という敵の名に由来。

J-4 **ブルカン山**（さん）
チンギス・カンの故郷。墓所があるとされる場所。ブルカン岳、ブルカン・カルドゥンともいう。

J-5 **クリルタイ**
モンゴルの部族長会議。次期王位や法律、開戦を決めた。モンゴル語の「集会」という語に由来。

J-6 **ボルテ**
または**ボルテ・ウジン**。チンギス・カンの第一后妃。テムジンは結婚直後、メルキト族に襲撃され、妻ボルテを略奪された。

J-7 **ジョチ**
またはジュチ。「客人」の意。チンギス・カンの長子。メルキト族からボルテを取り戻したが、帰途でボルテはジョチを出産。

J-8 **ジャムカ**
またはジャムハ。かつてはテムジンの盟友でボルテ救出に協力したが、後に敵対し、**十三翼の戦い**等で交戦した。

J-9 **西征**（せいせい）
1219 年から始まったチンギス・カンによる西方への軍事遠征。その後もバトゥやフレグによって西征が行われた。

J-10 **ホラズム**
中央アジア西部の、ホラズム・シャー朝が支配するイスラーム教国。1222年、チンギス・カンが西征の際に征服した。

J-11 **オゴデイ・カアン**
またはオゴタイ。モンゴル帝国第 2 代ハン。チンギス・カンの第 3 子。

J-12 **カラコルム**
オゴデイ・カアンが建設。大都への遷都までモンゴル帝国の首都になる。現在のモンゴル中央部。

J-13 **耶律楚材**（やりつそざい）
遼の太祖・耶律阿保機の子孫。チンギス・カンに天文学者・占星術師として仕えた。

モンゴルのトゥブ県ツォンジン・ボルドグにあるチンギス・カン騎馬像（全高40m）。250 t の鋼鉄で作られている。

チンギス・カンとその臣下たちの像。様々な人種からなる。

赤い線が、チンギス・カンによる西征のルート。
緑の点線が、バトゥによる西征のルート。
紫色の点線は、クビライ・カアンの征服ルート。

チンギス・カンは金の都・燕京を攻略し、さらには西方の**ナイマン**、**ホラズム**を征服して通商路の確保に努めた。しかし、モンゴルが統一した国を維持できたのは、モンケ・カアンの時代まで。モンケは即位後に内紛を鎮圧すると、弟クビライに**雲南・チベット**を制圧させ、フレグには**イラン方面**に向かわせ、モンケ自身は**南宋**への攻撃を行った。

ワールシュタットの戦いは、バトゥ率いるモンゴル遠征軍が、ポーランドのリーグニッツ付近でドイツ・ポーランド諸侯の連合軍に対して圧勝した戦い。ワールシュタットとは後から付けられた地名で「死体の山」を意味する。右の絵では、多量の死者が「タルタロス」に飲み込まれている。

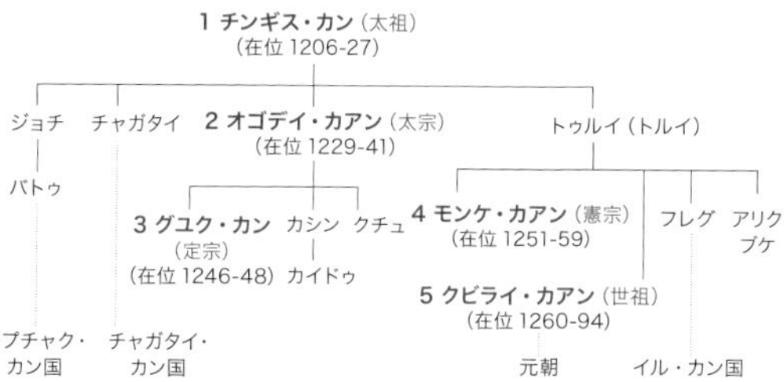

バトゥ J-14
またはバツ、バト。チンギス・カンの長男ジョチの次男。オゴデイの命を受けて西征の総司令官となる。

スブタイ J-15
モンゴル帝国の軍人で、四狗（チンギス・カンの特に優秀な将軍）の1人。バトゥの西征の副官。

ワールシュタットの戦い J-16

モヒの戦い J-17
ハンガリー王ベーラ4世のハンガリー軍とモンゴル軍の戦い。シャイオ川の戦いともいう。

タタールの軛 J-18
1240年のバトゥによるキエフ大公国滅亡から、1480年の独立までのモンゴル支配期間。

タタールの平和 J-19
またはパックス・モンゴリカ。
モンゴル支配により、ユーラシアは平和になり東西交流も活発化した。

ウルス J-20
モンゴル語で「国」の意。ハイドゥの乱の後に、統一していたモンゴル帝国は4つのウルス「国」に分かれた。

キプチャック・カン国 J-21
またはジョチ・ウルスという。

グユク・カン J-22
なぜカアンでないかは p.84 参照。
第3代モンゴル皇帝。オゴデイの長子。即位からわずか2年後の1248年に病死した。

モンケ・カアン J-23
第4代モンゴル皇帝。憲宗。チンギス・カンの4男トゥルイの長子。

フレグ / フラグ J-24
チンギス・カンの4男トルウイの3男。イスラームの国を次々に征服した。

バグダードの戦い J-25
首都バグダードが陥落。500年続いたアッバース朝は滅亡した。

イル・カン国 J-26
フレグ・ウルスともいう。フレグが創始者。イル・カンとは「部衆の王」「国王」の意。

チャガタイ・カン国 J-27
チンギス・カンの次男チャガタイを祖とする。

J　Mongol empire

英語におけるモンゴル人名の発音は、話者によって異なるケースが多い。ここでは、比較的用いられている発音を挙げているが、他の読み方もありえる。

J-1 マンゴル エンパイア [máŋgəl émpaiɚ] **Mongol empire**

J-2 グレイ ウルフ [grei wʊlf] **Grey Wolf**

J-3 ジェンギス カーン [dʒéŋgis ká:n] **Genghis Khan**
[gíŋgis] ギンギス、[géŋgis] ゲンギスとも発音する。

テムヂン / テミュヂン [tém(j)udʒin] **Temujin**
または Temüjin。

J-4 バーカーン カルドゥーン [bɚ:ká:n kəldú:n] **Burkhan Khaldun**

J-5 クーリタイ [kɚ́:ritai] **khuriltai**
または kuriltai、khurultai [kɚ́:rətai] クールタイ。

J-6 ボーテ [bɔ́ɚte] **Börte**

J-7 ヂョチ　ヂョウチ　ヂュチ [dʒɔ́tʃi / dʒóutʃi] [dʒútʃi] **Jochi / Juchi**

J-8 ヂャムカ [dʒǽmukə] **Jamukha**

J-9 マンゴル インヴェイジョン オヴ セントラル エイジャ [máŋgəl invéiʒən əv séntrəl éiʒə] **Mongol invasion of Central Asia**
invasion の代わりに conquest を使うこともある。

J-10 クワラズム [kwərǽzm] コラズミア [kərǽzmiə] **Khwarazm / Chorasmia**

J-11 オギョダイ オゴダイ オゴデイ カーン [ɔ́g(j)ədai / ɔ́g(j)ədei ká:n] **Ögedei Khan**
または Ogotay、Ögödei。
オゴダイからは khan の他に、Great Khan もしくは khagan[kagá:n] カガーンとも呼ばれる。詳しくは p.84 参照。

J-12 キャラコーラム [kærəkɔ́:rəm] **Karakorum**

J-13 イェーリュー チューツァイ [je: lju: tʃu: tsai] イェー リュー チュー ツァイ [je: lʉy: ʈʂʰʷu: tsʰai] **Yelü Chucai** / 耶律楚材 **Yē Lǜ Chǔ Cái**

◆**Mongol モンゴル**　元々はモンゴル高原に居住する遊牧民の1つ。英語で「モンゴル人」は Mongolian [mɑŋgóʊljən] マンゴウリアンという。Mongoloid [máŋgəlɔid] マンガロイド「モンゴロイド」という英語は、「モンゴル人のような」という意味で、黄色人種全般を指している。モンゴルの漢字への音訳が「蒙古(もうこ)」だが、この字には「愚かで古い」という侮蔑の意味が含まれているため、現在では差別語として使用を控える傾向にある（小児に見られる**蒙古斑**(もうこはん)も差別語とされることがある）。ちなみに、「啓蒙(けいもう)」という言葉は、「愚かで無知な人々」に知識を与えることを意味する。

◆**Grey Wolf 蒼き狼**　英語で grey となっているのは、モンゴル語の Börte ボルテ「白の地に暗灰色の斑(まだら)の」から訳したため。日本語の「蒼き」は、『元朝秘史』の中国語訳が「蒼色狼」としていることから来ている。ちなみに、チンギス・カンの妻ボルテの名も同じく「白の地に暗灰色の斑の」という意味である。

◆**Tatar yoke タタールの軛(くびき)**　タタールという言葉は使う立場によって意味が異なり、①ロシア人がモンゴル人全般を指して、②ロシア人がトルコ系民族を指して、③中国人がモンゴルの韃靼(だったん)を指して、それぞれ用いていた。タタールの軛や、タタールの平和という言葉は①のモンゴル人全般を指して用いている。ちなみに、古代ギリシャ人は、人間の死者のいる冥界(めいかい)**ハーイデース（ハデス）**のさらに下に、ゼウスと戦った巨神ティーターン（チタン）族が幽閉されている奈落(ならく)の底・**タルタロス**があると信じていた。モンゴル人を意味するタタールが、このタルタロスに似ているためヨーロッパの各国で混同が見られ、英語でもタ

韓国料理のユッケに似たタルタルステーキ（tartar）は、生の牛肉または馬肉を、粗いみじん切りにしたもの。モンゴル人が馬肉を生食したのが伝わったという。

古代中国人は、周囲の諸民族の名前を音訳する際、現代ならば差別語とみなされる悪字、すなわちネガティブな意味の漢字や、動物を表す漢字を使用した（同じ発音の漢字は山ほどあるにもかかわらず）。例えば、モンゴルを蒙古（愚かで古い）と呼ぶ以外にも、匈奴（うるさい奴ら）、濊貊（汚いカワウソ）、羯（けつ・去勢した羊）、犬戎（イヌ）、倭（こびと）のように、枚挙にいとまがない。

タール族やモンゴル全体のことをTatarと書くよりもむしろ、**Tartar ターター**と書いている。このタタール人から料理法を伝授されて作られたのが、タルタルステーキやタルタルソースだといわれている。タタールの軛の「軛」とは、牛、馬などの家畜を馬車や鋤（すき）につなぐための器具のことで、転じて「圧政」を意味するようになった。

木製の軛の例。

バートゥー
[bá:tu:]
Batu J-14

スブタイ スブテイ
[súbutai / súbutei]
Subutai J-15

バトル オヴ ワールスタット　～ レグニツァ
[bǽtl əv wá:lstæt]　[bǽtl əv legnítsa]
Battle of Wahlstatt / ～ Legnica J-16

もしくは [vá:lʃtɑt] ヴァールシュタット。

バトル オヴ モウヒー
[bǽtl əv móuhi:]
Battle of Mohi J-17

タータ ヨウク
[tá:tɚ jouk]
Tatar yoke J-18

Tartar ともつづる。その理由については解説参照。

パックス タタリカ　パックス マンガリカ
[pæks tətálikə]　[pæks məngálika]
Pax Tatarica / Pax Mongolica J-19

ウールース ウールス
[ú:lu:s]　[ú:ls]
ulus / uls J-20

または Khanate of the Golden Horde（ホード）、Ulus of Jochi。

キプチャク カーネイト
[kíptʃak ká:neit]
Kipchak Khanate J-21

グユク カーン
[gúyuk ká:n]
Güyük / Guyuk Khan J-22

モンキ モンカ モンカー カーン
[mɔ́ŋki / mɔ́ŋkə / məŋká:　ká:n]
Möngke Khan J-23

フレグー　フラグー
[húlegu:]　[húlagu:]
Hülegü / Hulagu J-24

スィージ オヴ バグダッド
[si:dʒ əv bǽgdæd]
Siege of Baghdad J-25

または Il-khanate、Il khanate。イル・カン国は、スペースなしでつづることが多い。

イルカーネイト
[ilká:neit]
Ilkhanate J-26

チャガタイ カーネイト
[tʃágatai ká:neit]
Chagatai Khanate J-27

ジンギスカンはジンギスカン料理を食べたのか？

日本人にとって、ジンギスカンといえば、**マトン（成羊肉）やラム（仔羊肉）といった羊肉を用いた焼肉料理**が思い浮かぶ。中央部が凸型になっているジンギスカン鍋に羊肉や野菜を乗せて焼き、余分な脂が下に流れる仕組みになっている。ジンギスカン料理は、明治・大正時代に日本で考案された日本独自の料理なので、モンゴル料理でも中華料理でもなく、国内で羊の飼育が盛んな**北海道の郷土料理**として有名である。ジンギスカンという名称の由来・命名者は諸説あるが、いずれにしてもこの料理とチンギス・カンとの間に直接の関係はない。近年では、モンゴル人の中で国一番の英雄の名前を、無関係な日本の料理の名前としていることに対して異論が出ており、モンゴル人の感情に配慮して改名してはどうかという声もある。

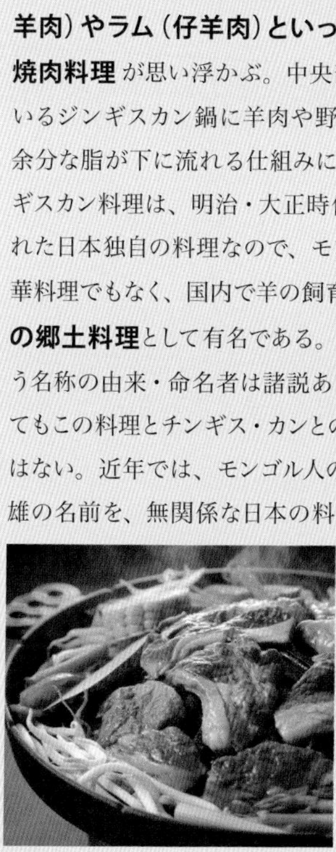

チンギス・カン？ チンギス・ハン? それともチンギス・ハーン? Genghis Khan

● 日本ではかつては「ジンギスカン」と呼ぶことが多かったが、近年では教科書の中でもチンギス・ハンと書かれていることが多い。さらに後半をカンにするか、ハンにするか、それともハーンと伸ばすか、どれを選んでよいのか悩んでしまう。前半については、モンゴル語を最初に記録するために用いられたウイグル文字では Činggis であり、チンギスという発音になる（ただし、ウイグル文字ではチかジ（ヂ）かを区別して表記できなかったので決定的証拠にはならない)。第3代皇帝のオゴデイによって制定されたパスパ文字では Ĵiŋgis であり、「ジ」の可能性も残る。中世アラビア語の発音はジであり、それがヨーロッパの言語に取り入れられて「ジンギス」になった。日本語では、以前はヨーロッパの発音に準じてジンギスカンだったものが、**現代モンゴル語**に近い発音の「チンギス」に変わったといえる。

● それでは、チンギス・ハンのハンはどうだろうか？ 13 世紀の中期モンゴル語では、Činggis **q**an であり q は無声口蓋垂破裂音。国際発音記号(IPA)では [q] と書かれる。音としては「カン」が近い。しかしその後、15 世紀頃までのモンゴル語では、破裂音が摩擦音へと変化し無声口蓋垂摩擦音 [χ] になり、どちらかといえば「ハン」に近い（ただし「カン」と音訳されることも多い)。現代モンゴル語も同様に [χ] の音である。つまり、モンゴル帝国最盛期ならば、チンギス・カンがより近い発音であり、現代モンゴル語に近づけるならチンギス・ハンになる。ただし、[q] も [χ] も日本語にも英語にもない発音なので、「カン」も「ハン」もどちらも正確には表せない。英語では、無声軟口蓋破裂音 [k] とは異なり、摩擦音であることを表現するために、kh というスペルで表記されている (Ge nghis **kh**an)。しかし、英米人は [χ] ではなく、普通は単純に [k] で発音する人が多い（言語に通じた英米人なら [χ] で発音する可能性が高い)。

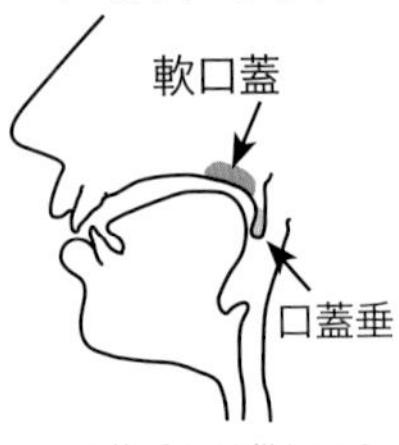

口蓋垂とは俗にいう「のどちんこ」。

● 次に、ハンかハーンか? 母音は長短どちらなのかを見てみよう。qan（漢字では「汗」）は、モンゴル語で「君主・王」を意味する語である。それに対して、第２代皇帝のオゴデイは単に「君主・王」ではなく、「皇帝」という意味の「カアン、カガン [qaɣan]、ハーン」(漢字では「可汗」）と自称した。カアンは日本では「大ハーン」という言い方もされている。ところで、この中の有声軟口蓋摩擦音 [ɣ] の音は、日本語では「ガ行の音を出すつもりでハ行を発音するときの音」とか「ガ行の音をぞんざいに発音するときの音」といわれている。ğ とも表記される。しかし、モンゴル帝国時代にすでに [ɣ] の音は弱くなり、現代モンゴル語ではこの音は失われて単に [xaan] ハーンになった。さて、第3代皇帝のグユクは、「カアン」がオゴデイのみに当てはまる称号と考えたのか、自らは「カアン」とは名乗らず「カン」と称した。一転、第４代皇帝のモンケは、カアン（可汗）と自称した。そして、チャガタイ・

カン国や、キプチャク・カン国、イル・カン国などの地方の国の王たちは、「カン（ハン）」の方を使用した。こうした経緯から、第２代皇帝のオゴデイから始まった「カアン」という称号をチンギス・カンが使うことはなかったので、チンギス・カンの生きている間にはチンギス・カアンと呼ばれることはなかった。ところが、オゴデイ以降の人々は、さかのぼってチンギス・カンも偉大な「カン」すなわち「カアン」なのだから、チンギス・カアンと呼ぶべきと考えた。それで、現代モンゴル語では、チンギス・ハーンという呼び方もなされている。チンギス・カンもチンギス・ハンもチンギス・ハーンもどれも正しいというわけだが、①歴史の記述なので**当時の呼び方・発音に準じるべきだ**という立場なら「チンギス・カン」、「ジンギス・カン」になり、②とりあえず、その**人物が生まれた国の現代の発音でいい**という観点なら「チンギス・ハン」、「チンギス・ハーン」になる。③また、**世界の共通語である英語**に準じるのであれば、ジンギス・カーン（またはジェンギス・カーン、ゲンギス・カーン）でも良いということになる。

カアン（ハーン）（ガ）
皇帝 qaɣan

カン（ハン）
王 qan

● 日本語における海外の歴史的な人物の名称は、この３つの基準が渾然（こんぜん）としていてまったく統一されていない。例えば、古代ギリシャの人名は大体、古代ギリシャ語の呼び方・発音に準じたものが一般的で（例：歴史家ホメーロス、またはホメロス①）、時に英語の発音だが（ホーマー③）、だれも現代ギリシャ語の発音は使わない（オミロス②）。イギリスの昔の歴史的人物の場合、当人が話した古英語や中英語ではなく、現代英語の発音で呼ばれており（③）、ポーランドなどの東欧の国の人物は、その国の言語ではなく、英語に準じた名前で呼ばれていることが多い（③）。中国人の歴史的人物の場合は、さらに４番目の方法である**現代日本語の漢字の読み**に準じている。世界史のテストで点を取るためには、「現在」流行している呼び方を覚えるしかない。ちなみに、英語では「カアン」も「カン」もkhan（カーン）と表記している場合が多いため二つの区別がつかない。厳密に表記する英米人ならば「カアン」をkhaan、ないしはgreat khanと書くこともある。

↓カン（ハン）　↓カアン（ハーン）　↓カン（ハン）　↓カン（ハン）

ツォンジン・ボルドグにあるチンギス・カンの４人の息子の蝋人形。右から長子のジョチ、次男のチャガタイ、三男のオゴデイ・カアン、四男のトゥルイ（この人形では顔が似ていて区別が困難）。

J 元

J-28 **元**（げん）
1271年、クビライはモンゴル帝国の国号を**大元**と改めた。一般に**元**と略される。100年弱後の1368年に明によって中国の領土を失った。

J-29 **クビライ・カアン**
またはフビライ・ハーンともいう。モンゴル帝国の第5代皇帝。

世祖（せいそ）
クビライは彼以前のモンゴル帝国の第1～4代皇帝や王族の廟号や諡号を名付けた。クビライは死後、**世祖**という廟号を追贈された。

J-30 **大都**（だいと）
カンバリク（ハンバリク）ともいう。金の時代の首都・**中都大興府**だった。クビライが26年かけて造営した元の冬の都。現在の北京。

J-31 **上都**（じょうと）
クビライが建設した最初の首都（開平府）。後に大都が首都となってからは上都と呼ばれ、夏を過ごす都となる。現、内モンゴル自治区。

J-32 **カイドゥの乱**（らん）
オゴデイの五男カシンの子カイドゥ（現代モンゴル語ではハイドゥ）が起こした反乱。

J-33 **姚枢**（ようすう）
クビライの側近・参謀。金支配下の華北出身の漢人。クビライの皇帝擁立や、モンゴル帝国の中国化に大きく貢献した。

J-34 **アフマド**
アフマド・ファナーカティー。イスラーム教徒の財務官。チンキム派（クビライの次子）と対立し、暗殺された。

J-35 **サイイド**
サイイド・アジャッル。イスラーム教徒の財務官。**雲南地方**の統治を任され、雲南の水利や屯田の開発に尽力した。

J-36 **元寇**（げんこう）
クビライ軍と高麗軍による、鎌倉時代の日本への侵攻。**文永の役**（1274年）、**弘安の役**（1281年）の2度にわたって行われた。

J-37 **厓山の戦い**（がいざんのたたかい）
または崖山の戦い。
元の軍勢が、南宋の残党の海軍を壊滅させた戦い。南宋は敗れ最後の皇帝**趙昺**（へい）は自害。

J-38 **交鈔**（こうしょう）
金や元が宋の交子に倣って発行した紙幣。銀と兌換可能な紙幣。元末には大量に発行しすぎたため、インフレが生じた。

J-39 **北元**（ほくげん）
第14代カアンのトゴン・テムルの時代、明の北伐によって、首都・大都を引き払い、モンゴル高原に撤退した後の元のこと。

J-40 **韃靼**（だったん）
北元の第17代カアンの**トグス・テムル**が殺害され、クビライの末裔の王朝が途絶えた。明は以降のモンゴルを韃靼と呼んだ。

上都遺跡の入口にあるクビライの巨大な像。

広大な土地に発掘された遺構が点在する上都遺跡。

福岡市にある**生（いき）の松原**の**元寇防塁**。元寇の侵入を防ぐために築かれた防塁。この防塁は『蒙古襲来絵詞』にも描かれている。

交鈔のための木版。クビライが最初に発行したのは「中統元宝交鈔」だったが、後に、この画像の「至元通行宝鈔」を発行した。額面には「偽造者は死罪」と書かれていた。当初は木版だったが、やがて大量発行に伴い銅版に変更された。

元では、**モンゴル人・色目人・漢人・南人**の４段階に区分され、支配層としてモンゴル人を最上層に置いた。**色目人**とは西方系の多様な民族で、チベット系、イラン系、テュルク系などが含まれ、イスラーム教徒も多かった。色目人は中央や地方の長官に多く登用された。その下の**漢人**は金の遺民で、華北の人々を指し、最下層の**南人**はいわゆる漢民族の江南の人々を指した。

趙孟頫作『九歌図冊』の一部。中国では、「書画同源」、つまり「書」と「絵画」は根本的に同じという考え方がある。趙孟頫は書の分野でも絵画の分野でも秀でた人物だったが、「石は飛白（ひはく・筆のかすれ書き）の如く、木は籀（ちゅう・大篆の書体）の如く、竹を写しては書の八法に通じるべし」と語り、書と絵画の技法が通じていると述べている。

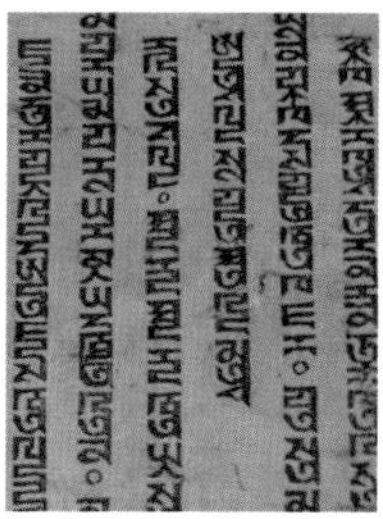

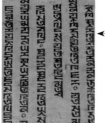

元曲 J-41
元代に流行した歌劇形式の演劇・戯曲の台本のこと。**王実甫**の『西廂記（さいそうき）』、**関漢卿**の『竇娥冤（とうがえん）』、王昭君を描いた**馬致遠**の『漢宮秋』が有名。

趙孟頫 J-42
字は子昂（しこう）。宋の太祖の子孫。南宋から元にかけての画家・書家にして政治家。妻や一族の多くも画家だった。

王蒙 J-43
元末期の画家・詩人。趙孟頫の外孫。緻密でありながら壮大な山水画を描き、**南宋画の大成者**と呼ばれている。

郭守敬 J-44
クビライに仕えた科学者。水運や港を監督する「都水監」として水利工事を推進。イスラームの天文学・数学を応用し授時暦を作成。

観星台 J-45
登封県にある観星台は、1279年に郭守敬により創建された。中国に現存する最古の天文台。**登封観星台**ともいう。

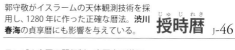

授時暦 J-46
郭守敬がイスラームの天体観測技術を採用し、1280年に作った正確な暦法。**渋川春海**の貞享暦にも影響を与えている。

ジャムチ J-47
モンゴル帝国の駅伝制。帝国内の道には20～30kmごとに宿と馬が用意された。皇帝の急使は最優先された。

ウイグル文字 J-48
ローマ字と同じく表音文字だが縦書き。漢文とは逆に左から右へと行が進む。

パスパ文字 J-49
チベット仏教の座主でありクビライの国師・**パスパ**（パクパ）が共用国字として発明した。

プラノ・カルピニ J-50
イタリアの修道士。グユクと会見しローマ教皇の親書を渡した。

ルブルック J-51
フランスのフランシスコ会修道士。仏国王**ルイ９世**の意を受け、カラコルムでモンケに面会した。

モンテコルヴィノ J-52
イタリアのフランシスコ会司祭。ローマ教皇ニコラウス４世から手紙を託され大都に着く。後に大都の総大司教となり、キリスト教の布教に努めた。

マルコ・ポーロ J-53
ヴェネツィアの商人。24年間アジア各地を訪問し、元ではクビライに仕えた。『**東方見聞録**』の中で、黄金の国**ジパング**について記した。

イブン・バットゥータ J-54
モロッコ生まれのベルベル人。アフリカからロシア、インド、スマトラ、中国を巡った大旅行家。『**三大陸周遊記**』を記した。

ユエン ユエン ター ユエン
[juæn] [ɥæn] [ta: ɥæn]
J-28 **Yuan** / 元 Yuán / 大元 Dà Yuán

クーブライ / キューブライ カーン
[k(j)ú:blai ká:n] [kú:blə] クーブラともいう。
J-29 **Kublai Khan**

エンペラ シーヅー オヴ ユエン
[émpərə ʃi:dzu: əv juæn]
Emperor Shizu of Yuan

ダードゥー ター トゥー カンバールーク
[da: du:] [ta: tʷu:] [kamba:lú:k]
J-30 **Dadu** / 大都 Dà Dū / **Cambaluc**

シャンッドゥー シャンッ トゥー ザナデュー
[ʃaŋ du:] [ʂaŋ tʷu:] [zǽnəd(j)ù:]
J-31 **Shangdu** / 上都 Shàng dū / **Xanadu**

カイドゥ クーブライ ウォー
[káidu kú:blai wɔ́ɚ]
J-32 **Kaidu–Kublai war**

ヤオ シュー ヤオスー
[jaʊ ʃu:] [jau ʂʷu:]
J-33 **Yaoshu** / 姚樞 Yáo Shū

アーハマド アーマド
[ɑ́:xməd / ɑ́:məd]
J-34 **Ahmad**

サイド
[said] Sayyid ともつづる。
J-35 **Said**

マンゴル インヴェイジョンズ オヴ ジャパン
[máŋgəl invéiʒənz əv dʒəpǽn]
J-36 **Mongol invasions of Japan**

ネイヴァル バトル オヴ マウント ヤー ～ ヤー メン（厓门）
[néivəl bǽtl əv màʊnt ja:] [～ ja: men]
J-37 **(Naval) Battle of Mount Ya / ～ Yamen**

ヂャオ チャオ チャウ チャウ
[dʒaʊ tʃaʊ] [tɕau tʂʰau]
J-38 **jiaochao** / 交钞 jiāo chāo

ノーザン ユエン
[nɔ́ɚðɚn juæn]
J-39 **Northern Yuan**

ダー ダー ターター タータ タータ
[da: da:] [ta: ta:] [tɑ́:tɚ] [tɑ́:tɚ]
J-40 **Dada** / 韃靼 dá dá / **Tatar** / **Tartar**

Tartar のように、スペルの中に r が入った理由については p.82 参照。

◆**Kublai クビライ** 中期モンゴル語（モンゴル帝国で話されたモンゴル語）では、Qubilai なのでカ行の音に近い [q] だったが、現代モンゴル語では [x] であり、フビライに近い。漢字でも「忽必烈」で、現代中国語の発音では Hūbìliè フービーリエ [xʷu: pʲi: lʲe:] となっている。英語では、khublai のようにhではなくkhで書かれ、古い発音が生きている一方、ク「ビ」ライではなく、クー「ブ」ライとなっていてiの音が失われている。本書では当時の発音に準じる「クビライ」で表記している。

◆**Cambaluc 大都** 大都のモンゴル名カンバリクは「カアンの都」の意。英語では Cambaluc や Khambalic、Khanbalïq など様々なスペルが用いられている。

◆**Yam ジャムチ** モンゴルの駅伝制のこと。ジャムチの「ジャム」はモンゴル語で「道」のこと、また「チ」は「人」を意味し、「道に携わる人」、すなわち駅伝制を意味した。公用の使者や旅行者には特別に「牌（はい）」と呼ばれる切符が与えられた。マルコ・ポーロが帰国する際、イル・ハン国で「黄金牌子」が与えられ、各地の駅では馬や食料、さらには護衛兵まで用意されたことが『東方見聞録』に記されている。英語では単に Yam と呼ばれ、「チ」が抜けている。

◆**Ibn Battuta イブン・バットゥータ** 広大なイスラーム世界やアジア大陸、アフリカ大陸を旅したバットゥータにちなんで、アラブ首長国連邦のドバイにある商業施設にイブン・バットゥータ・モール (Ibn Battuta

Mall) の名が付けられた。ここには彼が旅した土地であるアンダルシア、チュニジア、エジプト、ペルシャ、インド、中国の6つのエリアがある。

イブン・バットゥータ・モールの中国エリア

上都とザナドゥと桃源郷

元の夏の都であった**上都**は、英語では原語からかなり離れたスペルのXanaduになった。発音はザナドゥやキサナドゥともいう。イギリスのロマン派詩人**サミュエル・テイラー・コールリッジ**が**『Kubla Khan ク(ー)ブラ・カーン』**という午睡の最中に着想を得たといわれる詩の中で、ザナドゥを「桃源郷」として描いた。ザナドゥの周囲は城壁が巡らされ、庭園には香木が植えられ花が咲き乱れ、千年を経た森林には曲がりくねった川が流れる。以降、ザナドゥはエキゾチックで幻想的な楽園の代名詞となり、歌の題名やコンピュータ・ゲームのタイトルにまで用いられた。さらに、詩のイメージが南国的な雰囲気を醸し出していたためか、葉の形が独特な観葉植物の**フィロデンドロン・ザナドゥ** ***Philodendron xanadu*** の名にも用いられている。もっともこの植物は、冬には気温が−40℃を下回る**氷の街・上都**とはまったく気候の異なる中央・南アメリカの原産である。

チュー　チュー
[tʃu:]　[tɕʰʷy:]
Qu / 曲 qǔ J-41

ヂャオ モンㇰ フー　チャウ モンㇰ フー
[dʒaʊ məŋ fu:]　[tʂau məŋ fʷu:]
Zhao Mengfu / 赵孟頫 Zhào Mèngfǔ J-42

ワンㇰ モンㇰ　ワンㇰ モンㇰ
[waŋ məŋ]　[waŋ məŋ]
Wangmeng / 王蒙 Wáng Méng J-43

グオ ショウ ヂンㇰ　クォ ショウ チンㇰ
[gwo ʃou dʒiŋ]　[kʷo: ʂəu tɕəŋ]
Guo Shoujing / 郭守敬 Guō Shǒu Jìng J-44

アストロナミカル オブザーヴァトリ
[æstrənámikəl əbzə́:vətɔ:ri]
Astronomical Observatory J-45

ショウシー リー　ショウ シー リー
[ʃouʃi: li:]　[ʂəu ʂʐ̩: lʲi:]
Shoushili / 授时历 Shòu Shí Lì J-46

ヤム
[jæm]
Yam J-47

オウルド ウイグル アルファベット
[ould ujgúr ǽlfəbet]
Old Uyghur alphabet J-48

または、[pǽgspɑ:] パグスパー。

パクスパ アルファベット
[pǽkspɑ: ǽlfəbet]
Phags-pa alphabet J-49

プレイノウ カーピーニー
[pléinoʊ kɑ́ɚpi:ni:]
Plano Carpini J-50

ルーブルーク
[ru:brú:k]
Rubrouck J-51

マンティコーヴィーノ
[mɑntikɔɚví:no]
Montecorvino J-52

マーコウ ポウロウ
[mɑ́ɚkoʊ póʊloʊ]
Marco Polo J-53

イブン バットゥーター
[ibn bættú:tɑ:]
Ibn Battuta J-54

K 明

明は、**征服王朝**（漢民族以外の支配による王朝）である**元**と**清**の時代の間に興った、中国最後の漢民族王朝。明を建国した**朱元璋**は貧農の生まれで、宦官や外戚に力を与えず、皇帝が絶対的権力を握った。その強大な力は、明の歴代の皇帝の陵墓である**明十三陵**の豪華さによく表れている。

K-1 **明**（みん）
1368年に朱元璋が建国。270年以上の長きにわたり存続したが、1644年、李自成の反乱によって滅亡した。

K-2 **紅巾の乱**（こうきんのらん）
1351年に起きた、**白蓮教徒**が中心となる宗教的農民反乱。目印として**紅い布**を付けていた。

K-3 **白蓮教**（びゃくれんきょう）
浄土教系の仏教の一派。阿弥陀仏信仰を強調した。紅巾の乱において中心勢力となる。

K-4 **朱元璋**（しゅげんしょう）
紅巾の乱に加わったが、やがて反乱を鎮圧する側に転向した。朱元璋の軍は**集慶路**を占領し、**応天府**と改称した（後の南京）。

洪武帝（こうぶてい）
皇帝に即位すると、宮廷からモンゴル族色を一掃し、唐や宋の習慣を復活させた。猜疑心が強く、部下数万人を粛清した。

K-5 **海禁策**（かいきんさく）
洪武帝が発布した貿易禁止令で、明の対外基本政策。**永楽帝**だけが一時的に、鄭和を南海に派遣して活発に海外進出した。

K-6 **建文帝**（けんぶんてい）
諱は**允炆**（いんぶん）。明朝第2代皇帝。即位後、反乱を恐れて、皇族である諸王の取りつぶしを図ったが逆襲に遭った。

K-7 **靖難の変**（せいなんのへん）
第2代建文帝の強権発動に対し、北平（北京）の叔父・燕王**朱棣**（しゅてい）が反旗を翻し、帝位を簒奪した。

K-8 **永楽帝**（えいらくてい）
または**朱棣**。靖難の変を起こして第3代皇帝となる。廟号は**成祖**。南京から北京へ遷都し、積極的に領土拡張を進めた。

K-9 **紫禁城**（しきんじょう）
北京にある明および清時代の王宮。クビライが建設した大都の王宮跡に、永楽帝が造営した。現在、**故宮**とも呼ばれる。

K-10 **鄭和**（ていわ）
永楽帝に仕えた宦官で武将。1405～33年にかけて大艦隊を率いて航海し、インド、アラビア、アフリカ東岸にまで達した。

土木は地名。

K-11 **土木の変**（どぼくのへん）
1449年、オイラトのエセン・ハアンが明を侵略し、戦闘の際に明朝第6代皇帝の**正統帝**を捕虜にした。

K-12 **オイラト / 瓦剌**（わら）
モンゴル民族の中の有力部族。**瓦剌**（わら）は中国での呼称。

K-13 **エセン**
分裂していたモンゴル諸部族を統一し、オイラトを繁栄させた。最初は**エセン・タイシ**と唱えたが、後にハアンと称した。

朱元璋の肖像画には、下にあるような異様な容貌のものと、右のような整った理想化された顔のものがある。

北京の明の十三陵のうちの「長陵」にある永楽帝像。

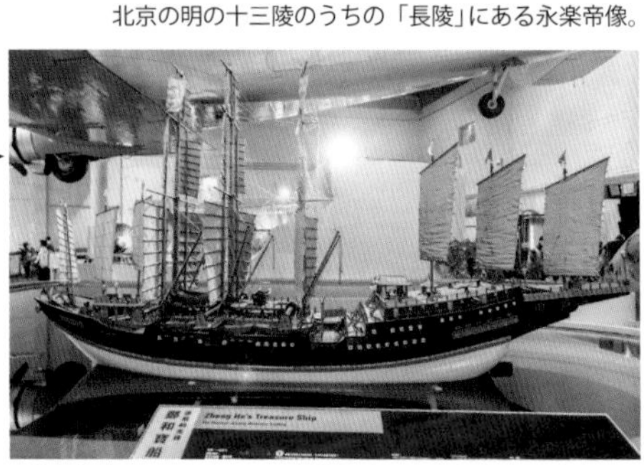

香港科学館に展示されている**宝船**（ほうせん）と呼ばれる鄭和の巨大な船の模型。最大のものは全長120m・幅62mもあったといわれている。大型艦60数隻に小型艦数百を伴った大船団が、計7回派遣された。

明の時代、モンゴルのオイラト部の首長**エセン**が台頭し、モンゴル系の遊牧民の間ではチンギス・カンの男系の子孫しかカンやカアン（モンゴル皇帝）に就けないという原則を無視して**ハアン**、つまり皇帝を名乗った。15 世紀にはモンゴル語のカンやカアンはすでに **ハン**や**ハアン**へと発音が変化していたので、このページでは、「ハアン」という語を用いている。

倭寇と中国軍との戦いを描いたもの。作者不詳。

17 世紀、ポルトガル人がマカオに建造した聖ポール天主堂跡。火災によって建物本体は焼失し、現在は壁だけが残る。

明と鄭和の航路（一部）

倭寇（わこう） K-14

または和寇。朝鮮・中国沿岸を襲った海賊、また密貿易商人。**前期倭寇**（14 世紀頃）と**後期倭寇**（16 世紀）がある。

アルタン・ハアン K-15

ダヤン・ハアンの孫。明と和約を結び、**順義王**と呼ばれる。

マカオ K-16

一般に、海賊討伐で明に協力した代償として、1557 年に**ポルトガル**が永久居留権を獲得したといわれている。

張居正（ちょうきょせい） K-17

明朝の第14代皇帝・**万暦帝**に仕えた宰相。政治改革を推し進めた。緊縮財政を断行し一条鞭法を実施。財政は持ち直した。

一条鞭法（いちじょうべんぽう） K-18

丁税と地税を一括して銀で納める簡素化された税制。明の後期には銀の流通が増えたことが背景にある。

マテオ・リッチ K-19

イタリア人イエズス会士。宮廷で活躍し、中国に西洋文化を紹介した。

顧憲成（こけんせい） K-20

儒学者で、反宦官派である東林派の指導者。政府首脳を弾劾するも却下され、野に下る。**東林党**の中心人物。

東林党（とうりんとう） K-21

または東林派。顧憲成が引退後に設立した**東林書院**という学問所で学んだ官僚による派閥。反宦官派。

魏忠賢（ぎちゅうけん） K-22

第16代皇帝**天啓帝**に仕え権力を振るった宦官。**東廠**（とうしょう）という秘密警察の長官となり、東林党を弾圧した。

崇禎帝（すうていてい） K-23

第 17 代にして最後の明の皇帝。李自成（L-10）が北京を包囲し陥落させた際、崇禎帝は紫禁城で自害し、明王朝は滅亡。

水滸伝（すいこでん） K-24

明初期の**施耐庵**（したいあん）によって書かれたとされる長編小説。北宋末、梁山泊に集結した宋江ら 108 人の豪傑を描く。

梁山泊（りょうざんぱく） K-25

水滸伝の話の中で、豪傑たちが腐敗する世を正すために**替天行道**（たいてんこうどう）の旗の下、集まった本拠地。

西遊記（さいゆうき） K-26

明の文人・呉承恩の作とされる。三蔵法師が孫悟空・猪八戒・沙悟浄を供に、天竺へ仏典を手に入れる旅をする物語。

三国志演義（さんごくしえんぎ） K-27

明代に書かれた魏・蜀・呉の三国時代を舞台とする通俗歴史小説。羅漢中の作ともいわれる。

K Ming

明は、土木の変などモンゴル系の北方勢力と、南部の倭寇という外敵に脅かされ続けた。このことを**北虜南倭**（ほくりょなんわ）という。

ミンᵍ　ミンᵍ
[miŋ]　[miŋ]
K-1 **Ming** / 明 Míng

レッド ターバン リベリオンズ
[red tə́:bən ribéljənz]
K-2 **Red Turban Rebellions**

ホワイト ロウタス
[(h)wait lóʊtəs]
K-3 **White Lotus**

ヂュー ユエンヂャンᵍ　チュー ユエン チャンᵍ
[dʒu: juændʒaŋ]　[tʂʷu: ɥæn tʂaŋ]
K-4 **Zhu Yuanzhang** / 朱元璋 Zhū Yuán Zhāng

ホンᵍウー エンペラ
[hoŋu: émpərə]
Hongwu Emperor

スィー バン　ハイ ヂン　ハイ チン
[si: bæn]　[hai dʒin]　[xai tɕin]
K-5 **Sea ban** / **Haijin** / 海禁 Hǎi Jìn

ヂエンウェン エンペラ
[dʒiænwen émpərə]
K-6 **Jianwen Emperor**

ヂンᵍナン キャンペイン
[dʒiŋnan kæmpéin]
K-7 **Jingnan campaign**

ヨンᵍロー エンペラ
[joŋlə: émpərə]
K-8 **Yongle Emperor**

パープル フォビドゥン スィティ
[pə́:pl fəbídn síti]
K-9 **Purple Forbidden City**

ヂョンᵍ ホー　チョンᵍ ホー
[dʒəŋ hə:]　[tʂəŋ xɤ:]
K-10 **Zheng He** / 郑和 Zhèng Hé

トゥームー クライスィス
[tu:mu: kráisis]
K-11 **Tumu Crisis**

オイラド　オイラド　オイラト
[ɔ́irad]　[ɔ́irad]　[ɔ́irad]
K-12 **Oirad** / **Oyirad** / **Oyirat**

エセン タイシー　エセン カーン
[ésən táiʃi:]　[ésən kɑ́:n]
K-13 **Esen Taishi** / **Esen khan**

◆**Red Turban Rebellions 紅巾の乱**　英語では紅巾の乱は**Red** Turban Rebellionなのに対して、黄巾の乱は**Yellow** Turban Rebellionで違いは明白だが、日本語ではどちらも**こうきん**の乱で紛らわしい。中国語では紅巾は hóng jīn **ホン**ヂン、黄巾は huáng jīn **ホワン**ヂンと発音が異なるので問題はない。紅巾の乱は白蓮教徒によるものなので、広い意味では「白蓮教徒の乱」だが（実際、紅巾の乱の別名としてそう呼ばれることもある）、清の時代の1860年前後に起きた「白蓮教徒の乱」だけでなく、明や清の時代には白蓮教徒がしばしば反乱を起こし、それらも「白蓮教徒の乱」と呼ばれたので、いずれにしても紛らわしい。

◆**Jingnan campaign 靖難の変**　日本語や中国語で「変」という場合は、例えば「本能寺の変」「桜田門外の変」のように政変、つまり支配者の交代を伴う場合が多い（未遂を含む）。靖難の変でも皇帝の交代劇があった。英語では、内容によって色々な訳語が使われているが、「靖難の変」の場合には campaign つまり「戦役、キャンペーン、一連の戦闘」という語が使われている。

◆**Purple Forbidden City 紫禁城**　紫禁城の「紫」という文字の由来は、天帝の住む北極星を**紫微星**（しびせい）、そして北極星の周りを回る星々を**紫微垣**（しびえん）と呼んだことから。紫禁城は、「庶民の自由な立ち入りが禁止された(Forbidden)城」のこと。

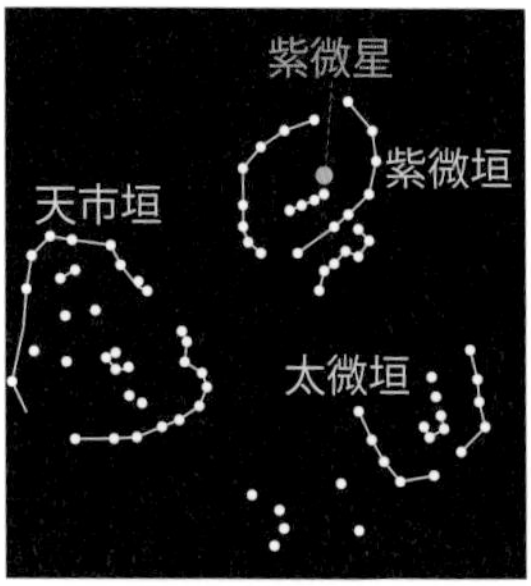

古代中国の北極星付近の星座の配置。

1449年、オイラトの**エセン・ハアン**が明を侵略し、戦闘の際、正統帝を捕虜にした（土木の変）。北京では、弟を帝位に就けて**景泰帝**（けいたいてい）としたが、後にエセンが正統帝を送り返した際、弟は兄を軟禁。弟が病に伏した際、兄は軟禁された城から脱出し、再び帝位に就いた。弟はまもなく死亡（暗殺説もある）。弟を帝位に就けた家臣たちは、兄によって粛清された。

◆ **Water Margin 水滸伝**　英語の margin は、「縁（ふち）、へり、端（はし）」のこと。margin は書籍などに関していえば「余白、欄外、マージン」を指す。Water Margin とは、水辺のことで、「水滸」、つまり水のほとりを直訳したもの。宋江（そうこう）らが根城にした**梁山泊**（りょうざんぱく）に沼があったことに由来する。現在では沼の水は干上がり、水泊梁山風景区という観光地になっている。

ウォー コウ [woː kou]　ウォー コウ [woː kʰəu]
Wokou / 倭寇 Wō Kòu　K-14

アルタンカーン [áltən káːn]
Altan Khan　K-15

マカオ [məkáʊ]　マカオ [mákaʊ]　ポルトガル語
Macao / Macau　K-16

ヂャング ヂューヂョング [dʒaŋ dʒuː dʒəŋ]　チャング チュー チョング [tʂaŋ tɕʷyː tʂəŋ]
Zhang Juzheng / 张居正 Zhāng Jūzhèng　K-17

スィングル ホウィップ ロー [siŋgl (h)wip lɔː]
Single whip law　K-18

マテオ リッチ [matéo rítʃi]
Matteo Ricci　K-19

グー シエンチョング [guː ʃiæn tʃəŋ]　クー シエン チョング [kʷuː ɕæn tʂʰəŋ]
Gu Xiancheng / 顾宪成 Gù Xiànchéng　K-20

ドングリン ムーヴメント [doŋlin múːvmənt]
Donglin movement　K-21

ウェイ ヂョングシエン [wei dʒoŋ ʃiæn]　ウェイ チョング シエン [wəi tʂʷuŋ ɕæn]
Wei Zhongxian / 魏忠贤 Wèi Zhōng Xián　K-22

チョングヂェン エンペラ [tʃʊŋdʒən émpərɚ]
Chongzhen Emperor　K-23

ウォータ マーヂン [wɔ́ːtɚ máɚdʒin]
Water Margin　K-24

マウント リャン [maunt ljæŋ]
Mount Liang　K-25

ヂャーニ トゥー ザ ウェスト [dʒɚ́ːni tuː ðə west]
Journey to the West　K-26

ロウマンス オヴ ザ スリー キングダムズ [roumǽns əv ðə θriː kíŋdəmz]
Romance of the Three Kingdoms　K-27

『三国志』と『三国志演義』

英語で**『三国志』**のことを **Chronicles** of the Three Kingdoms（または **Records** of the Three Kingdoms や **Annals** of the Three Kingdoms）というのに対して、**『三国志演義』**は **Romance** of the Three Kingdoms という。『三国志』は正史と呼ばれるように正式な**年代記 chronicle** や **annal** であり、**記録 record** だが、『三国志演義』の方は、フィクションが多く含まれた**通俗小説 romance** というわけである。英語 romance は、現在ではもっぱら男女の色恋や情事を扱った「恋愛小説」を指して用いられているが、元々は中世の時代、**ロマンス語**（ラテン語が時代と共に変化したもの）によって書かれた民衆の言葉による大衆的な小説のことを指した（これに対して、ラテン語で書かれた詩や文学は高尚なものとみなされた）。ロマンス語では**中世の騎士物語**が多く書かれ、その中では騎士と姫との恋愛物語が定番だったため、romance が恋愛の意味合いを持つようになった。一方、三国志演義の romance は、西洋の騎士の活躍の部分と類似した意味での「ロマンス」である。確かに『三国志演義』の方がストーリーにロマンが溢（あふ）れているともいえる。

L 清〈1〉

清は漢民族ではない北方騎馬民族による**征服王朝**の1つだが、元があまり漢化されなかったのに対し、清は多くの漢人の習慣を受け入れた。一方、中華文化にも北方の民族文化が取り込まれた（例：満州族と漢民族の料理を組み合わせた宴席の「満漢全席」など）。

L-1 **後金**（こうきん）
もしくは女真語で**アイシン**。1616 年、ヌルハチはかつての女真族の国家の「金」を再興するという意味から国号を金とした。

L-2 **ヌルハチ**
太祖。**後金**を建国した建州部の女真族の首長。女真族を統一。八旗を創設し、満洲文字を定めた。

L-3 **瀋陽**（しんよう）
後金の首都（後の奉天）。モンゴル語で**ムクデン**。ヌルハチが 1625 年に遷都し、ホンタイジが**盛京**と改名。1644 年には北京に遷都した。

L-4 **満洲人**（まんしゅうじん）
中国北方のツングース系民族。他のツングース系民族には高句麗の**貊**（はく）族、渤海国の**靺鞨**（まっかつ）族がいる。

L-5 **愛新覚羅**（あいしんかくら）
満洲語の**アイシンギョロ**を漢字に当てはめたもの。ヌルハチから始まる清朝の国姓となった。

L-6 **八旗**（はっき）
女真族の狩猟時の陣立てをもとにして組織された軍事・行政組織。後に**漢人八旗**、**蒙古八旗**も加えられた。

L-7 **緑営**（りょくえい）
漢人によって編成された部隊。八旗だけでは不足する兵士を補うために設けられた。やがて軍の中核は八旗から緑営に移った。

L-8 **ホンタイジ**
太宗。清朝の第 2 代皇帝。国号を中国風の**清**に改め、中国風の官制を導入し、漢人も登用した。

L-9 **清**（しん）
1636 年、ホンタイジが国号を金（後金）から清に変更。1912 年に宣統帝が退位するまでの 300 年弱続いた。中国最後の王朝。

L-10 **李自成**（りじせい）
または**鴻基**（こうき）。明末期の農民反乱（李自成の乱）の指導者。北京陥落後、**大順**を建国。皇帝を名乗るも呉三桂軍に敗北。

L-11 **順治帝 / 世祖**（じゅんちてい / せいそ）
清朝第 3 代皇帝。漢文化を積極的に採用。宮廷では満洲語と漢語が用いられた。

L-12 **康熙帝 / 聖祖**（こうきてい / せいそ）
清朝第 4 代皇帝。8 歳で即位し、61 年間の長きにわたり統治。廟号は**聖祖**。

L-13 **康熙字典**（こうきじてん）
康熙帝の命によって編纂された大漢字字典で、収録文字数は 4 万 7 千字以上にのぼる。

L-14 **呉三桂**（ごさんけい）
明・清の漢人部将。明滅亡後、清に下り李自成を倒し、雲南地方の藩王となった。

皇帝の帽子の頂は3層の柱になっており、竜の像や真珠が飾られていた。額の部分には、小さな金の仏像と 15 粒の真珠が嵌められていた。
皇帝の着る黄色い服は**黄袍**（ファンパウ）という。黄色の服は皇室専用の色とされて、一般の民衆が同じ色の服を着ることは禁止されていた。

鑲黄旗（じょうこうき）

正黄旗（せいこうき）

黄・白・紅・藍の 4 旗とその 4 色に縁を付けた 4 旗からなる。上の二つはそのうちの 2 例。皇帝は正黄旗・鑲黄旗・正白旗 3 旗の王であり、他の旗は諸王が担った。

明は清軍によって攻略される前に、紅巾の乱の李自成によって倒された。その後、明の将軍たちは李自成を倒すため清軍に協力し、その功績ゆえに半独立の藩が与えられた。やがて康熙帝は中央集権を推し進め、藩王の世襲制を否定し、次の世代には藩を廃止しようとしたため、1673年、雲南の**呉三桂**、広東の**尚之信**、福建の**耿精忠**が反乱を起こした（三藩の乱）。

福建省・泉州市の鄭成功公園にある巨大な鄭成功の像。

『乾隆帝大閲像軸』。宮廷画家カスティリオーネ（L-54）による馬上の乾隆帝を描いた細密な油絵。

清の建国に功績のあった明の武将が、領土を与えられて藩王となった。半独立といえる権限が与えられていた。 **藩王**（はんおう） L-15

雲南の**呉三桂**を首班として、広東の**尚之信**（しょうししん）、福建の**耿精忠**（こうせいちゅう）が起こした反乱。 **三藩の乱**（さんぱんのらん） L-16

もしくは**大周**、**呉周**。呉三桂が衡陽（こうよう）を都として、周を建国。呉三桂は**昭武帝**と名乗った。しかし、半年と経たずに病死した。 **周**（しゅう） L-17

明王朝の再興のため清との戦いを続けた。また、台湾をオランダから解放した。中国・台湾では歴史的英雄とされている。 **鄭成功**（ていせいこう） L-18

または**東寧王国**。1661年、鄭成功が台湾を征服し反清の拠点とした。康熙帝の攻撃により1683年降伏した。 **鄭氏台湾**（ていしたいわん） L-19

満洲に侵入してきたロシア軍と交戦後、国境を確定した。 **ネルチンスク条約**（ネルチンスクじょうやく） L-20

「典礼」（儒教の儀礼）を認めたイエズス会の伝道方法を他派が告発。康熙帝が他派の伝道を禁止した。 **典礼問題**（てんれいもんだい） L-21

または典礼論争。

清朝第5代皇帝。**地丁銀制**を改正し、奴隷身分をなくし課税対象とした。北京語を公用語にして少数民族の同化も進めた。 **雍正帝**（ようせいてい） L-22

外モンゴルを征服した清と、シベリアを南下したロシアとの間で結ばれた国境協定。 **キャフタ条約**（キャフタじょうやく） L-23

それまでの多人数の内閣では決定が遅れるために、少数による迅速な決定が可能になるよう雍正帝が設置した。 **軍機処**（ぐんきしょ） L-24

第6代皇帝。チベットやジュンガル、ベトナム、台湾など10回の外征（**十全武功**）を行い、清に最盛期をもたらした。 **乾隆帝**（けんりゅうてい） L-25

乾隆帝は、中央アジアで東トルキスタンのウイグル人居住区の土地を侵略し、**新疆**（新しい領土の意味）と名付けた。 **新疆**（しんきょう） L-26

新しい領土（ホンタイジの時代は内モンゴル、乾隆帝の時代は、モンゴル・青海・チベット・新疆）を支配した統括機関。 **理藩院**（りはんいん） L-27

イギリスの外交官。1792年、広州以外の開港を求めて清朝に派遣された。 **マカートニー** L-28

満洲は洲が正しい表記だが、日本語で洲の漢字が常用漢字でないため、教科書等では満州と書かれることが多い。満洲の由来は諸説あるが、文珠（もんじゅ）菩薩を信仰することから自らを**マンジュ**と称したという俗説もある。

L-1 **Later Jin**
レイタ ヂン [léitə dʒin]

L-2 **Nurhaci**
ヌルハーチー ナーハスィー [nurhǽːʃiː / nəːhǽʃiː]

L-3 **Shenyang** / 沈阳 Shěn Yáng / **Mukden**
シェン ヤンᵍ [ʃən jaŋ] / シェン ヤンᵍ [ʂən jaŋ] / ムクデン [múkdən]

L-4 **Manchurian**
マンチュリアン [mæntʃú(ə)riən]
地名の満州は、Manchuria [mæntʃú(ə)riə] マンチュリア。

L-5 **Aisin Gioro** / 爱新觉罗 Ài Xīn Jué Luó
アイスィン ギョロ [aisin gjoro] / アイ シン チュエ ルオ [ai ɕin tɕʷeː lʷoː]

L-6 **Eight Banners**
エイト バナズ [eit bǽnəz]

L-7 **Green Standard Army**
グリーン スタンダード アーミ [griːn stǽndəd ɑ́əmi]

L-8 **Hong Taiji** / 皇太极 Huáng Tài Jí
ホンᵍ タイヂー [hoŋ taidʒíː] / フアンᵍ タイ チー [xʷaŋ tʰai tɕiː]

L-9 **Qing** / 清 Qīng
チンᵍ [tʃiŋ] / チンᵍ [tɕʰəŋ]

L-10 **Li Zicheng** / 李自成 Lǐ Zì Chéng
リー ヅーチョンᵍ [liː dzəː tʃəŋ] / リー ツー チョンᵍ [lʲiː tsz̩ tʂʰəŋ]

L-11 **Shunzhi Emperor**
シュンヂー エンペラ [ʃundʒiː émpərə]

L-12 **Kangxi Emperor**
カンᵍシー エンペラ [kaŋʃiː émpərə]

L-13 **Kangxi Dictionary**
カンᵍシー ディクショナリ [kaŋʃiː díkʃənəri]

L-14 **Wu Sangui** / 吴三桂 Wú Sānguì
ウー サングイ [uː sæn gui] / ウー サン ク(ェ)イ [uː sæn kʷəi]

◆**Later Jin 後金**　後金という名称は、12世紀に栄えた女真族の国家である「金」の後を継ぐという意味。後金のように「後」を付けずに単に「金」とも称した。

◆**Aisin Gioro 愛新覚羅**　Aisinとは満洲語で「(金属の) 金」という意味。後半のGioroは、現在の黒竜江省のハルビン近くのヌルハチの先祖が住んでいた土地の名であり、それが氏族名になった。ヌルハチが金の国号を用いる前は、Gioroが姓だった。ちなみに愛新覚羅氏の一族は清朝滅亡後は「金」という姓を名乗った。Gioroには**伊爾根覚羅**（イルゲンギョロ）、**西林覚羅**（シリンギョロ）といったいくつもの支族がある。

◆**Qing 清**　日本語では、秦・新・晋・清のどれも「しん」なのでとても紛らわしいが、中国語と英語の発音では、qin チン、xin シン、jin ジン、qing チンᵍ なので間違うことはない。さらに日本語には四声、すなわち高低アクセントの違いがないので、漢字の名前において同音異義語が多く生じてしまう。英語では音節の最後の子音がnとngで区別できるのでまだ日本語よりは区別しやすいが、漢字を使わないため、アルファベット表記ではやはり同音異義語の可能性が高くなる。

◆**Zheng Chenggong 鄭成功**　鄭成功の父は福建出身の海賊の首領である**鄭芝竜**（ていしりゅう）、母は日本人の田川七左衛門の娘・田川マツで、長崎の平戸生まれ。明の皇帝一族の1人、**朱聿鍵**（しゅいっけん）を擁立し隆武帝として即位させた。その功により明王朝の国姓である「朱」姓を与えられたが、自らは朱成功と称さなかったため、人々唐の始祖は李淵で、その子孫の皇帝たちも姓はすべて「李」である。周は**姫**、漢は**劉**、隋は**楊**、三国時代の魏は**曹**、呉は**孫**、魏晋南北朝の晋は**司馬**のように、帝王の姓のことを国姓（こくせい）という。時に皇帝は、鄭成功のように、功績のあった臣下に国姓を名乗ることを許した。鄭成功の別名の**国姓爺**は「こくせいや」ではなく「こくせんや」と発音するので要注意。

は敬意を込めて彼のことを**国姓爺**と呼んだ。鄭成功は、日本の浄瑠璃「国性爺合戦」の主人公にもなっている（作者の近松門左衛門は**姓**の字を**性**に変えた）。

国性爺合戦の一場面を描いた浮世絵。

廟号に「祖」が付くのは開祖？

順治帝の廟号は**世祖**。中国の皇帝で創始者となった者には、廟号に**祖**の文字を用いることが多いが（**高祖**の李淵、**太祖**の趙匡胤など）、「世祖」と名付けられた者は、創始者ではないものの創始者に近い功績のある者や、一度途切れた王朝を再興した者に用いられることが多い。例えば、西晋のいわば創始者の**司馬懿**は**高祖**（司馬懿は皇帝にはならなかったが、司馬炎が皇帝になった後に、祖父の司馬懿を高祖と追号した）、西晋の初代皇帝・**司馬炎**は**世祖**。前漢の初代皇帝・**劉邦**は**太祖**、漢を再興させた後漢の初代皇帝・**光武帝**は**世祖**だった。後金の創始者ヌルハチが**太祖**で「祖」が付くのは分かるが、**順治帝**は３代目なのになぜ「祖」なのか？　実は彼の死後、慣例通り「祖」でなく「宗」の字が当てられそうになったが、順治帝が北京遷都という功績によって新国家の確立に貢献したことが考慮されて、「祖」の字を用いることが許された。

フューダトーリ プリンス [fjúːdətɔːri prins] ヴァスル キング [væsl kiŋ]
Feudatory prince / Vassal king L-15

リヴォウルト オヴ ザ スリー フューダトーリズ [rivóult əv ðə θriː fjúːdətɔːriz]
Revolt of the Three Feudatories L-16

ヂョウ [dʒou] ウー チョウ [uː tʂóu]
Zhou / 吴周 Wú Zhōu L-17

ヂョング チョングゴング [dʒəŋ tʃəŋ goŋ] チョング チョング コング [tʂəŋ tʂʰəŋ kʷuŋ]
Zheng Chenggong / 郑成功 Zhèng Chéng Gōng L-18

キングダム オヴ トングニング [kíŋdəm əv tuŋniŋ]
Kingdom of Tungning L-19

トリーティ オヴ ナーチンスク [tríːtiː əv nəːtʃinsk]
Treaty of Nerchinsk L-20

チャイニーズ ライツ カントラヴァースィ [tʃainíːz raits kántrəvəːsi]
Chinese Rites controversy L-21

ヨングヂョング エンペラ [joŋ dʒəŋ émpərə]
Yongzheng Emperor L-22

トリーティ オヴ キャクタ [tríːtiː əv kákta]
Treaty of Kyakhta L-23

グランド カウンセル [grænd káunsl]
Grand Council L-24

チエンロング エンペラ [tʃiænloŋ émpərə]
Qianlong Emperor L-25

シンヂアング [ʃindʒiaŋ] シン チアング [ɕin tɕaŋ]
Xinjiang / 新疆 Xīn Jiāng L-26

リーファン ユエン [liːfæn juæn] リー ファン ユエン [liː fæn ɥæn]
Lifan Yuan / 理藩院 Lǐ Fàn Yuàn L-27

ヂョーヂ マカートニ [dʒɔ́ədʒ məkáətni]
George Macartney L-28

L 清〈2〉アヘン戦争・清の文化

L-29 **嘉慶帝**（かけいてい）
清の第7代皇帝。即位年に白蓮教徒の乱が生じた。乾隆帝までの安定期から、動乱期への移行期の皇帝。

L-30 **白蓮教徒の乱**（びゃくれんきょうとのらん）
白蓮教徒は幾度も乱を起こしたが、特に、嘉慶帝の時代の大反乱を指す。

L-31 **郷勇**（きょうゆう）
弱体化した八旗や緑営に代わり、地方の官憲や郷紳が組織した民兵組織。白蓮教徒の乱の平定に寄与した。郷勇の大隊を**勇営**と呼ぶ。

L-32 **郷紳**（きょうしん）
経済力のある知識人だった農村の地主階層、名望家。科挙合格者として官職にあった者が、引退した後になった。

L-33 **団練**（だんれん）
臨時に募集された地方の補助部隊。義勇軍。清朝中期以降に勢力を伸ばし、白蓮教徒の乱や太平天国の鎮圧に貢献した。

L-34 **道光帝**（どうこうてい）
清朝の第8代皇帝。林則徐を用いてアヘン取締を強化したが、アヘン戦争では敗北し、開国を余儀なくされた。

L-35 **三角貿易**（さんかくぼうえき）
イギリスは、産業革命によって大量生産が可能になった綿織物を植民地のインドに買わせた。

L-36 **林則徐**（りんそくじょ）
1839年、欽差（きんさ）大臣として広東に派遣され、アヘン吸引者を死刑にし、イギリス商人のアヘンを押収・焼却した。

L-37 **アヘン戦争**（せんそう）
イギリスは焼却されたアヘンの賠償を要求。道光帝が拒否したため、1840年に戦争が勃発。

L-38 **南京条約**（なんきんじょうやく）
1842年に締結。上海、福州、厦門（アモイ）、寧波、広州の5港を開港し、イギリスへの香港島割譲を定めた。

L-39 **咸豊帝**（かんぽうてい）
第9代皇帝。即位の年に太平天国の乱が起こり、統治の3年目に南京を攻略され、統治の6年目にアロー号戦争が起きた。

L-40 **アロー号戦争**（ごうせんそう）
または**アロー号事件**、**第2次アヘン戦争**。1856年、アヘン密輸船アロー号船員の逮捕が契機。

L-41 **天津条約**（てんしんじょうやく）
アロー号戦争の結果、英仏連合軍は広州を占領し、清朝にとって不利な天津条約を締結させた。

L-42 **北京条約**（ぺきんじょうやく）
天津条約批准のために上陸したイギリス軍に対する発砲事件が生じたことがきっかけで、北京条約も締結。

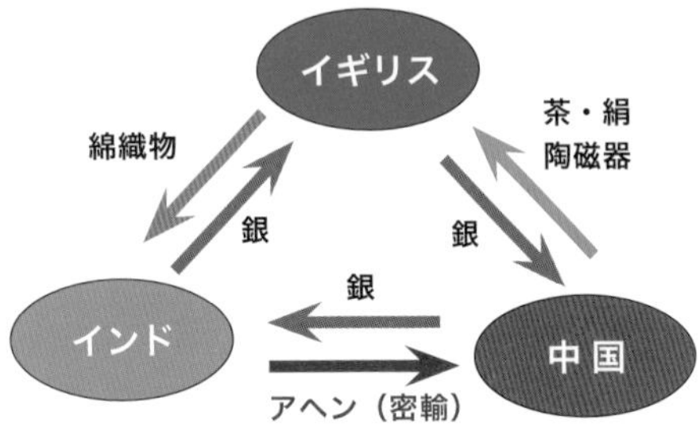

18世紀イギリスにおけるお茶の流行が、対中国の大幅な貿易赤字を生じさせた。そこで、イギリスの植民地であるインドから中国にアヘンを密輸させ、片貿易を解消した。今度は中国がアヘンの大量密輸で赤字となり、さらに国内にアヘン中毒者が蔓延し、社会問題となった。

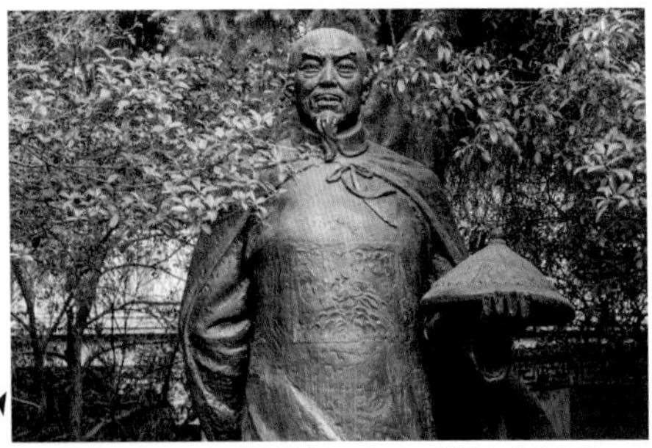

林則徐が任命された「欽差大臣」とは、特別な使命を持って皇帝から任命された大臣のこと。アヘン厳禁論を道光帝に進言したため、任命された。政治家だが詩人としても有名である。

軍艦16隻を率いたイギリス海軍は、圧倒的な武力差でもって中国を制圧した。南京沖に停泊するイギリス軍艦コーンウォリス号上で、南京条約が締結された。

アヘン戦争でイギリス軍を指揮したコリン・キャンベル。クリミア戦争でも英軍を率いている。

康熙帝は西洋の学問に関心を抱き、宣教師を登用し布教活動も容認した。**フェルビースト**は、中国名**南懐仁**（なんかいじん）。清の康熙帝の下で欽天監（きんてんかん）の監正（天文台長）として仕えつつ、布教活動を行った。フランスの**ブーヴェ**（中国名・白晋）も康熙帝に仕え、皇帝に幾何学を講じた。しかし次の雍正帝は、キリスト教に不信感を抱き禁教とした。

パンチェン・ラマ（チベット仏教においてダライ・ラマに次ぐ位）の金印（康熙帝の時代）。中央に満州文字が彫られている。

紅楼夢の一場面を描いた中国の記念切手。

1856年のアロー戦争の際に、フランス軍によって略奪・破壊された。その時の廃墟が今日も残っている。

清の時代には、陶磁器の装飾がさらに豪華になった**赤絵**も多く作られた。ヨーロッパでは中国の陶磁器が珍重された。

モンゴル文字をもとにして作られた文字。ヌルハチ自らが考案したといわれている。
満洲文字（まんしゅうもじ） L-43

乾隆帝の命令により、古今の書物を書写した中国最大の漢籍叢書（そうしょ）。230万ページ、10億字に上る。
四庫全書（しこぜんしょ） L-44

雍正帝や乾隆帝の時代に反清朝、反満洲人的な内容の図書を厳しく取り締まった。
文字の獄（もんじのごく） L-45

旧字は辮髪。頭髪の一部（清後期では後頭部）を伸ばし、三つ編みにして後ろに垂らし、残りは剃りあげた。清は男子に弁髪を強制した。
弁髪（べんぱつ） L-46

曹雪芹（そうせつきん）と**高鶚**（こうがく）による長篇小説。原題は『石頭記』。貴族の御曹子と女性たちとの恋を描く。
紅楼夢（こうろうむ） L-47

口語で書かれた**呉敬梓**（ごけいし）作の小説。科挙に振り回される人々を描き、当時の社会を風刺した作品。
儒林外史（じゅりんがいし） L-48

中国の**明**の時代に**王陽明**が創始した儒教の一派。形骸化した朱子学を批判し、倫理の実践を説いた。
陽明学（ようめいがく） L-49

または考拠学。明代に流行した陽明学に対して、清代では考証学が広まった。考証学では古典の字句の解釈に努めた。
考証学（こうしょうがく） L-50

明末清初の儒学者。清朝考証学の開祖。反清運動家。空論化した陽明学を批判し、世に有益な経世致用の学を追究した。
顧炎武（こえんぶ） L-51

ベルギー人のイエズス会宣教師。天文学の知識を利用して日食を言い当てた。
フェルビースト L-52

イエズス会宣教師。康熙帝の宮廷で天文学などを教え、初の中国全土の実測地図・**皇輿（よ）全覧図**を作成した。
ブーヴェ L-53

イタリアのイエズス会宣教師。清朝の宮廷画家として仕えた。
カスティリオーネ L-54

清代に築かれた離宮。ブノワやカスティリオーネが設計した噴水が設けられ、西洋建築が建てられた。
円明園（えんめいえん） L-55

中国との交流の結果、ヨーロッパで流行した中国風美術様式。陶器や絵画などに見られた。
シノワズリ L-56

ヂャーチンヶ エンペラ
[dʒa:tʃiŋ émpərə]
L-29 **Jiaqing Emperor**

ホワイト ロウタス リベリオン
[(h)wait lóʊtəs ribéljən]
L-30 **White Lotus Rebellion**

ヨンヶ インヶ ヨンヶ インヶ
[joŋ iŋ] [joŋ iŋ]
L-31 **Yongying** / 勇营 Yǒng Yíng

カントリ ヂェントリ シャンヶ シェン
[kʌ́ntri dʒéntri] [ɕaŋ ʂən]
L-32 **(country) gentry** / 乡绅 xiāng shēn

レヂメント トゥアン リェン
[rédʒəmənt] [tʰʷæn lʲæn]
L-33 **regiment** / 团練 tuán liàn

ダオグワン エンペラ
[daʊgwan émpərə]
L-34 **Daoguan Emperor**

トライアンギュラ トレイド
[traiǽŋgjʊlə treid]
L-35 **triangular trade**

リン ヅォーシュー リン ツォー シュー
[lin dzə: ʃu:] [lʲin tsɤ: ɕʷy:]
L-36 **Lin Zexu** / 林则徐 Lín Zéxú

ファースト オウピアム ウォー
[fə́:st óʊpiəm wɔ́ə]
L-37 **(First) Opium war**

トリーティ オヴ ナンキンヶ
[trí:ti: əv nænkíŋ]
L-38 **Treaty of Nanking**

シエンフォンヶ エンペラ
[ʃiænfəŋ émpərə]
L-39 **Xianfeng Emperor**

アロウ ウォー
[ǽroʊ wɔ́ə]
Second Opium warともいう。
L-40 **Arrow war**

トリーティ オヴ ティエンツィン
[trí:ti: əv tjɛntsín]
L-41 **Treaty of Tientsin**

コンヴェンション オヴ ピーキンヶ
[kənvénʃən əv pi:kíŋ]
L-42 **Convention of Peking**

北京のPekingとBeijingの違いについてはp.8参照。

◆**White Lotus Rebellion 白蓮教徒の乱** 英語でWhite Lotusは、「白いハス」という意味だが、これは東晋の時代の中国浄土教の祖・慧遠（けいおん）が中心となってできた結社である「白蓮社」の名に由来する。

◆**Opium war アヘン戦争** 英語ではFirst Opium war「第1次アヘン戦争」、アロー号戦争のことをSecond Opium war「第2次アヘン戦争」ということが多い。英語opiumを中国語に翻字したものが、阿片（a piàn アーピエン [a: pʰʲæn]）であり、日本語のアヘンはその漢字を日本語読みしたものなので、英語のopiumと同一起源の語である。

◆**Treaty of Nanking 南京条約** 南京条約によって清は関税自主権を失い、治外法権を認めて領事裁判権を承認、片務的最恵国待遇が定められた。これは清には不平等きわまりない条約であり、やがて中国を襲う半植民地化の第一歩、そして中国にとっての「屈辱の100年（百年国恥）」の始まりとなった。ちなみに、この場合の南京の英語表記はNan**k**ingだが、現在のピンインではNan**j**ingで発音もナンヂンである。この時代は清の首都・北京でも、南京音を中心とした「南京官話」が主流でナンキンの発音は「キ」の音だったが、後に北京官話が一般的になると「キ」から「ヂ（チ）」へと変化したため、「ナンチン」になった（p.8参照）。

◆**queue 弁髪** 英語のqueueという語は、「一列の踊り子たち、動物の**しっぽ**、列」、そして「弁髪」を意味する。弁髪はまるで馬などの動物のしっぽのように見えることから名付けられた（ponytail「ポニーテール」の由来に似ている）。この英語の元はフランス語queue [kø:]「しっぽ」に由来するが、フランス語の[ø:]はドイツ語のöに近い音で、日本人にはフランス語のqueue [kø:]は「クー」とも「ケー」ともつかないような音に聞こえる（便宜的に「キュー」と書かれるが、決して「キュー」

カスティリオーネは中国名を**郎世寧**（ろうせいねい）という。清の宮廷画家となり、およそ50年間の長きにわたって、康煕帝・雍正帝・乾隆帝の3人の皇帝に仕えた。彼は油絵や遠近法、明暗法などの絵画技法を中国に伝え、中国絵画史に大きな足跡を残した。彼は単に西洋絵画技法で描いただけでなく、中国の伝統的な技法と西洋の技法を融合させた作品を生み出した。

そのものではない）。このフランス語をさらにさかのぼれば、ラテン語の cauda カウダ「しっぽ」に由来する。音楽用語の coda コーダも同じ起源である。ちなみに、次ページに出てくる太平天国の乱に加わった者は、弁髪を切り、髪全体を伸ばしたため、「長髪賊」とも呼ばれた。

弁髪の形も時代によって変化していった。

アヘン戦争と日本

アヘン戦争で清が1842（天保13）年に大敗したという知らせは、すぐに江戸幕府にも伝わった。そこからさかのぼること17年前の1825（文政8）年、幕府は**異国船打払令**（うちはらいれい）（無二念打払令）を出し、日本沿岸に近づく外国船を無差別に砲撃し撃退することを命じていた。清国が西欧の軍事力の前には無力であったことに幕府は驚愕し、日本が西欧にはとても勝ち目がないことを悟った。同年7月には、異国船打払令を撤回し、鎖国政策から急速に開国へと方向転換させたのは、幕府がアヘン戦争の二の舞を避けることを念頭に置いていたからに違いない。また、アヘンの害悪についても日本人に十分に伝わったことは、明治政府樹立後ただちに**阿片令**が発布され（明治3年）、アヘンの所持・使用・売買を禁じるだけでなく、違反者は即時斬首と定めたことからもうかがい知ることができる。

Manchu script、Manchurian script ともいう。

マンチュー アルファベット
[mæntʃúː ǽlfəbet]
Manchu alphabet L-43

スークー チュエンシュー
[səː kuː tʃuæn ʃuː]
スー クー チュエン シュー
[sz̩ː kʰʷuː tɕʰʷæn ʂʷuː]
Siku Quanshu / 四库全书 Sì Kù Quán Shū L-44

リテラリ インクウィズィション
[lítərəri inkwəzíʃən]
Literary inquisition L-45

キュー
[kjuː]
queue L-46

ドリーム オヴ ザ レッド チェインバ
[driːm əv ðə red tʃéimbɚ]
Dream of the Red Chamber L-47

アノフィシャル ヒストリ オヴ ザ スカラズ
[ʌnəfíʃəl hístəri əv ðə skálɚz]
Unofficial History of the Scholars L-48

Rulin waishi ともいう。

ヤンｸﾞミニズム
[jaŋmiŋizm]
Yangmingism L-49

カオ ヂョンｸﾞ
[kaʊ dʒəŋ]
カオ チョンｸﾞ
[kʰau ʈʂəŋ]
Kaozheng / 考证 Kǎo Zhèng L-50

グー イエンウー
[guː jæn uː]
クー イエン ウー
[kʷuː jæn uː]
Gu Yanwu / 顾炎武 Gù Yán Wǔ L-51

ヴァービエスト
[vɚ́ːrbiest]
Verbiest L-52

ブーヴェイ
[buːvéi]
Bouvet L-53

カスティリョネ
[kɑstiljɔ́nɛ]
Castiglione L-54

オウルド サマ パレス
[óuld sʌ́mɚ pǽləs]
Old Summer Palace L-55

シンワーズリ
[ʃinwɑ́ːzəri]
Chinoiserie L-56

M 辛亥革命

本書では第1次世界大戦の始まる1914年までを主に扱っている。中国に関しては、辛亥革命による中華民国成立（1912年）に至る近代の中国までを紹介している。

璦琿（あいぐん）条約とも書く。

M-1 **アイグン条約**（条約：じょうやく）
1858年、ロシアと清が、アムール川沿岸のアイグン（現黒竜江省黒河市）で結んだ条約。

M-2 **ムラヴィヨフ**
東シベリア初代総督。アイグン条約によってロシア領土を拡大させた。

M-3 **イリ条約**（条約：じょうやく）
1881年締結。サンクト・ペテルブルク条約。ロシアが占拠したイリ地方を清に返還。清は賠償金を支払った。

M-4 **太平天国の乱**（たいへいてんごく の らん）
1851～64年にわたる大農民反乱。**太平天国**という独立国家を樹立した。

M-5 **洪秀全**（こうしゅうぜん）
太平天国の乱の指導者。自らをヤハウェの子でキリストの弟と称して、拝上帝会を組織し農民に広まる。1851年、国を打ち立て太平天国と号した。1853年、南京を占領して**天京**と改称。1864年病死。同年、天京は清軍により陥落した。

南京占領後、洪秀全は「天朝田畝（てんちょうでんぽ）制度」という土地の平等な分配制度を理念として掲げたが、実現には至らなかった。後年、中国共産党は、この天朝田畝制度の思想を高く評価した。

M-6 **曽国藩**（そうこくはん）
弱体化した八旗・緑営の清軍に代わり、湖南地方で郷勇の「湘軍（しょうぐん）」を組織。太平天国の乱の鎮圧を果たす。

M-7 **李鴻章**（りこうしょう）
曽国藩の部下。郷勇の「淮軍（わいぐん）」を組織し、太平天国を鎮圧。洋務運動を推進して、清朝の建て直しに尽力した。

M-8 **同治帝**（どうちてい）
清朝の第10代皇帝。その統治は太平天国が鎮定されて、比較的安定が続いたため「同治の中興」と呼ばれている。

同治帝は5歳の時に即位。実権は母親の西太后が握っていた。天然痘もしくは梅毒により19歳で死去。

M-9 **洋務運動**（ようむうんどう）
李鴻章や左宗棠（さそうとう）らによる、西洋式の産業の育成や、軍制の改革・近代化を進めた運動。

M-10 **日清戦争**（にっしんせんそう）
1894年の豊島沖海戦に始まり、1895年4月17日の馬関条約（下関条約）締結によって終結した。

M-11 **下関条約**（しものせきじょうやく）
または馬関条約。賠償金2億両に加え、「遼東半島の代償」3,000万両の支払いが定められた。

M-12 **三国干渉**（さんごくかんしょう）
フランス、ドイツ、ロシアの3国が、日本に対して、割譲された遼東半島を清国に返還するよう迫った。

M-13 **康有為**（こうゆうい）
光緒帝（M-16）に立憲君主制を目指した改革を上奏し、戊戌の変法の指導者となるが、戊戌の政変で失脚した。

康有為は戊戌の政変の後に日本に亡命。その後アメリカやインドを巡り、辛亥革命後に中国に帰国がかなった。書家としても知られる。

M-14 **戊戌の変法**（ぼじゅつ の へんぽう）
康有為や**梁啓超**（りょうけいちょう）らによる議会開設、立憲君主制樹立を目指した一連の政治改革。

変法自強運動ともいう。

日清戦争に敗れた清は、日本への賠償金の支払いのために、ロシア（旅順や大連を含む遼東半島南部）、ドイツ（膠州湾・こうしゅうわん）、イギリス（威海衛・九竜半島）、フランス（広州湾・これも「こうしゅうわん」）に租借地を貸し与えた。さらに、義和団を利用して外国勢力を排除しようと諸外国に宣戦布告をするも敗北し、北京議定書によって半植民地化してしまった。

せいたいごうとも読む。

せいたいこう
西太后 M-15

清の咸豊帝（L-39）の妃。同治帝の母。清末のおよそ50年間、摂政として政権を牛耳った。政敵を葬った逸話が数多く残る。光緒帝の死の翌日に死んでいるが、真相は不明。

こうちょていとも読む。

こうしょてい
光緒帝 M-16

清の第11代皇帝。西太后の甥。満3歳の時に即位。実権は摂政の西太后が握った。帝権回復のため西太后を頤和園に幽閉しようと画策するも失敗し、戊戌の政変で幽閉された。

ぼじゅつ　せいへん
戊戌の政変 M-17

1898年、西太后と保守派が改革派を弾圧。戊戌の変法は挫折した。改革を進めていた光緒帝は幽閉され、首謀者として**譚嗣同**（たん しどう）が処刑された。

ぎわだん　らん
義和団の乱 M-18

または義和団事件。1900年、独人宣教師殺害事件を発端に反キリスト教・排外主義の義和団が蜂起した。**扶清滅洋**を唱え北京を占領。8ヶ国連合軍により鎮圧。

ぺきんぎていしょ
北京議定書 M-19

または**辛丑（しんちゅう）和約**。義和団の乱に出兵した英・米・日・仏・露・独他との間の講和条約。清は賠償金4億5千万両を課せられ、北京駐兵権を認めた。

または欽定憲法大綱。

けんぽうたいこう
憲法大綱 M-20

西太后は義和団の乱の後、光緒新政を開始し、立憲君主制を進めた。光緒帝（幽閉中）の名で1908年に中国初の憲法を制定した。大日本帝国憲法を参考にし、皇帝の神聖不可侵を第一に定めた。

せんとうてい　ふぎ
宣統帝 / 溥儀 M-21

清の第12代皇帝にして最後の皇帝。姓は愛新覚羅（あいしんかくら）。辛亥革命によって退位。**張勲復辟（ちょうくんふくへき）事件**により復位するも、12日間で退位。

辛亥革命後も紫禁城に住むことを許されていたが、1924年の北京政変で紫禁城を追われた。その後、関東軍の後ろ盾により**満洲国**で皇帝に即位。日本の敗戦後に退位した。映画『ラストエンペラー』の主人公として知られる。

孫文は中国革命の基本理論として民族独立・民権伸長・民生安定という「三民主義」（Three Principles of the People）を掲げた。機関紙として『民報』を発刊。

そんぶん
孫文 M-22

字は**逸仙**（いっせん）。号は**中山**（ちゅうざん）。中華民国の初代臨時大総統。**中国革命の父**、また**国父**と呼ばれる。

こうちゅうかい
興中会 M-23

1894年、清朝打倒や共和政の実現を目指し、孫文を中心に華僑や留学生たちによってハワイで結成された革命団体。

ちゅうごくどうめいかい
中国同盟会 M-24

1905年、**興中会**と志を同じくする**光復会**、**華興会**を結集して組織した中国初の政党。

しんがいかくめい
辛亥革命 M-25

民国革命の第一革命。1911年、すなわち辛亥の年に起きた革命。清朝を倒し、アジア初の共和国を建設した。

ちゅうかみんこく
中華民国 M-26

辛亥革命で誕生した共和国の国号。1912年、孫文が臨時大総統となり、次いで袁世凱が大総統となる。

こくみんとう
国民党 M-27

孫文が亡くなると、**蒋介石**を中心とする国民党の右派が帝国主義諸国と結託して上海クーデターを起こした。

えんせいがい
袁世凱 M-28

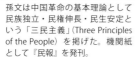

北洋軍閥総帥。壬午軍乱や甲申政変で活躍。辛亥革命後、中華民国の初代大総統に就任。自ら皇帝を名乗るも失敗。

M 1911 Revolution

トリーティ オヴ アイガン
[trí:ti: əv áigən]
M-1 **Treaty of Aigun**

ムラヴィヨフ
[muraviyóf]
M-2 **Muraviyov / Muravyov**

トリーティ オヴ イリ
[trí:ti: əv íli]
M-3 **Treaty of Ili**

タイピンゥ リベリオン
[taipiŋ ribéljən]
M-4 **Taiping Rebellion**

Taiping Civil war、Taiping Revolution、Taiping Rebels ともいう。

ホンゥ シュー チュエン
[huŋ ʃu: tʃuæn]
ホンゥ シ(ォ)ウ チュエン
[xʷuŋ ɕəu tɕʰʷæn]
M-5 **Hong Xiuquan** / 洪秀全 Hóng Xìu Qúan

ヅォンゥ グオフェン
[dzəŋ kuo fæn]
ツォンゥ クオ フェン
[tsəŋ kʷo: fæn]
M-6 **Zeng Guofan** / 曾国藩 Zēng Guó Fān

リー ホンゥヂャンゥ
[li: huŋ dʒaŋ]
リー ホンゥ チャンゥ
[lʲi: xʷuŋ ʈʂaŋ]
M-7 **Li Hongzhang** / 李鸿章 Lǐ Hóng Zhāng

トンゥヂー エンペラ
[tuŋdʒi: émpərə-]
M-8 **Tongzhi Emperor**

ウェスタン アフェアズ ムーヴメント
[wéstə-n əféərz mú:vmənt]
M-9 **Western Affairs Movement**

ヂャパン チンゥ ウォー
[dʒəpǽn tʃíŋ wɔ́ə-]
M-10 **Japan–Qing war**

First Sino-Japanese war ともいう。

トリーティ オヴ シモノセキ
[trí:ti: əv ʃimonoseki]
M-11 **Treaty of Shimonoseki**

トリプル インタヴェンション
[trípl intə-vénʃən]
M-12 **Triple Intervention**

カンゥ ヨウウェイ
[kaŋ jou wei]
カンゥ ヨウ ウェイ
[kʰaŋ jəu wəi]
M-13 **Kang Youwei** / 康有为 Kāng Yǒu Wéi

ハンドレッド デイズ リフォーム
[hʌ́ndrəd deiz rifɔ́:rm]
M-14 **Hundred Days' Reform**

Wuxu Reformともいう。Wuxu [w:ʃu:] は戊戌。

◆**Taiping Rebellion 太平天国の乱**
Taipingは、反乱軍が建てた太平天国という国号の「太平」のピンインをもとにしている。

◆**Hundred Days' Reform 戊戌の変法** 英語の名称を直訳すれば、「100日の改革」。これは、1898年の「戊戌(ぼじゅつ)」の年の6月11日に改革を始めたが、9月21日に戊戌の政変で中止されてしまい、103日という短い期間で終わったため。「百日維新」という別名もある。

◆**Boxer Rebellion 義和団の乱** 英語は「ボクサーの乱」だが、なぜボクサー？実はこの義和団、梅花拳(ばいかけん)という歴史ある中国拳法の集団、ある意味で**ボクサーの集団**だったことによる。ではなぜ梅花団ではなく義和団と名乗ったかというと、**仇教運動**(きゅうきょううんどう)（教会排撃運動）をする際に、参加していない梅花拳士に迷惑が及ばないようにするため、あるいは他の門派も合流しやすいように改称したという。例えば、**神拳**と呼ばれる拳法集団もこの運動に合流している。ちなみに、マンガ『北斗の拳』の北斗神拳は架空の流派なので、この神拳と直接の関係はない（元ネタの一部となった可能性はある）。

太平天国の軍は従来の農民軍と異なり、「右足を民家に入れた者は右足を切る」というように民家に侵入するだけでも厳罰に処された。逆に清軍の方が略奪を働き、賊軍のようであった。しかし末期になると、投降した清軍の兵士が規律を低下させ、増えすぎた軍を養うため略奪にも手を染めた。さらに清も、湘軍・淮軍などによって軍を立て直したことが形勢逆転の要因となった。

◆ **Coup of 1898 戊戌の政変** coup はフランス語に由来する語で**不意の一撃**、**大打撃**、**大活躍**という意味。フランス語なので語末の子音は発音しない。この場合の coup は、coup d'état **クーデター**を意味する (état は「国家、状態」)。ちなみに米国ノースカロライナ州で生じたウィルミントン暴動も (Wilmington) Coup of 1898 と呼ばれることがある。

孫文の孫は ソン？サン？スン？

辛亥革命を指導した孫文は、中国本土と台湾の両方から崇敬を受けている革命家 (それに対し、蔣介石(しょうかいせき)や毛沢東(もうたくとう)は中国本土と台湾では評価に大きな差がある)。日本では**孫文**として知られるが、英語では**孫逸仙**の広東語の発音を英語にした **Sun Yat-sen** スン・イェツェンで通っている。逸仙は孫文の字(あざな)である。英語ではしばしば Dr. Sun Yat-sen と書かれるが、これは孫文がもとは医師で、マカオでは医院兼薬局 (中西薬局) を開業していたためである。中国語では**孫中山** (Sun Zhongsan) として知られ、中国本土でも台湾でも、中山の名を冠した地名や施設が多数ある (中山公園、中山大学、中山市など)。実はこの「中山」は、孫文が日本亡命中に称していた日本人名の**中山樵**(なかやまきこり)から取られている。孫文は中山を号としてよく用いた。さて、孫を日本語では「そん」と読むが、英語では Sun を「ソン」とも「スン」とも「サン」(太陽 Sun の類推？) とも発音している。孫という漢字は、隋から宋の時代の中古音では [suən] だったが (日本語の呉音・漢音はこの時代のものが伝わった)、北京語では sūn [sʷən]、孫文の生まれた広東省で話されている広東語では syun [syːn] なので、「ソン」「スン」「サン」「スィン」のどれも間違いとは言い切れない。

エンプレス **ダウ**アジャ **ツー**シー
[émprəs dáuədʒɚ tsəːʃiː]
Empress Dowager Cixi M-15

グアン**ッ**シュー **エ**ンペラ
[gaŋʃuː émpərɚ]
Guangxu Emperor M-16

クー オヴ エイティーン **ナイ**ンティ **エイ**ト
[kuː əv eitíːn náinti eit]
Coup of 1898 M-17

バクサ リ**ベ**リオン
[bάksɚ ribéljən]
Boxer Rebellion M-18

バクサ プ**ロウ**トコール
[bάksɚ próutəkɔːl]
Boxer Protocol M-19

プ**リ**ンスィプルズ オヴ ザ カンスティ**テュー**ション
[prínsəplz əv ðə kὰnstət(j)úːʃən]
Principles of the Constitution M-20

シュ**エ**ン **ト**ンッ **エ**ンペラ　**プー**イー
[ʃuæntoŋ émpərɚ]　[puːiː]
Xuantong Emperor / Puyi M-21

スン **イェ**ツェン
[sun jætsɛn]
Sun Yat-sen M-22

リ**ヴァ**イヴ **チャ**イナ ソ**サ**イエティ
[riváiv tʃáinə səsáiəti]
Revive China Society M-23

チャイ**ニー**ズ ユー**ナ**イティッド **リー**グ
Tongmenghui ともいう。　[tʃainíːz juːnáitid liːg]
Chinese United League M-24

ナイン**ティー**ン イ**レ**ヴン レヴォ**リュ**(ル)ーション
[naintíːn əlévən revəl(j)úːʃən]
1911 Revolution M-25

リ**パ**ブリック オヴ **チャ**イナ
[ripʌ́blik əv tʃáinə]
Republic of China M-26

チャイ**ニー**ズ **ナ**ショナリスト **パー**ティ
[tʃainíːz næʃənəlist pάɚti]
Chinese Nationalist Party M-27

ユエン **シー**カイ　**ユ**エン **シー**カイ
[juæn ʃiːkai]　[ɥæn ʂʐ̩ː kʰai]
Yuan Shikai / 袁世凱 Yuán Shìkǎi M-28

ハングルをローマ字で表記する方法

ハングルをローマ字で表記する方法は、幾通りもの種類がある。ここでは、**文化観光部 2000 年式**を示す。

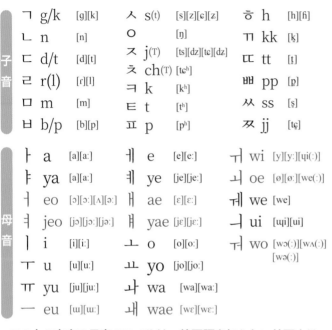

朝鮮では長く漢字が用いられてきたが、李氏朝鮮の第 4 代国王の世宗がハングルを公布し、使用されるようになった。
像の基部に書かれた文字세종대왕は、世宗大王（セジョンテワン）。母音の一部が「・」になっているのは、ハングルが作られた当初の字形のため。「・」は太陽、すなわち天（陽）を、「ー」は地（陰）を、「ㅣ」は陰と陽の中間にあたる「人」を表し、陰陽思想を反映している。

子音

ㄱ	g/k	[g][k]	ㅅ	s(t)	[s][z][ɕ][ʑ]	ㅎ	h	[h][ɦ]
ㄴ	n	[n]	ㅇ		[ŋ]	ㄲ	kk	[k͈]
ㄷ	d/t	[d][t]	ㅈ	j(T)	[ts][dz][tɕ][dʑ]	ㄸ	tt	[t͈]
			ㅊ	ch(T)	[tɕʰ]			
ㄹ	r(l)	[ɾ][l]	ㅋ	k	[kʰ]	ㅃ	pp	[p͈]
ㅁ	m	[m]	ㅌ	t	[tʰ]	ㅆ	ss	[s͈]
ㅂ	b/p	[b][p]	ㅍ	p	[pʰ]	ㅉ	jj	[tɕ͈]

母音

ㅏ	a	[a][a:]	ㅔ	e	[e][e:]	ㅟ	wi	[y][y:][ɥi(:)]
ㅑ	ya	[a][a:]	ㅖ	ye	[je][je:]	ㅚ	oe	[ø][ø:][we(:)]
ㅓ	eo	[ɔ][ɔ:][ʌ][ə:]	ㅐ	ae	[ɛ][ɛ:]	ㅞ	we	[we]
ㅕ	jeo	[jɔ][jɔ:][jə:]	ㅒ	yae	[jɛ][jɛ:]	ㅢ	ui	[ɰi][ui]
ㅣ	i	[i][i:]	ㅗ	o	[o][o:]	ㅝ	wo	[wɔ(:)][wʌ(:)] [wə(:)]
ㅜ	u	[u][u:]	ㅛ	yo	[jo][jo:]			
ㅠ	yu	[ju][ju:]	ㅘ	wa	[wa][wa:]			
ㅡ	eu	[ɯ][ɯ:]	ㅙ	wae	[wɛ][wɛ:]			

この中の赤字の母音のスペルは、韓国語を知らない外国人は間違って発音する可能性が高い (p.114 Joseon など)。特に ae、eu、eo、また wi は一見、二重母音に見えるが、実は**単母音**を表していることに注意すべきである。

文化観光部 2000 年式以外の方法として以下のものがある。

マッキューン=ライシャワー式（M-R 式）

- ㄷ は清音の時「t」、濁音の時「d」。
- 流音 ㄹ を音節頭音の時「r」、音節末音の時「l」。
- 激音はアポストロフィーで表す ㅋ [kʰ] → k'
- 補助文字 ŏ などを用いる（例：ㅕ jŏ）。
- 補助文字が省略されると誤解が生じる。
- 欧米人にはなじみやすい。

北朝鮮によるローマ字表記法（1992 年式）

- 母音の表記については M-R 式と同一。
- 激音の表記に「h」を用いる（ㅊ は「ch」）。
- ㅈ は無声音の時も有声音字「j」とつづる
- ㄹ が重なった場合に「lr」とつづる

Part II

Korea

朝鮮 (コリア)

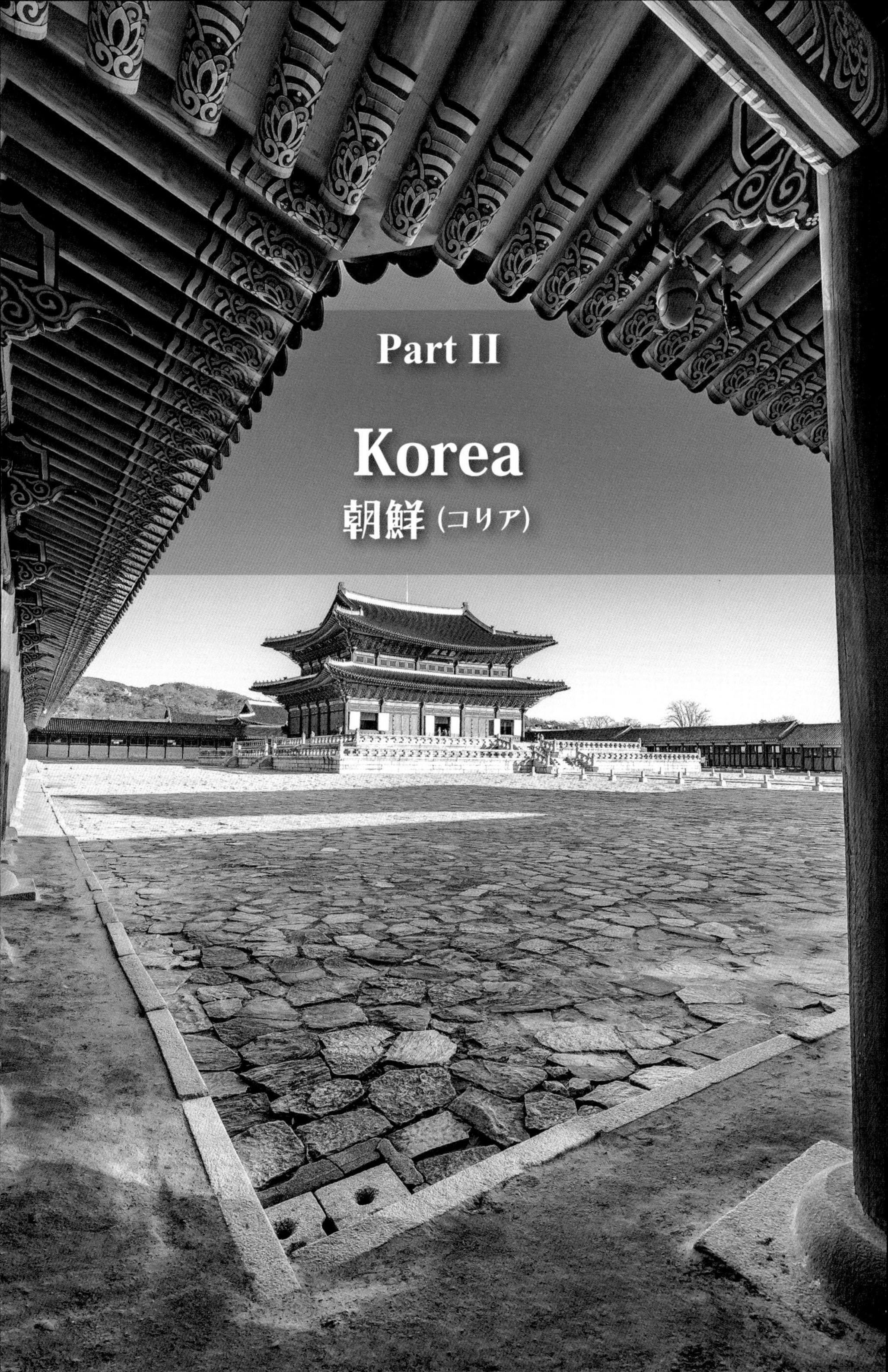

N-1 **朝鮮**（ちょうせん）
朝鮮半島と周囲の島々、海域の呼称。現在、軍事境界線（38 度線）の北は**朝鮮民主主義人民共和国**（北朝鮮）、南は**大韓民国**（韓国）が支配。

N-2 **檀君**（だんくん）
または檀君王倹。13 世紀末の『三国遺事』に記された古朝鮮の伝説上の王。帝釈天の子と熊との間の子。前 2333 年に即位とされる。

p.19 の帯の解説参照。
N-3 **箕子朝鮮**（きしちょうせん）
殷の紂王の叔父・**箕子**が建国。紂王を諫めたため幽閉されていたが、殷滅亡後、周の武王によって封じられた。

N-4 **衛氏朝鮮**（えいしちょうせん）
前 195 年、秦の動乱期、燕王の武将の**衛満**（えいまん）が朝鮮に亡命し、建国したとされる。

N-5 **王険城**（おうけんじょう）
衛満が衛氏朝鮮の都を置いた場所。檀君朝鮮、箕子朝鮮の都だったという伝説もある。現在の**平壌**（ピョンヤン）とされる。

N-6 **楽浪郡**（らくろうぐん）
漢の遠征により衛氏朝鮮が滅亡。漢が**漢四郡**を置いた。楽浪郡もその 1 つ。他は**真番**郡、**臨屯**郡、**玄菟**（げんと）郡。

N-7 **高句麗**（こうくり）
別名**貊**（はく）。朱蒙により建国。遼東半島や満洲に及ぶ地域を支配。668 年に唐・新羅連合軍により滅亡。

N-8 **朱蒙**（しゅもう）
後の**東明聖王、東明王**。伝説では、水神の河伯（ハベク）の娘・**柳花**（ユファ）が天からの光で卵を身ごもり、その卵から生まれた。

N-9 **広開土王 / 好太王**（こうかいどおう / こうたいおう）
高句麗の第 19 代国王。高句麗の領土を拡大した。

N-10 **馬韓**（ばかん）
朝鮮半島南西部に位置した。領土内に 50数国（集落）があり、そのうちの**伯済国**が後に百済へと発展したと考えられている。

N-11 **辰韓**（しんかん）
真番郡のうち「真」に相当する部分が、後の辰韓。秦の始皇帝の労役から逃亡してきた秦人を住まわせた国といわれ、**秦韓**ともいう。

N-12 **弁韓**（べんかん）
真番郡のうち「番」に相当する部分が、後の弁韓となった。三国時代も、弁韓の地は伽耶などの小国家が分立する時代が続いた。

「くだら」とも読む。
N-13 **百済**（ひゃくさい）
朝鮮半島南西部にあった国家。日本との交流が深く、唐・新羅に攻め込まれた際、日本は援軍を送り、百済滅亡後は王族が日本に亡命した。

N-14 **伽耶**（かや）
伽倻、加耶とも書く。加羅（から）ともいう。朝鮮半島南部の地域。広い意味では任那（にんな・みまな）に含まれる。

ソウル市内にある檀君聖殿の檀君像。

高句麗広開土王碑（好太王碑）。高句麗の広開土王の業績を称えるため、その息子の長寿王が 414 年に作成した高さ約 6.3m の石柱。現在では瓦屋根のあるガラス張りの小屋に保護されている。碑文には、高句麗と百済・倭との 17 年に及ぶ戦いが記されている。この中の、倭が百済・新羅を支配したという部分に関しては、韓国や中国・日本でそれぞれ異なる見解が示されている。
八尾市にある大阪経済法科大学の構内にもこの碑のレプリカが建てられている。

百済最後の王都のあった扶余（ふよ）に作られたテーマパーク・**百済文化団地**。当時の姿が再現されている。

朝鮮半島北部は前1～7世紀にかけて**高句麗**が支配し、南部は**馬韓・辰韓・弁韓**の3つの韓（**三韓**）が支配した。やがて馬韓を構成する50数ヶ国が統合されて**百済**に、辰韓の12ヶ国が**新羅**になった。4～7世紀は**高句麗・百済・新羅**の三国が並び立ったが（**三国時代**）、新羅が高句麗、百済を征服して朝鮮半島を統一した。

仏国寺の紫霞門と、そこに上る階段の青雲橋・白雲橋。

開城にある王建王陵。現在の王陵は1994年に再建された。

左上は三国時代以前に、馬韓・弁韓・辰韓が並び立った「原三国時代」の朝鮮半島の地図（1世紀頃・それぞれの領土の範囲は推測にすぎない）。
右上は高句麗と三国時代の地図（3世紀初期）。馬韓や弁韓、辰韓の範囲は絶えず変動していた。
左下は後三国時代の地図（900年頃）。

新羅（しんら） N-15
「しらぎ」とも読む。
唐が置いた都護府を陥落させたが、唐に対して朝貢した。後に唐の身分制度をモデルに骨品制を導入。朝鮮半島における最初の統一王朝。

慶州（けいしゅう） N-16
新羅の首都。**金城**（クムソン）とも呼ばれた。**石窟庵**（ソックラム）や**仏国寺**、**瞻星台**（せんせいだい）といった遺跡が現在も残る。

仏国寺（ぶっこくじ） N-17
新羅の宰相・**金大城**（キムデソン）によって創建された。仏国寺から4km東にある**石窟庵**も、同様に金大城の創建による。

骨品制（こっぴんせい） N-18
新羅独特の身分制度。氏族によって聖骨・真骨・六頭品・五頭品・四頭品の5等級に分け、官職や結婚、住居を規制した。

白村江の戦い（はくそんこうのたたかい） N-19
「はくすきのえ」とも読む。
唐・新羅連合軍が百済を攻撃。663年斉明天皇の援軍も大敗し、百済は滅亡。

高麗（こうらい） N-20
王建が後高句麗王・**弓裔**（きゅうえい・後高句麗の建国者）を追放し918年に建国。936年に**後三国**を統一。1287年、元に併合され滅亡。

王建（おうけん） N-21
高麗の創始者。高麗の**太祖**。父は貿易で財をなした豪族。母は中国から帰化した貴族の後裔。唐の皇帝・**粛宗**（玄宗の三男）の子孫といわれる。

開城（かいじょう） N-22
「ケソン」ともいう。
高麗の首都。高麗王朝時代の遺跡が多数残る。ソウルと平壌の中間に位置し、現在の北朝鮮領内の南北国境に近い場所に相当する。

高麗版大蔵経（こうらいばんだいぞうきょう） N-23
原版が8万枚以上あり、八萬大蔵経ともいう。
大蔵経とは仏典の総称。1087年に**木版原版**完成。元軍侵攻時に焼失し1251年に復刻。

金属活字（きんぞくかつじ） N-24
1377年刊行の『直指心体要節』が、世界最古の金属活字による印刷本とされる。グーテンベルクよりも早い。

高麗青磁（こうらいせいじ） N-25
宋の青磁の影響を受け、高麗では11世紀後半までには製造されるようになった青磁。**翡（ひ）色青磁**と呼ばれる。

渤海（ぼっかい） N-26
大祚榮が698年に**震**（振）を建国。後に国号を**渤海**とした。中国東北部や朝鮮半島北部、現ロシア沿海地方に広がる大国となる。

大祚榮（だいそえい） N-27
渤海の高王。ツングース系の**靺鞨**（まっかつ）族や**高句麗**の遺民を率いて**渤海**を建国。713年、唐の玄宗により**渤海郡王**に封ぜられた。

三別抄（さんべつしょう） N-28
高麗の崔（さい）氏政権（武臣政権）時の私兵。元による高麗滅亡後、済州島を拠点に元に抵抗したが（**三別抄の乱**）、鎮圧された。

コリア [kəríə] チョソン チョウズィアン [dʒósən / dʒóuziən] チョソン [tʃosən]
N-1 **Korea / Joseon / 조선**

ダングン [dangun]
N-2 **Dangun**

ギジャ チョソン [gidʒa dʒosən]
N-3 **Gija Joseon**

ワイマン チョソン [wáimən dʒosən]
N-4 **Wiman Joseon**

（チョウズィアン、ジョザン、チョソン、チョウソン、チョウサンという発音もある。）

ワンゴム ソン [waŋgəmsəŋ] ワンゴム ソン [waŋgəmsəŋ]
N-5 **Wanggeom-seong / 왕검성**

レランヶ コマンダリ [leləŋ kəmǽndəri]
N-6 **Lelang Commandery**

ゴグリオ [gogúrio] コグリョ [kogurjə]
N-7 **Goguryeo / 고구려**

（ゴウグリオウ、ゴウグリオ、ゴグリア、ゴウグリア、ゴウグアリオウという発音もある。）

チュモウ [tʃumou] ヂュモンヶ [dʒumoŋ] チュモン [tʃumoŋ]
N-8 **Chumo / Jumong / 주몽**

グワンゲト ザ グレイト [gwangeto ðə greit]
N-9 **Gwanggaeto the Great**

マハン [mahan]
N-10 **Mahan**

ヂンハン [dʒinhan]
N-11 **Jinhan**

ピョンハン [pjənɦan]
N-12 **Byeonhan**

ベクジェ [bɛkdʒe] ペクチェ [pɛktʃe] ペクチェ [pɛᵏtʃe]
N-13 **Baekje / Paekche / 백제**

ガヤ [gaja]
N-14 **Gaya**

◆**Korea, Joseon 朝鮮**　英語 Korea は、高麗고려コリョに由来するので、Goryeo（N-20）とは**二重語**、つまり同一起源だが異なるスペルとなった言葉である。さらに、近年では Korea が主流だが、かつては Corea が主に用いられていた。Korea のスペルは 19 世紀に広まったため、「英語で国名リストをアルファベット順に並べると、Japan よりも Corea が上に来るので、日本が Corea を Korea と変えて、Korea が Japan の後に来るようにした」という説が韓国で一時期広まった。しかし、Korea というスペルはすでに 1730 年代に英語に登場しているので、大日本帝国の時代に Korea というスペルに変えたということはありえず、また韓国併合以前から統計的には Korea が使われる頻度が増えていたことや、そもそも韓国は日本に併合されていたために国名のリストに Corea が載ることはありえなかったことなどから、単なる俗説と考えられる。

◆**Baekje, Paekche 百済**　「百済」という名前の由来について、神話によれば朱蒙の三男で百済の初代・**温祚**(おんそ)王が 10 人の家臣の助けで建国したために国号を十済とし、その後、大国に成長したため百済にしたとか、百姓も多数加わったため百済にした、温祚王に従って百の家族が船に乗って朝鮮半島南西岸に上陸して建国したので百済になったなど諸説ある。ところで、韓国語には清音と濁音、言い換えれば有声音と無声音の違いがない。「カ」と「ガ」、「タ」と「ダ」、「パ」と「バ」、「チャ」と「ヂャ」は区別されず、1つの「音素」として理解されている。そのため、百済を表すローマ字表記は、Baekje と Paekche の 2 通りがありえる。韓国語のネイティブスピーカーは、本人が意識せずに語頭や無声子音の後では清音、母音や有声子音の後では濁音で発音していることが韓国語の固有名詞の表記は、英語独特のスペルの場合と、ハングルを自動的に翻字した場合に分かれる。ハングルを翻字する方法は北朝鮮と韓国で異なり、さらにそれぞれの国でも何度か改定されている。表記法が改定されても、会社名や個人名などは古い表記のまま使われることが多いが、それは許容されている。ゆえに１つの固有名詞に対し、英語のスペルが幾通りも存在する。

多い。彼らの百済の発音は日本人にはペクチェに聞こえるが、韓国語を知らない欧米人は Baekje というスペルに引きずられて「ベクジェ」と発音するケースが多い。ちなみに、日本語の「くだら」という発音は、「ク」は「大」の意、タラは「村落」の意で、「大村」を意味する語が百済にあてられたという説や、馬韓地方の居陀という地名が、百済に用いられるようになったなど諸説ある。

漢城百済博物館に展示されている百済時代の皇后の衣服。この時代、朝鮮半島と日本の間には密接な交流が存在していた。

白村江の戦いと大津宮

百済が唐・新羅の連合軍によって攻撃されると、大和朝廷は百済に援軍を送ったが、白村江の戦いで惨敗し、百済は滅亡した。その後、唐・新羅が報復のため日本に攻めてくることを恐れて、中大兄皇子（なかのおおえのおうじ）（後の天智天皇）は大宰府に防衛のための司令部を置き、近隣に水城（みずき）や大野城、基肄城（きい）を築いた。さらに防人（さきもり）を九州北部の沿岸に配備した。また都を飛鳥と比べて侵攻されにくい、近江・大津宮（おおつのみや）に移した。もし白村江の戦いが勝利に終わっていたら、天智天皇は近江には遷都せず、天智天皇ゆかりの近江神宮も造られず、小倉百人一首の新年恒例のかるた名人位・クイーン位決定戦も近江神宮では開催されなかったかもしれない（天智天皇が第１首目の作者ということにちなんで、近江神宮で開かれている）。

スィラ [sila] シッラ [ʃila]
Silla / Shilla N-15

キョンッヂュ [kjɔŋdʒu]
Gyeongju N-16

プルグッサ [pulgu^ksa]
Bulguksa N-17

ボウン ランク スィステム [boun rǽŋk sístəm]
Bone-rank system N-18

バトル オヴ ペッカンッ [bætl əv pɛ^kkaŋ]
Battle of Baekgang N-19

ゴウリオウ [góʊrioʊ] コリャ [korjʌ] コリョ [korjɔ]
Goryeo / Koryo / 고려 N-20

ワンッ ゴン [waŋ gɔn] テジョ オヴ ゴウリオウ [tɛ́dʒɔ əv góʊrioʊ]
Wang Geon / Taejo of Goryeo N-21

ケソンッ [kɛ́sɔŋ]
Kaesong N-22

トリピターカ コリアーナ [tripitáːka koriáːna]
Tripitaka Koreana N-23

メタル タイプ [métl taip]
Metal Type N-24

ゴウリオウ ウェア [góʊrioʊ wéɚ]
Goryeo ware N-25

バルヘ [bálhe]
中国語の読みにならえば Bohai。
Balhae N-26

デ ヂョヨンッ [dɛ dʒójɔŋ] キンッ ゴウ [kiŋ gou]
Dae Joyeong / King Go N-27

サンビョルチョ [sambjɔltʃʰo]
Sambyeolcho / 삼별초 N-28

N 朝鮮〈2〉李氏朝鮮

りせいけい
N-29 李成桂

李氏朝鮮の創始者。廟号は**太祖**。高麗の将軍で、倭寇の撃退により功をなす。高麗の**王禑**（ワンウ）から明の遼東征伐を命じられたが、威化島で引き返してクーデターを起こした（**威化島回軍**）。

りしちょうせん
N-30 李氏朝鮮

または李朝。1392 年、李成桂が建国。高麗では仏教が保護されたが、李氏朝鮮では儒教が国教となった。歴史の説明で単に「朝鮮」という時は、たいてい李氏朝鮮のことを指す。

かんじょう
N-31 漢城 / ソウル

李成桂は朝鮮の都を、当時**南京**、あるいは**漢陽**と呼ばれていた都市に遷都し、**漢城**（府）と名付けた。現在では、ソウルと呼ばれている。

やんばん
N-32 両班

または**ヤンバン、リャンバン**。官僚は文臣（**東班・文班**）と武臣（**西班・武班**）に組織され、文臣と武臣を指して**両班**といった。李氏朝鮮では、支配者層を指すようになる。俗語では現在でも妻が夫を指すのに使う。

くんみんせいおん
N-33 訓民正音 / ハングル

世宗の命令を受けた**集賢殿**という機関が文字を研究し朝鮮独自の文字を1443 年に完成させた。1446 年に公布。

国立ハングル博物館に展示された『訓民正音解例本』

せいそう
N-34 世宗

または「せそう」と読む。李朝第 4 代国王。**ハングル**の制定や、農業改革を行い、儒教を推し進めた。李朝が最も繁栄した時期となった。その治世により名君と呼ばれている。

りたいけい　りこう
N-35 李退渓 / 李滉

朝鮮朱子学の二大儒学者の1 人。「東方の小朱子」。彼に従う流派は**嶺南学派**という。

りりっこく　りじ
N-36 李栗谷 / 李珥

朝鮮朱子学の二大儒学者の1 人。彼の流れをくむ流派は**畿湖**（きこ）学派という。

または壬辰倭乱。

じんしん　わらん
N-37 壬辰の倭乱

1592 年に始まる豊臣秀吉の最初の朝鮮出兵に対する朝鮮での呼び名。日本では**文禄の役**。

または丁酉倭乱。

ていゆう　わらん
N-38 丁酉の倭乱

1597 年の豊臣秀吉による 2 度目の朝鮮出兵に対する朝鮮での呼び名。日本では**慶長の役**。

またはイ スンシン。

りしゅんしん
N-39 李舜臣

朝鮮の水軍司令官（全羅左水使）。亀甲船を開発し、壬辰の倭乱では日本水軍を撃破し、制海権を奪還した。しかし、丁酉の倭乱の露梁の海戦で流弾に当たり戦死した。救国の英雄と呼ばれる。

きっこうせん
N-40 亀甲船

または亀船。鉄針を多数取り付けた屋根で甲板を覆い、敵が外から飛び移って乗れないようにしたもの。

ていぼうこらん
N-41 丁卯胡乱

または**丁卯の乱**。1627 年、後金（後の清）による第 1 次朝鮮侵略。第 2 次は**丙子**（へいし）**胡乱**、または**丙子の乱**という。

ちょうせんつうしんし
N-42 朝鮮通信使

朝鮮が日本に派遣した使節。1636 年以降の名称。江戸時代には 12 回に及んだ。

全羅南道の麗水市・李舜臣広場に展示されている亀甲船の実物大模型。

韓国の地名は、日本語では**釜山**（プサン）や**仁川**（インチョン）のように漢字で表記されるが、ソウルだけはカタカナである。これはソウルという語が**漢字語**ではなく、古い**新羅語**に由来するため（意味については諸説ある）。カタカナが存在しない中国語では長らくソウルを**漢城**と書いていたが、2005 年以降、ソウルという発音に近い「**首爾**（首尔）」と書かれるようになった。

雲揚号事件ともいう。朝鮮西岸海域を測量中の日本の軍艦**雲揚**（うんよう）号が、江華島の砲台から砲撃され応戦した。

江華島事件（こうかとうじけん） N-43

または**江華（島）条約**。江華島事件の結果、1876 年に締結された通商条約。

日朝修好条規（にっちょうしゅうこうじょうき） N-44

高宗の実父・**興宣大院君**の画策により生じた、閔氏政権および日本に対する大規模な朝鮮人兵士の反乱。

壬午軍乱（じんごぐんらん） N-45

独立党（急進開化派）によるクーデター。親清派勢力（事大党）を一掃し、新政権を樹立したが、3日で失脚。

甲申事変（こうしんじへん） N-46

閔妃とされる写真。

または**東学（党）の乱**。「西学」（キリスト教）に対抗する「東学」（儒教・仏教・民間信仰が融合）の指導者・**全琫準**（ぜんほうじゅん）が指導した農民による反乱。

甲午農民戦争（こうごのうみんせんそう） N-47

または**乙未（いつび）事変**。第26代国王・高宗の王妃である閔妃が、敵対していた興宣大院君および日本の勢力によって暗殺された事件。

閔妃暗殺事件（びんひあんさつじけん） N-48

国旗は大韓民国の太極旗に似る。

清の冊封から脱した1897年から、1910 年の滅亡に至るまで李氏朝鮮が用いた国号。

大韓帝国（だいかんていこく） N-49

1904～07年の間に、日本と大韓帝国間で締結された3 つの条約の総称。

日韓協約（にっかんきょうやく） N-50

第 2 次日韓協約に基づいて大韓帝国の外交権を掌握した日本が、漢城に設置した統治機関。**伊藤博文**が初代統監に任命された。統監府には総務部・外務部・農商工務部・警務部が置かれた。

統監府（とうかんふ） N-51

1907 年にオランダのハーグで開催された第 2 回万国平和会議に、日本の侵略を訴えるため皇帝の全権委任状を持った使節を密かに送った事件。訴えは黙殺された。

ハーグ密使事件（みっしじけん） N-52

反日義兵闘争に加わった活動家。1909 年、5 ヶ月前まで初代統監だった**伊藤博文**をハルビン駅頭で射殺。その場で逮捕され、翌年死刑となった。現在、韓国では抗日闘争の英雄とされている。

安重根（あんじゅうこん） N-53

民衆の中から自発的に立ち上がった兵のこと。1907 年の韓国軍解散後に生じた日本の植民地化に反対し、義兵により**反日義兵闘争**が生じた。

義兵（ぎへい） N-54

または日韓併合。伊藤博文暗殺事件を口実に、日本が韓国併合条約を締結して韓国併合を行った。

韓国併合（かんこくへいごう） N-55

朝鮮半島の統治を行う機関。韓国併合後の 1910 年に、統監府が朝鮮総督府に改組された。

朝鮮総督府（ちょうせんそうとくふ） N-56

Korea 〈2〉 Joseon

李朝というと李氏朝鮮のことだけでなく、李公蘊（こううん）が建国した**ベトナムの李朝**（P-18）をも指す。

Taejo of Joseon ともいう。

イ ソンギェ [i sɔŋgje] イ ソンギェ [i sɔŋgje]
N-29 **Yi Seonggye / 이성계**

ヂョソン ヂョウズィアン [dʒósən / dʒóʊziən] チョソン [tʃosən]
N-30 **Joseon / 조선**

ハンソンヶ [hansəŋ] ソウル [soʊl]
N-31 **Hanseong / Seoul**

ヤンヶバン [jaŋban]
N-32 **Yangban**

ハーングール [há:ŋgu:l] ハングル [hangɯl]
N-33 **Hangul / 한글**

または Hangeul、Hangŭl、Hankul とも書かれる。また、Hunminjeongeum（訓民正音の音訳）も使われる。

セヂョンヶ ザ グレイト [sedʒoŋ ðə greit]
N-34 **Sejong the Great**

イ フワンヶ [i hwæŋ] イ トウェギェ [i tʰwegje]
N-35 **Yi Hwang / Yi Togye**

イ ユルゴク [i julgoᵏ] イ イ [i i]
N-36 **Yi Yulgok / Yi I**

インヂン ウォー [ímdʒin wɔ́ɚ]
N-37 **Imjin War**

または Imjin Disturbance。文禄・慶長の役は、総じて Japanese invasions of Korea、Japan's Korean War という。

チョンギュー ウォー [tʃóngyu: wɔ́ɚ]
N-38 **Chongyu War**

または Chongyu Disturbance。

イ スンシン [i sɔŋgje] イスンシン [i sunʃin]
N-39 **Yi Sunsin / 이순신**

タートル シップ [tə́:tl ʃíp]
N-40 **Turtle ship**

Later は、Later Jin **後金**の「後」なので、「後の」侵略という意味ではない。

レイタ ヂン インヴェイジョン オヴ ヂョソン [leit dʒin invéiʒən əv dʒósən]
N-41 **(Later) Jin invasion of Joseon**

ヂョソン ミッションズ トゥー ジャパン [dʒósən míʃənz tú: dʒəpǽn]
N-42 **Joseon Missions to Japan**

◆**Joseon 李氏朝鮮**　高麗を倒した李成桂は、1392年、遣明使を遣わした。明の洪武帝から国号を変えるよう伝えられたため、李成桂は「朝鮮」と「和寧」の２つの候補を提示した。そこで洪武帝は「朝鮮」を選び、その翌年に李成桂は国号を高麗から「朝鮮」へと変更した。この朝鮮という語は、『史記』（西暦前 91 年頃成立）や、『後漢書』（西暦５世紀初期に成立）にも記載されているが、元々は衛氏朝鮮の時代に平壌付近の古名として使われていて、朝鮮半島全体を指していたわけではないと考えられており、李氏朝鮮の時代になって初めて正式に国号として用いられた。Joseon は朝鮮 **조선**を翻字したもので、翻字の方法の違いで、Choson や Chosun ともつづられる。韓国語には基本母音が 10 個あり、すべてをローマ字１文字では表記できない。そこで、いくつかの母音は、ローマ字２文字で表している。Joseon の "eo" は、ㅓ [ɔ] という、日本語の「オ」よりも少し口を開いて発音する母音である。韓国語を理解している英語の話者は "eo" を正しく [ɔ] と発音しているが、韓国語に通じていない話者の場合、Joseon をジョウズィアンのように、英語風に発音するケースがしばしば見られる。

◆**Hangul ハングル**　韓国の文化観光部 2000 年式のローマ字表記では Hangeul、MR 式では Han'gŭl と書く。後半の母音の eu は、国際発音記号では [ɯ] で、唇を丸めないで発音する「ウ」の音に近いので、「エウ」でも「ユー」でも「オイ」でもない（ハンゲウルでもハンギュールでも、ハンゴイルでもない）。実際には英語では MR 式から修飾記号が省かれた Hangul が広まっている。正式な名称は「訓民正音」だが、当初は漢字しか使おうとしない両班たちからは「女子どもの使う文字」とみなされ、「諺文（おんもん）」と呼ばれて軽く扱われていた。ハングルという名称そのものは新しく、近年に広まった。ハ英語のスペルは朝鮮では Yi dynasty、ベトナムは Ly dynasty となる。李の字は中国では古代から現代まで [l] の発音だが、中国から朝鮮に伝わった後に語頭の [l] が [n] の音に変化したり消失したりした。しかし、北朝鮮では 1948 年の正書法改定で、本来あった [l] を文字に戻し、発音も復活した。そのため、現代の李さんは、韓国ではイさん、北朝鮮ではリさんになっている。

ングルの「グル」とは「文章、文字」の意。「ハン」については、「漢」(「偉大な」の意)説や、「大韓帝国」の「韓」説がある。中国語ならば漢は hàn、韓は hán で四声が違うが、ハングルでは判別できない。

◆ **Japanese annexation of Korea 韓国併合**

英語の annexation は、「領土・国の併合」を意味する。「併合」という表現は、対等な立場の「合併」ではなく、なおかつ侵略的な「併呑」では過激な表現なので、「併合」という言葉が作り出された。以前は、「日韓併合」と呼び、日本と大韓帝国が対等であるかのように表現していたが、日本が力で大韓帝国を保護国化したのが事実であり、それを示すために「韓国併合」という表現が今日増えたといわれている。

朝鮮通信使の役割

豊臣秀吉による朝鮮出兵によって日朝間の交流は断絶したが、江戸時代には国交が回復し、新将軍の即位のたびに、朝鮮通信使が来日した。400～500 人に及ぶ大使節団の華やかな行列見たさに街道は見物客であふれ、鎖国日本の民衆にとっては一生に一度見られるかどうかという一大イベントだった。しかし、行路で出迎える大名には、饗応費として莫大な負担が課せられるものでもあった。

釜山で毎年行われる朝鮮通信使の行列を再現したパレード。

または Battle of Ganghwa。

グワンッファワ アイランド インスィデント
[gwaŋ hwa áilənd ínsidənt]
Ganghwa Island incident N-43

ジャパン コリーア トリーティ オヴ エイティーン セヴンティ スィックス
[dʒəpǽn kərí:ə trí:ti əv éiti:n sévənti siks]
Japan–Korea Treaty of 1876 N-44

Imo Mutiny ともいう。

イモ インスィデント
[imo ínsidənt]
Imo Incident N-45

Gapsin Revolution ともいう。

ギャプスィン クープ
[gǽpsin ku:p]
Gapsin Coup N-46

ドンッハク ペザント ムーヴメント
[doŋhæk pézənt mú:vmənt]
Donghak Peasant Movement N-47

ウルミ インスィデント
[əlmi ínsidənt]
Eulmi Incident N-48

コリーアン エンパイア
[kərí:ən émpaiə˞]
Korean empire N-49

ヂャパン コリーア アグリーメンツ
[dʒəpǽn kərí:ə əgrí:mənts]
Japan–Korea Agreements N-50

ヂャパニーズ レズィデント ヂェネラル オヴ コリーア
[dʒæpəní:z rézidənt dʒénərəl əv kərí:ə]
Japanese Resident-General of Korea N-51

ヘイグ スィークレット エミサリ アフェア
[heig sí:krət émisəri əféə˞]
Hague Secret Emissary Affair N-52

または Ahn。

アン ヂュングン　アン ヂュン グン
[an dʒuŋgən]　[an dʒuŋ gɯn]
An Jung-geun / 안중근 N-53

ライチャス アーミ
[ráitʃəs ɑ́:rmi]
Righteous army N-54

ヂャパニーズ アネクセイション オヴ コリーア
[dʒæpəní:z ænekséiʃən əv kərí:ə]
Japanese annexation of Korea N-55

ガヴァナ ヂェネラル オヴ コリーア
[gʌ́vənə˞ dʒénərəl əv kərí:ə]
Governor-General of Korea N-56

東南アジア・インドの文字の由来

東南アジアやインド・中東で用いられている文字の形を見ると、ローマ字のアルファベットとは似ても似つかないが、実はそのほとんど全てが共通の源に由来している。古代の地中海貿易で栄えたフェニキアが用いていた**フェニキア文字**を、ギリシャ人がまねて作ったのが**ギリシャ文字**。さらに、それをローマ人がまねて作ったのが**ローマ字**（ラテン語のアルファベット）である。一方、アッシリアや新バビロニア、またペルシャ帝国の公用語として広く用いられていたアラム語を記すためにフェニキア文字が用いられ、独自の変化を遂げたものが**アラム文字**である。そこからが明確ではないが、おそらく砂漠に住みキャラバンで栄えたナバテア人が**ナバテア文字**を作り、それから**アラビア文字**になったり、**ブラーフミー文字**になったりし、さらにそこからインドの諸言語の文字や東南アジアの文字、また**チベット文字**が発展した。

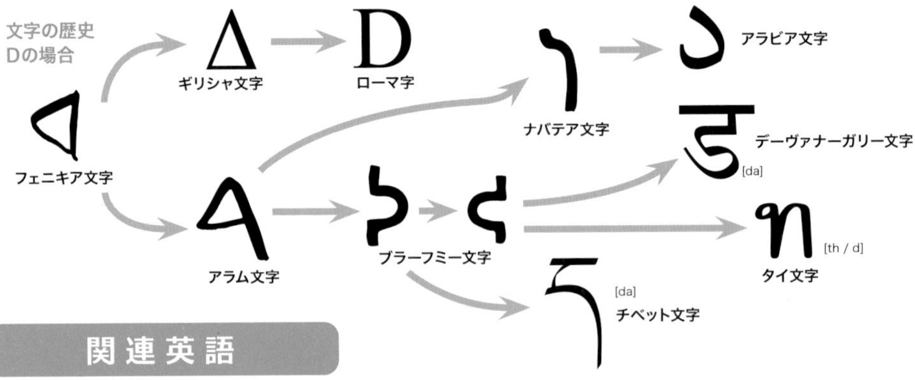

関連英語

フェニキア文字	フェニシアン アルファベット [fəníʃiən ǽlfəbèt]	**Phoenician alphabet**
アラム文字	アラメイイック アルファベット [ærəméiik ǽlfəbèt]	**Aramaic alphabet**
ナバテア文字	ナバティーアン アルファベット [næbətí:ən ǽlfəbèt]	**Nabataean alphabet**
アラビア文字	アラビック アルファベット [ǽrəbik ǽlfəbèt]	**Arabic alphabet**
ブラーフミー文字	ブラーミー アルファベット [brá:mi ǽlfəbèt]	**Brahmi alphabet**
デーヴァナーガリー文字	デイヴァナーガリ アルファベット [deivəná:gəri ǽlfəbèt]	**Devanagari alphabet**
チベット文字	ティベタン アルファベット [tibétn ǽlfəbèt]	**Tibetan alphabet**

上半分がギリシャ語、下半分がアラム語で書かれた碑文。トルコのイズミル（エフェソス）遺跡にある。アラム語はアッシリア帝国や新バビロニア帝国、ペルシャ帝国の公用語として広く用いられ、アラム文字が変化して、アラビア語やインドの文字、さらには東南アジアの文字が生まれた。

Part III

Southeast Asia
東南アジア

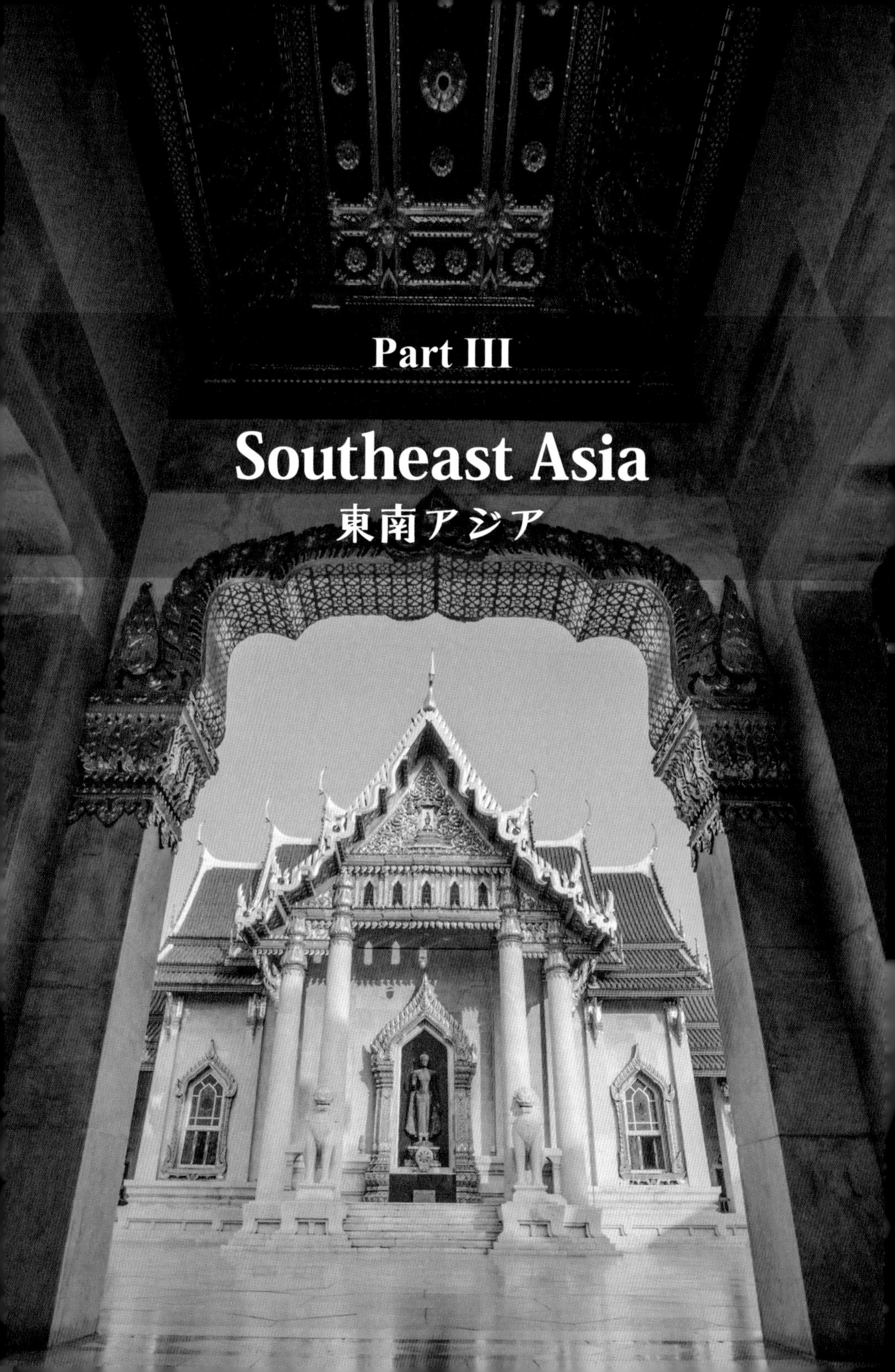

o-1 **東南アジア**
中国より南、インドより東のアジア地域。東南アジアの歴史・文化はインドと中国の影響を強く受けてきた。東南アジアは**大陸部**と**島嶼部**に分かれ、大陸部は、東南アジア本土ともいい、アジア大陸と陸続きのインドシナ半島、マレー半島からなる。島嶼部は海域東南アジアともいう。

o-2 **東南アジア大陸部**

o-3 **東南アジア島嶼部**

o-4 **インドシナ半島**

o-5 **アジア太平洋**
中東を除くアジア全域と太平洋地域。

o-6 **南シナ海**
古代から東南アジア諸国の重要な通商航路だった。

o-7 **オーストロネシア語族**
または南島語族。かつては**マレー・ポリネシア語族**と呼ばれた。マレー語、インドネシア語、ジャワ語、バリ語や、タガログ語、セブアノ語、チャム語に加え、台湾のアミ語を含むようになった。遠く離れたマダガスカル語を含む。

o-8 **シナ・チベット語族**
中国語の諸語（北京語、上海語、広東語他）、**チベット・ビルマ語族**に分かれる。従来はタイ・カダイ語族を含んだ。

o-9 **タイ・カダイ語族**
タイ語やラオ語、そして中国の少数民族の諸言語を含む**カダイ語派**（Kra languages）からなる。他の語派との関係は諸説ある。

o-10 **オーストロアジア語族**
クメール語、ベトナム語、モン語に加え、インドシナ半島の少数民族が用いている言語の総称。

o-11 **モン・クメール語派**
オーストロアジア語族の下位分類。クメール語やモン語を含む言語グループを指す。

オーストロアジア語族、オーストロネシア語族、タイ・カダイ語族をすべて包含した、仮説的な**オーストリック大語族**を提唱する学者もいる。

o-12 **カンボジア**
インドシナ半島の中央部の国。タイとラオス、ベトナムに接し、南部には**タイランド湾**がある。北から南へ**メコン川**が流れる。1887年フランスの植民地となった。

o-13 **クメール語**
またはカンボジア語。モン・クメール語派に属する言語。カンボジアの人口の約9割が話す。クメール語にはタイ語の借用語が多いが、タイ語と異なり声調がない。

o-14 **メコン川**
カンボジアやベトナム南部を流れる川。中流にプノンペンがある。メコン川はタイ語での名称で、クメール語では**トンレトム川**、ベトナムでは**クーロン川**という。

東南アジアの歴史は、北は中国文化、西はインド文化、さらにはイスラームの影響も受けている。アンコール朝以前の時代を**プレ・アンコール時代**というが、カンボジアの伝説的建国者がバラモンの出であり、アンコール朝はヒンドゥー教が国教だった。しかし、国教は揺れ動き 13 世紀半ば以降は上座部仏教が支配的になる。現在のカンボジアは人口の約 98% が仏教徒である。

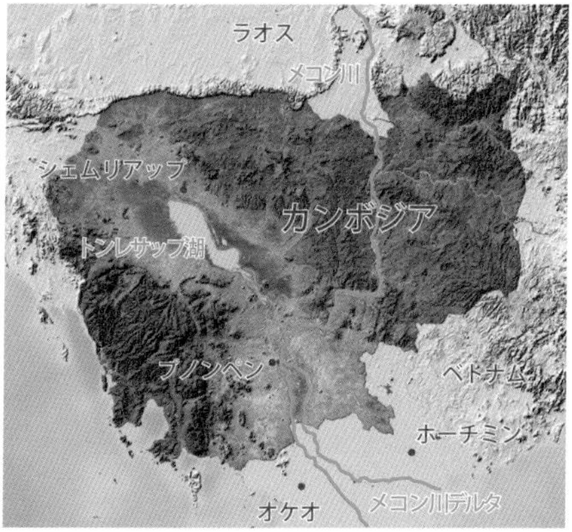

扶南 o-15

カンボジアからベトナム南部の地域に 1 世紀末頃に建国し、中国とインドを結ぶ貿易によって栄えた。7 世紀に真臘により滅亡。

オケオ o-16

扶南で栄えた港市。クメール語で「水晶（ガラス）の運河」の意。1940 年代にフランスの考古学者**ルイ・マルレ**が遺跡を発見した。

真臘 o-17

またはチャンラ、チェンラ。南下してきたクメール人によって建国された。一時期、**陸真臘**、**水真臘**に分裂し、国力が弱まった。

ジャヤーヴァルマン1世 o-18

真臘の最盛期の王。メコン川流域全体に支配を広げた。

アンコール朝 o-19

またはクメール王朝。802 年に**ジャヤーヴァルマン 2 世**が建国。約600年続いた。

ジャヤーヴァルマン2世 o-20

アンコール朝の創始者。分裂した国内を再統一し、ジャワの支配から脱した。

スーリヤヴァルマン2世 o-21

アンコール・ワットを建設し、クメール文化の最盛期をもたらした。

アンコール・ワット o-22

ヒンドゥー教ヴィシュヌ派の巨大な寺院。カンボジアの国旗にも描かれている。

カンボジアの国旗に描かれたアンコール・ワット。

アンコール・ワットは東南アジア最大級の建築遺跡。東西 1.5km・南北 1.3km の堀に囲まれている。外側の第 1 回廊は東西 200m、南北 180m の四角形で、壁面は彫刻で埋め尽くされている。**朱印船貿易**によってやって来た日本人は、この寺院を**祇園精舎**（ぎおんしょうじゃ）と勘違いした。1632年、日本からの参拝客である**森本一房**が仏像 4 体を奉納したという記録が残っている。

ジャヤーヴァルマン7世 o-23

1190 年、チャンパーを征服し、アンコール朝を最大版図にまで広げた。

アンコール・トム o-24

ジャヤーヴァルマン 7 世によって、アンコール・ワットの北に建てられた王宮。

カンボジアの暗黒時代 o-25

アユタヤ朝によるアンコール朝滅亡から、1863年のフランスによる保護国化までの期間。

プノンペン o-26

1866 年以降のカンボジアの首都（アンコール朝でも一時、首都だった）。仏植民地時代の街並みゆえに**東洋のパリ**、**アジアの真珠**と呼ばれた。

フランス領インドシナ o-27

または仏領インドシナ。1863〜1954 年の間、フランス支配下に置かれた。

クメール文字 o-28

またはカンボジア文字。東南アジアの文字中、最も初期に作られた。独特の丸い子音字の周囲に母音記号を付けるのが特色。

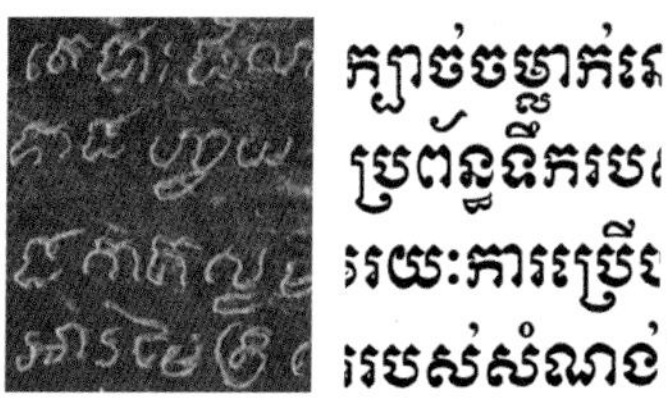

左はアンコール・ワットの壁画のクメール文字。右は現代の活字。

サウスィースト エイジャ
[saʊθíːst éiʒə]
o-1 **Southeast Asia**

メインランド サウスィースト エイジャ
[méinlænd saʊθíːst éiʒə]
o-2 **Mainland Southeast Asia**

マリタイム サウスィースト エイジャ
[mæritaim saʊθíːst éiʒə]
o-3 **Maritime Southeast Asia**

インドチャイニーズ ペニンスラ
[indotʃainíːz pənínsələ]
o-4 **Indochinese Peninsula**

エイジャ パスィフィック
[éiʒə pəsífik]
o-5 **Asia-Pacific**

サウス チャイナ スィー
[saʊθíːst tʃáinə siː]
o-6 **South China Sea**

オーストロニージャン ラングウィッヂズ
[ɔːstrouníːʒən lǽŋgwidʒz]
o-7 **Austronesian languages**

サイノウ ティベタン ラングウィッヂズ
[sáinoʊ tibétn lǽŋgwidʒz]
o-8 **Sino-Tibetan languages**

タイ カダイ ラングウィッヂズ
[tai kádai lǽŋgwidʒz]
o-9 **Tai-Kadai languages**

オーストロエイジアティック ラングウィッヂズ
[ɔːstroueiʒiǽtik lǽŋgwidʒz]
o-10 **Austroasiatic languages**

モウンクメア ラングウィッヂズ
[moʊnkəméə lǽŋgwidʒz]
o-11 **Mon–Khmer languages**

キャンボウディア
[kæmbóudiə]
o-12 **Cambodia**

「カンボジア人、カンボジアの」という意味にもなる。

キャンボウディアン / クメア カマイ
[kæmbóudiən] / [kəméə / kəmái]
o-13 **Cambodian / Khmer**

メカンヶ リヴァ / クー ロンヶ リヴァ
[mékaŋ rívə] / [kuː lɔŋ rívə]
o-14 **Mekong river / Cuu Long river**

◆**Austronesian languages オーストロネシア語族**　austro- はラテン語で「南」を意味する接頭辞。-nesia はギリシャ語のネーソス「島」に由来する接尾辞。2つを足した Austronesian は、「南の島」という意味になるため、Austronesian languages は日本語で**南島語族**とも訳されている。それに対して、Austroasiatic languages の Austroasiatic は、「南アジアの」という意味になる。

◆**Sino-Tibetan languages シナ・チベット語族**　Sino- は、「中国」を意味するラテン語 Sinaeスィーナエに由来。ギリシャ語の Σῖναι シーナイ「中国」から取られている。さかのぼればサンスクリット語の Cīna チーナに、さらにさかのぼれば、中国で最初に統一王朝を築いた **秦**（チン） Qin にたどり着く。英語の China チャイナも同根語である。こうしてみると、語頭の子音は [tʃ] チャ行と [s] サ行の間を行き来している。

◆**Jayavarman ジャヤーヴァルマン**　ジャヤーヴァルマンはサンスクリット語で「勝利の守護者、勝利の鎧」の意。スーリヤヴァルマンも「太陽の守護者、太陽の鎧」という意味。名前の後半のヴァルマンとは **「鎧、盾」** のような防具、さらには比喩（ひゆ）的に **「守護者、庇護（ひご）者」** を表した。アンコール朝の王の名には、しばしば「～ヴァルマン」が付いたが、これはアンコール朝（802～1431年）よりも古い時代の、インド南部で栄えたパッラヴァ朝（275～897年）の王たち（マヘーンドラヴァルマン、ナーラシンハヴァルマン等）の先例にならったものかもしれない。

◆**Phnom Penh プノンペン**　プノンペンはクメール語で「ペンの丘」の意。昔、ペン夫人という信心深く裕福な女性が、川を流れてきた4体の仏像を見つけ、近くの丘に寺院を建てたことから名付けられた。ちなみに、扶南も「山、丘」を意味する同じクメール語に由来するのかもしれないが、真相は不明である。

東南アジアで成立した王朝の中では最初期のものといえる扶南は、強く**インド**の影響を受けていた。とはいえ、その住民がモン・クメール語派か、オーストロネシア語族か、それともその混成なのかでは意見が分かれている。考古学的な遺物からもはっきりしたことがいえない。扶南の建国者カウンディンヤもインドネシアやマレー半島から来たという説がある。

カンボジアとペルシャの王カンビュセス

カンボジアの建国神話によれば、インド人でバラモンの王子である **Kaundinya カウンディンヤ**（この名前はサンスクリット語。中国語では混滇（こんてん）、クメール語は Preah Thong）が、船でカンボジアに渡来し、現地の女王 **Soma ソマ**（中国語で柳葉、クメール語 Neang Neak）と戦って打ち破り、後に2人は結婚して国を興し、都を **Kambuja カンブージャ**と名付けたという。このカンブージャはインド・イラン語族の一部族で、インド北部に林立した十六大国の1つである **Kamboja カンボージャ**（サンスクリット語）にちなんでいると考えられているが、この語源は諸説入り乱れている。一説にはインド・イラン語族の戦士 Kamboja（インド神話で大洪水を生き残った Manu マヌから数えて12代目に相当）のことだといい、別説では**美形の王**という意味だという（一族が美形だった?）、別説では **Svayambhuva Kambu スヴァヤンブヴァ・カンブー**という伝説の首長の子孫（-ja はサンスクリット語で「子、子孫」）で、Kambu + -ja = Kambuja に由来するという（ある伝説では Kambu がカンボジアを建国したとなっている）。ところで、十六大国のカンボージャはインダス川の西北に位置し、アケメネス朝ペルシャと隣接していた。古代ペルシャにおいて Kambuja の人名は一般的で、キュロス大王の息子の **Cambyses カンビュセス王**もその1人だという（古代ペルシャ語はカンブージエ。カンビュセスはギリシャ語なまりと英語なまりが重なったもの）。話は変わるが、ポルトガル人がカンボジアから日本に初めて野菜のカボチャを持ち込んだため、ポルトガル語の地名 Camboja カンボージャがなまって日本語の**カボチャ**になった。このような「カンボジア」という単語の古今東西を股にかけた広がりには驚かされる。

カボチャの別名ナンキン（南京）も、交易船の寄港地に由来する。

または Founan。
フーナン　ノコル ペノーム
[fú:nɑn]　[nɔkɔ́r pənɔ́:m]
Funan / Nokor Phnom o-15

または Oc-Eo、Oc-èo。ベトナム語では Óc Eo。
オキオ
[ókio]
Oc Eo / OcEo o-16

チャンラ
[tʃǽnlə]
Chenla o-17

ヂァイヤヴァーマン ザ ファースト
[dʒaijaváɚmən ðə fɚ́:st]
チェイヤヴァーマンとも発音する。
Jayavarman I o-18

アンコー アンコウア エンパイア
[ǽŋkɔɚ /ǽŋkoʊɚ émpaiɚ]
または Khmer empire。
Angkor empire o-19

ヂァイヤヴァーマン ザ セカンド
[dʒaijaváɚmən ðə sékənd]
チェイヤヴァーマンとも発音する。
Jayavarman II o-20

スーリャヴァーマン ザ セカンド
[su:rjaváɚmən ðə sékənd]
Suryavarman II o-21

アンコー アンコウア ワット
[ǽŋkɔɚ /ǽŋkoʊɚ wæt]
Angkor Wat o-22

ヂァイヤヴァーマン ザ セヴンス
[dʒaijaváɚmən ðə sévənθ]
Jayavarman VII o-23

アンコー アンコウア タム
[ǽŋkɔɚ /ǽŋkoʊɚ tɑm]
Angkor Thom o-24

ダーク エイヂ オヴ キャンボウディア
[dáɚk eidʒ əv kæmbóudiə]
Dark age of Cambodia o-25

ペノーム ペン
[pənɔ́:m pɛn]
Phnom Penh o-26

フレンチ インドウチャイナ
[frentʃ indoutʃáinə]
French Indochina o-27

または Khmer script。
クメア アルファベット
[kəméɚ ǽlfəbet]
Khmer alphabet o-28

P ベトナム

P-1 **ベトナム** または越南。インドシナ半島の東部の国。中国とラオス、カンボジアに接している。細長い国のため、北部と南部には長く別の国が存在。北部は長く中国の支配を受けた。

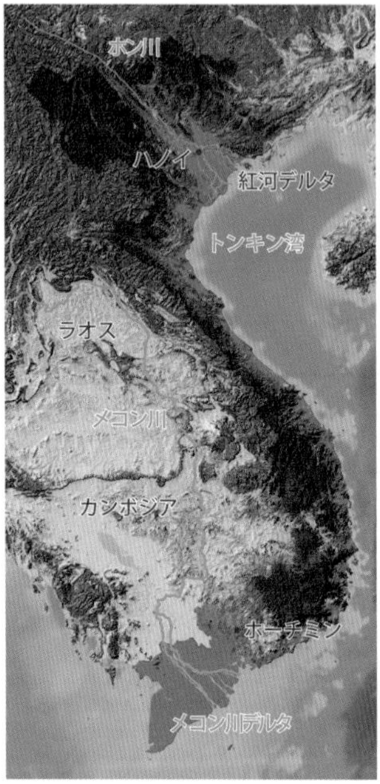

ベトナムの国土の75%は山岳と高原地帯が占める。

P-2 **ベトナム語** モン・クメール語派に属する言語。12の母音、6つの声調を持つ。

Việt Nam

ベトナム語の正書法では、声調記号や装飾記号が付く。

P-3 **ドンソン文化** 西暦前4世紀～1世紀頃のベトナムの高度な文化。青銅器のみならず鉄器も用いた。担い手は、**古越人**（キン人の祖先）と考えられる。

P-4 **キン人** または**キン族**、**京人**、**ベト人**、**越**（えつ）**族**。現在のベトナムの人口の9割を占める。

P-5 **銅鼓** ドンソン文化を特徴づける祭儀用と思われる青銅製の太鼓。ベトナム各地で発見される。

P-6 **チャンパー** または**チャンパ**。2～17世紀まで続いたベトナム中南部の港市国家。

P-7 **チャム人** チャンパーを構成した民族。**オーストロネシア語族**で海洋民族だった。現在のチャム人は、山岳地帯に住む少数民族。イスラーム教徒が多い。

P-8 **林邑** チャンパーの2～8世紀の中国名。後漢の日南郡象林県の**区連**が2世紀末に叛乱を起こし、林邑を建国した。

P-9 **占城** チャンパーの9世紀以降の中国名。彼らの日照りに強い稲は、宋で**占城稲**、日本で**赤米**（**大唐米**）と呼ばれた。

ベトナム南中部の都市クイニョンにある**タップ・ドイ（ツインタワー）**は、チャンパーの代表的な遺跡の1つ。レンガを主要な材料とし、東南アジアの大陸部ではなく、島嶼部に広く見られる形式。

P-10 **文郎国** 西暦前2879年、**フン王**（雄王）によってベトナム史上最初に建国したとされる伝説的な国家。

P-11 **雄王 / フン王** 中国の黄帝の子孫と主張。文郎国の王は代々**雄王**と唱えたとも。

P-12 **南越国** 秦の始皇帝の下で地方官であった**趙佗**（ちょうだ）が、秦滅亡の混乱に乗じベトナム北部で独立。

P-13 **徴姉妹の乱** または**ハイ・バ・チュン**（チュン姉妹）の反乱。**徴側**（チュン・チャック）と**徴弐**（ちょうに／チュン・ニ）の姉妹が、ベトナム北部を支配していた後漢に対して蜂起した。

P-14 **徴側** 徴姉妹の姉。またはチュン・チャック。軍を率いて女王となるも、支配3年目に漢の初代皇帝・光武帝の遣わした歴戦の将軍・**馬援**に敗北し、入水ないしは処刑された。姉妹は現在、**ベトナムのジャンヌ・ダルク**と呼ばれている。

ベトナム中南部のチャンパーは、インド・中国間の中継貿易によって栄えた。このチャンパーは、中国では林邑、環王（環王国）、占城と呼び方を変えた。チャンパーで主要な民族だった**チャム人**は、現在のベトナムでは少数派。現在のベトナム語はオーストロ**アジア**語族だが、チャム人は海洋民族由来なのでオーストロ**ネシア**語族のチャム語を話している。

安南都護府 P-15

唐の6都護府の1つ。唐がベトナムの北部・中部を統治するために現在の**ハノイ**に置かれた機関。**阿倍仲麻呂**（G-23）も一時期赴任していた。ベトナム人独立とともに消滅した。

ハノイ P-16

ベトナムの北部・紅河デルタの都市。中国によるベトナム支配の拠点。李朝では**昇竜**（タンロン）、黎朝では**東京**（トンキン）と呼ばれ、首都となった。仏領インドシナ連邦時代も総督府が設置され、ハノイと改称された。

ハノイのタンロン遺跡では、敬天殿跡の竜の階段が最古の遺物。

大越国 P-17

11～19世紀初頭まで続いた北ベトナムの国号。いくつか王朝が交代した。中国からは**安南**と呼ばれた。

李朝 P-18

1009年、**李公蘊**がベトナム北部に建国。科挙などの中国式制度を導入。1225年、女帝・**李昭皇**が夫の陳太宗に譲位し滅亡。

李公蘊 / 李太祖 P-19

または**リ・タイ・ト**。仏教を篤く信仰し、多くの寺院を建設した。

陳朝 P-20

李朝末期に各地で生じた農民反乱の鎮圧に貢献した**陳氏**が建国。1225～1400年まで支配した王朝。この時期、次第にベトナムの民族意識が高まった。南隣のチャンパーとは抗争を続けた。

陳興道 P-21

または**チャオ・フン・ダオ**、陳国峻。陳朝初代皇帝である太宗の甥で将軍。一時ハノイまで侵攻してきた元の大軍を3度にわたって撃破した。ベトナムの英雄。

チュノム P-22

または**クォックアム**（国音）。陳朝の時代、漢字を利用して新たに作られたベトナム固有の文字。今日では、ローマ字に補助記号を付した**正書法**が使用されている。

黎朝 P-23

1428年、黎利によって建国。1527年に**莫登庸**（マク・ダン・ズン）が王位を奪い、**莫朝**（まくちょう・ばくちょう）を建て、短期間続いた。それより前を前黎朝、後を後黎朝と呼ぶ。

黎利 P-24

または**レ・ロイ**。李朝（後期李朝）の初代皇帝。ベトナム中部のラムソンの豪族出身。明の永楽帝が遠征軍を派遣し、**胡朝**を滅ぼしたが、地方豪族だった黎利は明軍のいるハノイを包囲し、ベトナムの独立を回復した。

西山朝 P-25

「タイソンちょう」ともいう。

1771年、西山で交易商人だった**阮氏三兄弟**が農民反乱を起こした（西山の乱）。長男・**阮岳**が1778年に西山朝を建国。三男・**阮恵**がユエで「北平王」に、次男の**阮侶**がジャディンで「南平王」となった。

阮恵 / 光中皇帝 P-26

または**阮文恵**。乾隆帝の遣わした20万の清軍を撃退。北平王だったが後に光中皇帝となる。怪力で知られ、100kgの米俵を軽々と持ち上げた。極めて重い銀の槍を振るって戦った。

阮朝 P-27

または**ぐえんちょう**。1802年,阮福暎がベトナムを統一。都はフエ。1804年、国号を越南国と改称。清仏戦争後、フランスの統治下に置かれたが阮朝は存続した。**ホー・チ・ミン**によるベトナム民主共和国の独立により幕を閉じた。

嘉隆帝 / 阮福映 P-28

または**グエン・フック・アイン**。越南国の阮朝の初代皇帝。西山党の乱でシャムに亡命。阮恵の死後、1802年、西山朝を打倒して阮朝を建国した。

P Vietnam

ベトナムの人名が英語で表記される場合、ベトナムの正書法で使われている声調記号が省略され、ベトナム語特有のアルファベットも普通のローマ字に変更されて表記されるのが一般的である（例：Lý Thái Tổ → Ly Thai To）。

ヴィエトナーム
[vietnɑ́:m]
P-1 **Vietnam / Viet Nam**

ヴィエトナミーズ
[vietnəmí:z]
P-2 **Vietnamese**
「ベトナム人、ベトナムの」という意味にもなる。

ドンヶ ソン カルチャ
[dɔŋ sɔn kʌ́ltʃɚ]
P-3 **Dong Son culture**

キン
[kin]
P-4 **Kinh** (people)

ドンヶ ソン ブランズ ドラム
[dɔŋ sɔn brɑnz drʌm]
P-5 **Dong Son bronze drum**
または Dong Son drum。

チャンパ
[chámpə]
P-6 **Champa**

チャム
[cham]
P-7 **Cham**

リン イー [lin i:] / リン イー [lʲin i:]
P-8 **Linyi** / 林邑 Lín Yì

ヂャン チェンヶ [dʒæn tʃəŋ] / チャン チェンヶ [ʈʂæn ʈʂʰəŋ]
P-9 **Zhancheng** / 占城 Zhàn Chéng

ハンヶ バンヶ [hɑŋ bæŋ] / ヴァン ランヶ [væn læŋ]
P-10 **Hong Bang** / 文郎 Văn Lang

フン キンヶ [huŋ kíŋ] / ホウンヶ ヴィアンヶ [hʊwŋ͡m viəŋ]
P-11 **Hung King** / 雄王 Hùng Vương

サザン ユー [sʌ́ðɚn ju] / ナン ユー [næn ju:] / ナン ヴィエト [næm viet]
P-12 **Southern Yue** / 南越 Nán Yuè / Nam Việt

チュンヶ スィスタズ リベリオン
[tʃuŋ sístɚz ribéljən]
P-13 **Trung sisters' rebellion**
英米人により [traŋ] トランヶと発音されることもある。

チュンヶ チャック [tʃuŋ tʃak] / チュンヶ チャック [tɕiŋ tɕak]
P-14 **Trung Trac** / Trưng Trắc
英米人により [traŋ trak] トランヶ トラックと発音されることもある。

◆**Vietnam ベトナム**　日本語でベトナムは「ヴェトナム」や「ヴィエトナム」とも書かれる。ベトナム語ではViệt Nam [viət na:m] なので、ヴィエトナムが最も近いが、あまりこの表記は用いられていない。Vietnam ベトナムは、漢字の**越南**のベトナム語読み。現在でもベトナムを漢字一文字で略す場合は越を用いる。例えば、**中越戦争**といえば中国・ベトナム間の戦争のことで、新潟県中央部の中越地方の戦争という意味ではない。

◆**Hanoi ハノイ**　この名前は中国語の「河内」（ピンインでHé nèi）がベトナム語になまったもの。これはハノイが川に囲まれた低湿地だったため。

ハノイでは川が支流に分かれ、運河が発達しているために、**ベトナムのベニス**とも呼ばれている。

◆**Gia Long 嘉隆帝**　阮朝の初代皇帝の嘉隆帝・**阮福暎**（げんふくえい）は阮氏だが、倒した西山（たいそん）三兄弟の西山朝も阮氏。この２つは別の阮氏である（阮という姓はベトナムに多い）。西山三兄弟は、黎朝後期にベトナム南半部を支配していた阮氏（南部阮氏、または広南阮氏）を倒し、一族を皆殺しにした。阮福暎はかろうじて生き延びてシャムに逃れた。そこで、フランス人宣教師**ピニョー・ド・ベーヌ**が援助を申し出た。彼は阮福暎の幼い息子を連れてフランス本国に戻ってルイ16世に謁見し、軍隊の派遣の約束を取り付けた。しかし、インドに進駐していたフランス総督が反対し、さらベトナムは東南アジア諸国中最も中国文化の影響を受けた国。ベトナム語の語彙には、漢字に由来する**漢越語**が多数含まれる。漢越語とは、意味は中国語の漢字と同じ、発音はベトナム特有の漢字音（古代の中国語の名残を残している）、ただし現在はローマ字で表記されている。ベトナムの地名は、ほぼすべて漢越語で、普通の単語のうちでも６～７割を占めるという。

にはフランス革命が起きたため派兵は実現せず、ピニョーは自費で阮福暎に武器を援助し、自らも従軍した。最新の武器を手に入れた阮福暎は西山朝を倒すことに成功した。この援助は、後にベトナムにフランスが進出するきっかけを作ることとなった。

嘉隆帝（阮福暎）

いろいろな「越」

越人という場合、広い意味では、古代中国において長江以南からベトナム北部と広範囲な地域に居住した諸越族を指し、総称として**百越**とも呼ばれる。一方、狭い意味では現在のベトナムの主要民族であるキン族を指す。ちなみに、**呉越同舟**という成語の由来となった春秋時代の**呉**の国や**越**の国も両方とも百越に含まれる。越は紀元前４世紀に隣国の楚との戦いに敗れて滅亡し、越人は南下して現在の中国福建省の付近に移住し**閩越**（びんえつ）を建国した。秦の滅亡後、前203年に漢人の趙佗が、閩越の西から北ベトナムに至る地域で独立し、**南越**を建国。やがて漢の武帝が数十万の大軍で南越や閩越を侵略し、前111年に南越が、翌年閩越が滅亡した。南越滅亡後は中国支配が長く続くが、1009年、李公蘊が北ベトナムで独立を果たし、1054年に国号を**大越**（だいえつ）にした。1802年に阮朝を建国した阮福暎は宗主国の清の嘉慶帝に**南越**（Nam Viet）いう国号を願い出たが聞き入れられず（かつての大国の南越という名に領土的野心を感じたためか?）、代わりに**越南**（Viet Nam）という国号を与えられた。これが今日のベトナムの由来となっている。

プロテクトリット ヂェネラル オヴ アナム
[prətéktərət dʒénərəl əv ǽnəm]
Protectorate General of Annam P-15

ハノイ
[hænɔ́i]
Hanoi P-16

グレイト ヴィエト　ダーイ ヴィエト
[gréit viét]　[ʔɗa:j viət̚]
Great Viet / Đại Việt P-17
ベトナム語

リ ダイナスティ
[li dáinəsti]
Ly dynasty P-18

リー ターイ ト　リー ターイ ト
[li: ta:i to]　[li: tʰa:j to]
Ly Thai To / Lý Thái Tổ P-19
ローマン体はベトナム語

英米人により [tran] トランと発音されることもある。
チャン ダイナスティ
[tʃən / dáinəsti]
Tran dynasty P-20

チャン フンヶ ダーオ　チャン フンヶ ダーウ
[tʃən huŋ dá:ʊ]　[t͡ɕən hɨŋ ɗa:w]
Tran Hung Dao / Trần Hưng Đạo P-21

チュノム　チュノム
[tʃúnom]　[t͡ɕɨ nom]
Chunom / Chữ Nôm P-22

レ ダイナスティ
[le dáinəsti]
Le dynasty P-23

レ ローイ　レ ローイ
[le lɔ:j]　[le lə̂:j]
Le Loi / Lê Lợi P-24

ベトナム語での発音は、[təj sə:n] タイ ソーン。
タイ ソン ダイナスティ
[tai sɔn dáinəsti]
Tay Son dynasty P-25

クワンヶ チュン　クワンヶ チュン
[kwɑŋ tʃuŋ]　[kwa:ŋ tɕɨŋ]
Quang Trung / 光中 Quang Trung P-26

ニューイェン ダイナスティ
[njú:jen dáinəsti]
Nguyen dynasty P-27

ザー ロンヶ
[za: loŋ]
Gia Long P-28

Q タイ・ラオス

タイに関しては、日本語ではアユタヤ**朝**のように～朝という表現が多く使われ、アユタヤ王国はやや少ない。英語では Ayutthaya **kingdom** がよく使われ、Ayutthaya **dynasty** は頻度が少ない。

Q-1 **タイ**
インドシナ半島の中央部とマレー半島北半からなる国。日本語で**タイランド**ということもある。人口の約 95% が仏教徒。

Q-2 **タイ語**
タイ・カダイ語族に属する。中国語と同じように、1 つの音節で 1 つの意味を表す。声調は基本的に 5 種類ある。

Q-3 **シャム**
かつての国号はシャムだったが、1939 年、タイの首相**プレーク・ピブーンソンクラーム**（略すとピブーン）が、タイに変更した。

シャム族ともいう。
Q-4 **シャム人**
狭義のタイ人。または**小タイ族**（タイ・ノイ）。タイの主要民族。同系のシャン人は**大タイ族**（タイ・ヤイ）という。

Q-5 **チャオプラヤー川**
タイの中央を流れるタイで最も長い大河（全長 372 km）。

バンチェンとも書く。
Q-6 **バーンチェン文化**
またはバンチエン文化。有史以前の文化で、土器は渦巻模様が特徴。

Q-7 **ドヴァーラヴァティー**
6～11世紀頃に存在した、モン族が建てた王国。

Q-8 **モン族**
または**モン人**。オーストロアジア語族。**上座部仏教**を信奉した。今日、タイにおいてモン人は少数民族。

Q-9 **ナコーンパトム**
ドヴァーラヴァティー王国の中心地。最初にインド僧が仏教を伝道した町。

スコータイ王朝とも書く。
Q-10 **スコータイ朝**
または**プラ・ルワン朝**。小タイ族による最初の王朝として 1238 年に独立。

Q-11 **ラームカムヘーン**
スコータイ朝第 3 代の王。タイの礎を築いたともいわれる大王。

Q-12 **タイ文字**
ラームカムヘーンが制定したタイ独自の文字。インドの**ブラーフミー文字**をもとに作られた。

Q-13 **ラーンナー王国**
13～18 世紀にタイ北部にあった国。ラーンナーとは**百万の田**の意。

Q-14 **チェンマイ**
または**チエンマイ**。ラーンナー王国の首都。現在はタイで人口第 2 位の都市。

チャオプラヤー川下流のデルタ地帯には運河が張り巡らされ、アジア有数の稲作地帯となっている。上は、バンコク郊外で蛇行するチャオプラヤー川。

ナコーンパトムのプラ・パトム・チェディ。120m の世界一高い仏塔がある。

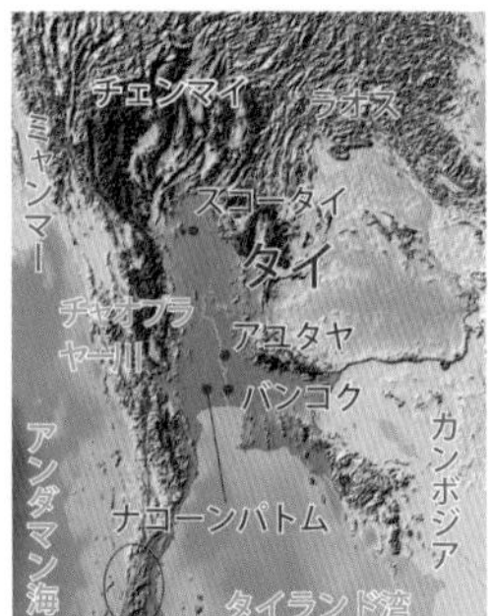

ラームカムヘーン碑文（拡大）。最初のタイ文字の碑文。

タイ族は**中国南部の長江中下流域**ないしは**中国の東南沿岸**を源としている（アルタイ山脈説など諸説あり）。中国の圧力によって南下し、8 世紀には**南詔**（現、雲南省付近）にもタイ族が住んでいたが、さらに南のインドシナ半島各地へ移動した。タイ系の少数民族は現在、北は**雲南**から東は**ラオス**、西は**北ビルマのシャン州**や**インド・アッサム州**にも住んでいる。

アユタヤのワット・プラシーサンペット（王室専用寺院）の遺跡。

上はナレースワン王の蝋人形。右はラーマ 5 世の蝋人形。共にバンコクのマダム・タッソー蝋人形館に展示されている。
ナレースワンが王子の頃、ビルマ・タウングー朝のバインナウン王（R-18）はアユタヤを攻撃し、アユタヤは一時期、ビルマの支配下に入る。ナレースワンは人質となり、バインナウンの養子となった。しかし、バインナウンの死後、本国に戻されていたナレースワンがビルマに反旗を翻し、アユタヤ朝を復活させた。このため、ナレースワン以前を**前期アユタヤ朝**といい、復興後を**後期アユタヤ朝**という。

ラーマーティボーディー 1 世が 1351 年に建国。ビルマのコンバウン朝によって滅亡。 **アユタヤ朝** Q-15
アユタヤ王朝とも書く。

アユタヤ朝の首都。**日本人町**も存在した。 **アユタヤ** Q-16

アユタヤ朝第 21 代の王。タイ族の国を再興した。タイの三大王の 1 人。 **ナレースワン** Q-17

山田仁左衛門長政。アユタヤ朝で出世し、タイの一地方の王国・**六昆**（リゴール）の王になった。 **山田長政** Q-18

1767 年、アユタヤ朝の将軍**タークシン**が建国。15 年間の一代限りで終わる。 **トンブリー朝** Q-19

鄭信または**鄭昭**とも。中国の潮州出身の華人（華僑）。首都をトンブリーに置いた。 **タークシン** Q-20

または**チャクリー朝**、**バンコク朝**。現在も続く。 **ラタナコーシン朝** Q-21

ラタナコーシン朝の首都。そして、現在の首都。タイ人は**クルンテープ**と呼ぶ。正式名称はとても長い。 **バンコク** Q-22

または**チュラロンコーン**。タイを近代化した名君。現国王ラーマ 10 世の曽祖父。 **ラーマ 5 世** Q-23

小タイ族の住民が多い。インドシナ半島内陸のベトナムとカンボジア、タイに囲まれた国。 **ラオス** Q-24

もしくはラオ語。シャム語やシャン語と同様に南西タイ語に属する。ラーン人は小タイ族に属する。 **ラーオ語** Q-25

14 ～ 18 世紀にラオスに存在した王国。 **ラーンサーン王国** Q-26

1354 年にラーンサーン王国を建国し、**ルアンパバーン**に首都を置いた。 **ファー・グム** Q-27

ラオスの首都。メコン川の北東岸にあり、対岸はタイ領。 **ヴィエンチャン** Q-28

ヴィエンチャンのアヌサーワリー・パトゥーサイ（凱旋門）。

国名のLaosラオスは通称で、公式な英語ではLao People's Democratic Republic（ラオス人民共和国）。LaosはLao「ラーオ人」の複数形に由来する。

Q-1	タイランド [táilænd] **Thailand**	
Q-2	タイ [tai] **Thai**	「タイ人、タイの」という意味にもなる。
Q-3	サイアム [sáiəm] **Siam**	
Q-4	サイアミーズ [saiəmí:z] **Siamese**	「シャム語、シャムの」という意味にもなる。
Q-5	チャオ プラヤー リヴァ [tʃaʊ prəjá: rívɚ] **Chao Phraya River**	
Q-6	バン チャンング カルチャ [bæn chimaŋ kʌ́ltʃɚ] **Ban Chiang culture**	
Q-7	ヴァーラヴァーティ [vɑ:rəváti] **Dvaravati**	英語では語頭のDは発音しない。タイ語では、[tʰawa:rawadi:] タワーラワディー。
Q-8	モウン [moun] **Mon**	
Q-9	ナコーン パトーム [nəkɔ́:n pətɔ́:m] **Nakhon Pathom**	
Q-10	スコータイ ソコータイ キングダム [súkɔ:tai/səkɔ́:tai kíŋdəm] **Sukhothai kingdom**	Sukhothai dynasty ともいう。
Q-11	ラーム カムヘーング [lɑ:m kɑmhé:ŋ] **Ram Khamhaeng**	Ramkhamhaeng ともつづる。
Q-12	タイ アルファベット [tai ǽlfəbet] **Thai alphabet**	Thai script ともいう。
Q-13	ラーン ナー キングダム [lɑ́:n na: kíŋdəm] **Lan Na kingdom**	または Lanna kingdom。
Q-14	チャーング マイ [tʃjɑ:ŋ mai] **Chiang Mai**	

◆**Thailand タイ**　日本語では**タイ**だが、英語では Thailand で land「土地、領土」が付く。一方、英語の Thai は「タイの」という形容詞や、「タイ人、タイ語」という意味になる。今日、「タイ人」という場合は小タイ族と呼ばれる狭い意味でのタイ人だけでなく、タイ国籍を持つマレー系や中国系（華人）その他の少数民族全てを含む。タイという語は「自由」を意味するとしばしば説明されている。これは、タイが東南アジアのなかで唯一、西欧勢力によって植民地化されず、「自由」を保つことができたという誇りを表現している。タイという語は元々は「人（奴隷ではない自由人）、民」という意味があり、さらにさかのぼれば、古代中国語の「大」（つまり大人）に由来すると考えられる。

◆**Siam シャム**　英語でシャムは「サイアム」と発音する。間違って英語の会話で「シャム」と発音すると、sham「まがい物の、インチキな」（shame シェイム「恥」と同根語）になってしまうので要注意。タイ語では「サヤーム」という発音が近い。

◆**Siamese シャム人**　「小タイ族」とも呼ばれる。小タイ族の「小」は、小タイ族と同系で隣接するミャンマーのシャン州に住む「大タイ族」と比べて背が低いためとされる。シャムという語はおそらく「濃い茶色の、こげ茶色の」を意味するサンスクリット語 śyāmá シャーマに由来。シャム人の肌の色が大タイ族と比べて濃いことに起因すると推定されている。大タイ族は **Shan シャン人**ともいう。Sham と Shan が似ているのは、Sham がビルマ語でなまって Shan になったため。さらにインドの Assam アッサムも Sham と同根語と考えられている。

◆**Chao Phraya River チャオプラヤー川**　以前はメナム川と呼ばれた。実はメナムはタイ語で普通名詞の「川」。タイ語でチャオプラヤー川を「メーナーム・チャオプラヤー」というが、西欧人がメナムを誤って河川名だと勘違いしたことによる。

◆**Yamada Nagamasa 山田長政**　駿河国（現、静岡県）で沼津の領主**大久保忠佐**に駕籠かきとして仕えていた山田長政は、朱印船に乗りタイに渡った。やがてアユタヤ朝に雇われた日本人傭兵の隊長、また日本人町の頭領として活躍。アユタヤに侵攻したスペイン艦隊と戦って２度も勝利を得た。外国人としては異例の昇進を遂げ、地方国**リゴール**（漢字名は**六昆**）の王となった。

16世紀初頭、朱印船貿易に関係する日本人らによってアユタヤに日本人町が誕生した。関ヶ原の戦い、大坂の陣などで浪人となった日本人が多数入り拡大。現在、跡地は「日本人村」と呼ばれ、日本庭園や山田長政の記念館がある。

シャム猫とタイ猫

シャム（シャム猫）は、スレンダーな体にすらりと長く伸びた脚、逆三角形の顔に大きな耳、そしてサファイアブルーの目が特徴。タイ原産で短毛種の猫の品種。品種名で**サイアミーズ** Siamese と書かれることがあるが、これは「シャム」の英語の形容詞形であり、「シャムの、シャム人、シャム語」という意味がある。一方、**タイ**（タイ猫）は、近年登録された品種で、「オールドスタイル」「トラディショナル」と呼ばれ、姿はシャム猫より丸みがある。シャム猫はタイから輸出され、世界中で掛け合わされるうちに、よりスレンダーな容貌に変わったが、タイ猫は元々の姿に近い。タイ猫は Wichien maat ウィチエンマートというタイ土着の種を用い、シャム猫から戻し交配によって作られたため、古くて新しい品種といえる。

シャム猫

タイ猫

Ayutthaya dynasty ともいう。

アユータヤ キンッダム
[ɑːjúːtəjə kíŋdəm]
Ayutthaya kingdom Q-15

アユータヤ
[ɑːjúːtəjə]
Ayutthaya Q-16

ナーレースワン
[nɑːréːswən]
Naresuan Q-17

ヤマダ ナガマサ
[jamada nagamasa]
Yamada Nagamasa Q-18

Thonburi dynasty ともいう。

タンブリー キンッダム
[tɑnbʊríː kíŋdəm]
Thonburi kingdom Q-19

タクスィン
[tɑ́ksin]
Taksin Q-20

Rattanakosin dynasty や Chakri dynasty ともいう。

ラタナコウスィン キンッダム
[rætənəkóusin kíŋdəm]
Rattanakosin kingdom Q-21

バンカック クルンッ テイプ
[bǽŋkɑk] [krʊŋ teip]
Bangkok / Krung Thep Q-22

チュラーローンコーン ラーマ ザ フィフス
[tʃulɑːlɔ́ːŋkɔə-n] [rɑ́ːmə ðə fifθ]
Chulalongkorn / Rama V Q-23

ラオス
[lɑ́ʊs]
Laos Q-24

「ラオスの、ラオス人」という意味にもなる。ラーオ語を特に指すなら、lao language、ラオス人を特に指すなら Lao people ということができる。

ラオ
[lɑ́ʊ]
Lao Q-25

ラーン サーンッ キンッダム
[laːn saːŋ kíŋdəm]
Lan Xang kingdom Q-26

ファー ッグム
[fɑː ŋʊ́m]
Fa Ngum Q-27

ヴィエンティヤーン
[vjentjɑ́ːn]
Vientiane Q-28

R ビルマ(ミャンマー)

R-1 **ビルマ** 東南アジアの西端に位置し、インドに接する国。パガン朝、タウングー朝、コンバウン朝などの王朝の後、19 世紀後半にイギリスの植民地となる。第 2 次世界大戦では日本の支配下に置かれたが戦後独立した。

R-2 **ミャンマー** 1989 年に国号の英語表記をビルマからミャンマーに変更した。ミャンマーとは**強い人**という意味。

R-3 **ビルマ語**(ご) またはミャンマー語。**シナ・チベット語族**に属する。8 つの母音・34 の子音・3 つの声調がある。

R-4 **エーヤワディー川**(がわ) もしくは**イラワジ川**。ミャンマー中央を流れる全長 2,170km の川。

R-5 **アンダマン海**(かい) インド洋の縁海(えんかい)(列島や半島で不完全に外海の大洋から分けられた海)。マレー半島とアンダマン諸島、ニコバル諸島に囲まれている。

R-6 **ピュー** 中国では**驃**や**剽**と書く。8～9 世紀頃、エーヤワディー川中流域で栄えた、城壁に囲まれた 7 つの都市国家群(シュリークシェートラやテーゴウン、ベイッタノー、ハリンなど)。南詔の圧迫を受けて衰退。

R-7 **シュリークシェートラ** または**タイェーキッタヤー**。7 つのピューの城郭都市のうち最大のもの。現在、城壁跡や寺院を含む遺跡が世界遺産として登録されている。

R-8 **南詔**(なんしょう) 738 年頃、チベット・ビルマ語族の**皮羅閣**(ヒロコー)が、雲南地方を統一して建国。9 世紀にはビルマ、タイ地方に侵攻した。

R-9 **パガン朝**(ちょう) 11 世紀頃、チベット付近のビルマ人が南下。パガン朝を建国しパガンに都を置いた。1287年、元軍により滅亡。

R-10 **パガン** パガン王朝の首都。現在では、バガンと表記されている。名前には**ピュー族の集落**という意味がある。

R-11 **アノーヤター** パガン王朝を建国した初代の王。広範な地域を征服し、インドや雲南まで派兵した。

R-12 **アーナンダ寺院**(じいん) または**アーナンダ僧院**、**アーナンダー寺院**。世界三大仏教遺跡の 1 つ。

R-13 **ミャゼディ碑文**(ひぶん) ビルマ語最古の碑文。四面にパーリ語、ピュー語、モン語、ビルマ語が刻まれている。

R-14 **ナラパティシードゥー** パガン朝第 7 代王。マレー半島の付け根まで領土を広げた。

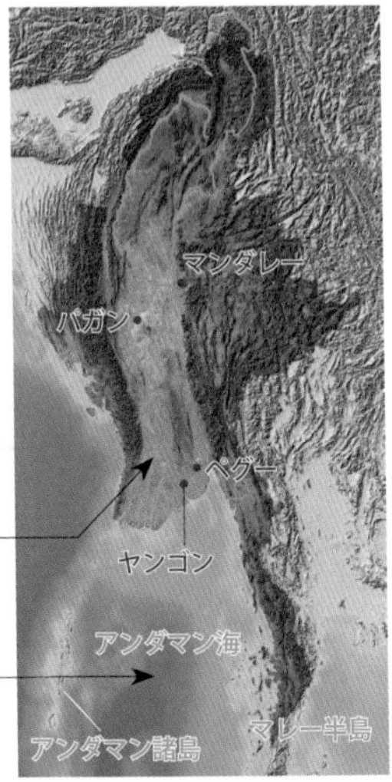

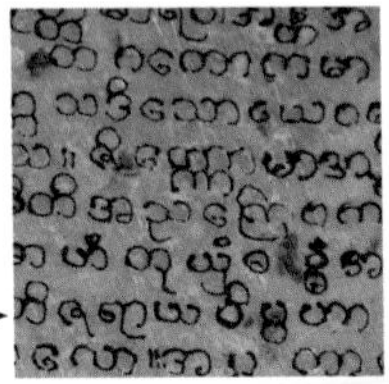

ビルマ語の碑文の一部。文字は丸い形が特徴。

シュリークシェートラにあるボウボウヂー・バヤーと呼ばれる高さ 46 m の仏塔。

アーナンダ寺院は、パガン遺跡中最大の寺院遺跡。パガン朝第 3 代**チャンシッター王**によってパガンに建立された。その名は、仏陀の十大弟子の 1 人アーナンダに由来する。

パガン朝は上座部仏教を保護し、パゴダや仏教寺院を多数建設したため**建寺王朝**と称される（パガンの仏塔の数は 3,000 を超えるという）。それらの寺院はビルマ芸術の頂点といわれている。寺院建設は経済発展に一役買っていたが、多大な国費と労働力を費やしたため、仏教教団は富んでいく反面、王国の衰退を早めさせたとも考えられている。

バインナウン王の建設したペグーにあるカンボーザターギー王宮。1599 年に全焼し、1992 年再建が完成した。

またはトゥングー朝。ビルマ人が国家を樹立。パガン朝に続く2度目の統一王朝となる。 **タウングー朝** R-15

タウングー朝が、対立していたペグー朝やインワ朝を征服し、ペグー朝の首都だったペグーに遷都した。現、**バゴー**。 **ペグー** R-16

バインナウンがタイのアユタヤ王朝に侵攻した、数度にわたる戦争。その結果、タイはビルマの属国となる。 **緬泰戦争** R-17

タウングー王朝の中で最も著名な王。難攻不落のタイの都アユタヤを占領した。 **バインナウン** R-18

またはアラウンパヤー朝。1752 年、ビルマ人アラウンパヤーがビルマを統一し、コンバウンを都に建国した。1886年、イギリス領インド帝国に併合されて滅亡。 **コンバウン朝** R-19

モーソーボ（現、シュエボー）の首長。ビルマを再統一して王位に就いた。 **アラウンパヤー** R-20

アラウンパヤーの第 4 王子。西へ領土を広げ、ビルマ最大の版図になる。 **ボードーパヤー** R-21

イギリスとビルマとの間の 3 回にわたる戦争。ビルマは敗北を重ね、第3次英緬戦争でコンバウン朝は滅亡。 **英緬戦争** R-22

コンバウン朝の開明的な王。税制改革等の近代化を推進したが、その死後は保守派の反動により近代化は挫折。 **ミンドン** R-23

マンダレー王宮。1945 年の日本と英印連合軍との戦闘で王宮は焼失。1990 年代に再建。

ミンドン王が 1857 年に**アマラプラ**から遷都。英領インドの支配下に置かれる 1885年までの首都。 **マンダレー** R-24

イギリス領インド帝国ビルマ州から1937年に分離したビルマの植民地。 **イギリス領ビルマ** R-25

1755年、アラウンパヤーが聖地**ダゴン**を占拠しヤンゴンと改称。ヤンは「敵」、ゴンは「撃滅する」の意。 **ヤンゴン** R-26

ヤンゴンのカンドージー湖畔のカラウェイク宮殿

ヤンゴンが英語なまりでラングーンといわれた。イギリス植民地時代、イギリス支配の拠点となる。 **ラングーン** R-27

略して YMBA。1906 年設立。ビルマ民族運動の始まりとなる。 **青年仏教徒連盟** R-28

R Burma (Myanmar)

バーマ
[bɚ́:mə]
R-1 **Burma**

ミャンマー　ミーアンマー
[mjǽnmɑɚ / mí:ənmɑɚ]
R-2 **Myanmar**

「ミャンマー人、ミャンマーの」という英語の形容詞には、Myanmarese ミャンマリーズや Myanma ミャンマがある。

バーミーズ
[bɚ̀:mí:z]
R-3 **Burmese**

「ビルマ人、ビルマの」という意味にもなる。英米人は今も Myanmar language（ミャンマー語）よりは Burmese（ビルマ語）という表現を多く用いている。

エイヤーワディ リヴァ　　イラワディ リヴァ
[eiyɑɚwɑ́di rívɚ]　　[irəwɑ́di rívɚ]
R-4 **Ayeyarwady River / Irrawaddy River**

アンダマン スィー
[ǽndəmæn si:]
R-5 **Andaman Sea**

ピュ
[pju]
R-6 **Pyu**

シュリー クシェトラ
[ʃri: kʃétrə]
R-7 **Sri Ksetra**

ナン ヂャオ　　サザン ヂャオ
[nɑn dʒaʊ]　　[sʌ́ðɚn dʒaʊ]
R-8 **Nanzhao / Southern Zhao**

パガーン キングダム
[pəgɑ́:n kíŋdəm]
R-9 **Pagan kingdom**

パガーン
[pəgɑ́:n]
R-10 **Pagan**

[péigən] ペイガンとも発音されることがある。

アナウラター　アノーヤター
[ənaurɑ́tɑ: / ənɔ:jɑ́tɑ:]
R-11 **Anawrahta**

アーナンダ アナンダ テンプル
[ɑ́:nəndə / ənǽndə témpl]
R-12 **Ananda Temple**

マイアゼディ インスクリプション
[máiəzedi inskrípʃən]
R-13 **Myazedi inscription**

ナラパティ スィズー
[narapati síðu:]
R-14 **Narapati Sithu**

Narapatisithu とも書く。

◆**Burma ビルマ**　ビルマ語では「ビルマ」は公式には မြန်မာ mranma になる。ビルマ語ではスペルと発音が離れている場合があり、この場合、古代に発音していた [mr] の [r] が発音されなくなり、代わりに半母音 [j] に変化して、mranma は [mjəmà] ミャンマーとなった。一方、口語表現は ဗမာ Bama [bəmà] なので「ビルマ」にやや似ている。英語の Burma も、経路は定かではないが、この口語 Bama から派生したと見られる。ちなみに Bama は、Mranma の語頭の Mr が変化して B になったもの（これは、漢字の「馬」の発音が、周・漢の上古音の時代は [*mraːʔ] ムラーだったのに、隋・唐の中古音の時代に [m^{y}a^{X}] マになり、日本の漢音では [ba] バ になったのに似ている。ただし日本の呉音は古い音に近い [ma] マである）。ちなみに、日本語の「ビルマ」はオランダ語 Birma ビルマから来ている。Burma か Myanmar かというのは本来は英語における言語学的な問題にすぎないのだが、これを政治的な問題とみなし、英語表記を変更したミャンマーの軍事政権に反対し民主化を標榜する政治的立場から、あえて今も Burma を用いている人やグループがある。

◆**Alaungpaya アラウンパヤー**　アラウンパヤーは身長が約 180cm で、当時のビルマ人の標準から見るととても背の高い人物だった。ミャンマーの現在の首都ネピドー（またはネーピードー）市中心部の広場には、ビルマ史において著名な王であるアノーヤター、バインナウン、アラウンパヤーの 3 人の巨像が置かれているが、アラウンパヤーが他の２人とあまり変わらない身長になっている。

◆**Pagan パガン**　パガンは Bagan とも書く。

1989年にミャンマー政府は、英語表記の一部を古いビルマ語由来の表記から、現代ミャンマー語に近づけた表記へと改称し、カタカナ表記も変更された。その結果、**ビルマ**は**ミャンマー**に、**イラワジ川**は**エーヤワディー川**に、**ラングーン**は**ヤンゴン**に、さらに都市名もMoulmein **モールメン**はMawlamyaing **モーラミャイン**に、Tavoy **タボイ**はDawei **ダーウェイ**へ変更された。

Pyu「ピュー」+ gama「村」=「ピューの村落」を意味すると推定されている。ちなみに英語には由来の異なるpagan「異教徒の、異教の」という単語があるため（ラテン語paganus パーガーヌス「田舎の」より）、Pagan dynasty「パガン王朝」に対して、pagan dynastyでは「異教徒の王朝」になってしまう。

アジアのロゼッタストーン

ミャゼディ碑文は、パガン近郊で発見された四角柱の石碑。パガン王朝の**チャンシッター王**（パガン朝第3代王・アーナンダー寺院の建立者）の王子**ラージャクマール**によって1112年に建てられた（そのため、別名がラージャクマール碑文）。四面のそれぞれには、**パーリ語、ピュー語、モン語、ビルマ語**で同じ内容の碑文が刻まれている。その内容は死に瀕した父王のため、王子が黄金の仏像を作って王に捧げ、さらに寺院を建てて3つの村を寄進したことを記述している。ビルマ語最古の碑文であり、その内容からチャンシッター王の正確な即位年や在位期間が解明され、ビルマ史の研究の一助となった。さらに石碑によって、死語になっていたピュー語について、1911年に最初の解読の研究が行われ、その結果、ピュー語がチベット・ビルマ系の言語であることが判明した（ただしまだ完全には解読されていない）。このため、ミャゼディ碑文は**ビルマのロゼッタストーン**、または**アジアのロゼッタストーン**と呼ばれている。

Taungoo dynastyとも書く。

タウングー ダイナスティ
[táuŋ(g)u: dáinəsti]
Toungoo dynasty R-15

ペグー　バゴ
[pəgú:]　[bəgó]
Pegu / Bago R-16

バーミーズ サイアミーズ ウォー
[bə́:mí:z saiəmí:z wɔ́ə]
Burmese–Siamese war R-17

バイナウンッ
[bainá uŋ]
Bayinnaung R-18

コンバウンッ ダイナスティ
[kónbauŋ dáinəsti]
Konbaung dynasty R-19

アラウンッパヤー アラウンッパヤー
[əláuŋpəja / əlauŋpája:]
Alaungpaya R-20

ボードーパヤー
[bo:dɔ:pəja:]
Bodawpaya R-21

アングロウ バーミーズ ウォーズ
[ǽŋglou bə́:mi:z wɔ́əz]
Anglo–Burmese wars R-22

ミンドン
[míndon]
Mindon R-23

マンダレイ
[mændəléi]
Mandalay R-24

ブリティッシュ バーマ
[brítiʃ bə́:mə]
British Burma R-25

ヤンゴウン
[jæŋgóun]
Yangon R-26

ラングーン
[ræŋgú:n]
Rangoon R-27

ヤンッ メンズ ブーディスト アソウスィエイション
[jʌŋ menz bú:dist əsousiéiʃən]
Young Men's Buddhist Association R-28

S インドネシア

s-1 **インドネシア** 赤道の南北に広がる海の大国。多民族かつ多宗教国家。

s-2 **インドネシア語** インドネシアの国語。もとは海峡マレー語。

s-3 **インドネシア諸島** 1万7千を超す島々からなる。

s-4 **スマトラ島** インドネシアの西端の島。サンスクリット語で**黄金の島**の意。

s-5 **ジャワ島** 世界で最も人口の多い島（1億4千万）。2位は日本の本州（1億4百万）。

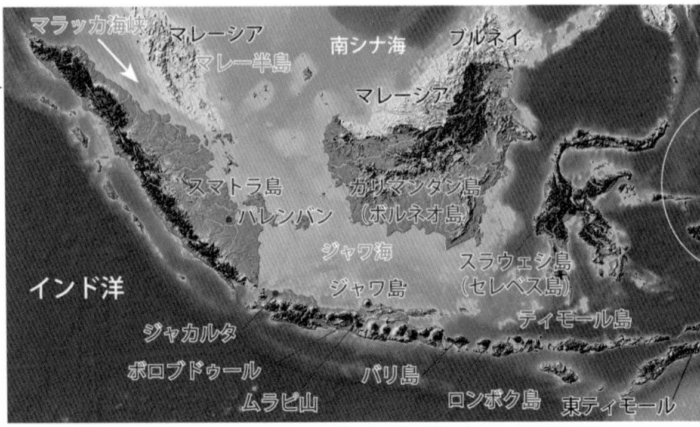

スマトラ島の面積はおおまかにいって本州の約2倍、ジャワ島は約半分。現在インドネシアの人口は約 2.7億人、つまり日本のおよそ倍である。

s-6 **シュリーヴィジャヤ王国** 7～14 世紀のスマトラ島に存在した多くの港市国家を従えた王国。マラッカ海峡ルートの貿易で繁栄した。中国では「室利仏逝」（しつりぶっせい）と呼ぶ。唐の僧・**義浄**（ぎじょう）がインドへの行き帰りの途中で来訪。その様子を『南海寄帰内法伝』に記した。

s-7 **パレンバン** スマトラ島南部にあるシュリーヴィジャヤ王国の首都。後に東南アジア最大の油田が発見される。

s-8 **シャイレーンドラ朝** 8～9 世紀ジャワ島の港市国家。**大乗仏教**を保護した。

s-9 **ボロブドゥール** ジャワ島中部に 8 世紀に建設された世界最大級の石造の仏教遺跡。

メダン王国ともいう。

s-10 **古マタラム王国** またはヒンドゥー・マタラム。**サンジャヤ王**が 717 年にジャワ島で即位。

s-11 **プランバナン** おそらく古マタラム王国の時期に建造された、インドネシア最大のヒンドゥー教寺院がある。

ボロブドゥールの寺院は、1 辺約 120m の四角い基壇の上に、ピラミッド状に 9 層の壇が乗る。ムラピ山の大噴火の火山灰に千年間埋もれていたものを、1814年にラッフルズが発見。

プランバナン遺跡の中心寺院であるロロ・ジョングランには、高さ約47m のシヴァ神殿を中心に、ブラフマ神殿、ヴィシュヌ神殿等がある。

s-12 **クディリ朝** 古マタラム王国の血筋のシンドク王が都をジャワ島中央部から東部に移転。クディリ朝を創設した。

s-13 **ムラピ山** ジャワ島中央の火山。**火の山**を意味する。928年の火山噴火が理由でシンドク王は東に移動したという説もある。

s-14 **シンガサリ朝** 1222 年、**ケン・アンロク**（ラージャサ）がクディリ朝を倒してジャワに建国。

シンガサリ朝の**クルタナガラ**王は、元の皇帝クビライからの降伏勧告を拒絶。クビライは大軍を派遣した。しかし、王はクディリ王家の末裔**ジャヤカトワン**によって暗殺され、シンガサリ朝は滅亡。クルタナガラの娘婿のヴィジャヤが元軍と組んでジャヤカトワンを倒し復讐を遂げた。しかも、勝利に酔いしれた元軍をヴィジャヤが奇襲し、元軍を壊滅させた。

マジャパヒト朝 s-15

またはマジャパイト朝。シンガサリ朝滅亡後、元軍を撃退した王族ヴィジャヤが 1293 年にジャワ島に建国。ヒンドゥー教国。

ラーデン・ヴィジャヤ s-16

シンガサリ朝最後の王クルタナガラ王の娘婿。策を巡らして政敵と元軍を共に撃退した。

ガジャ・マダ s-17

別名、**象将軍**。マジャパヒト朝の宰相。シュリーヴィジャヤ王国を滅ぼし支配を東南アジア全域に広げた。

マタラム王国 s-18

新マタラム王国、イスラーム・マタラム。16世紀末～18世紀のジャワ島中部を支配したイスラーム教国。

オランダからバタヴィアへ航海した乗員乗客 340 名の大型船・バタヴィア号。復元された実物大レプリカ。1629 年、オーストラリア沖の珊瑚礁に座礁し沈没。生存者は無人のビーコン島に避難したが、水と食糧が少なく、壮絶な虐殺事件が生じた。

アチェ王国 s-19

スマトラ島で16 世紀初期に成立したイスラーム教国。1873年から約30年続いたアチェ戦争でオランダに敗北。

バンテン王国 s-20

16 ～ 19 世紀にジャワ島西部に興こった、香辛料の貿易により栄えたイスラーム教の港市国家。

オランダ領東インド s-21

蘭印。オランダによる植民地国家。インドネシアのほぼ全域を支配。

バタヴィア s-22

オランダ東インド会社が 1619 年に商館を建設。要塞化され、オランダの植民地支配の拠点となる。現在のジャカルタ。

モルッカ諸島 s-23

または**マルク諸島、香料（スパイス）諸島**。当時はクローブとナツメグの唯一の産地として重要だった。

アンボイナ事件 s-24

またはアンボン事件。香辛料貿易を巡る、オランダとイギリスの対立の端緒となった事件。結果としてイギリス勢力が排除された。日本人傭兵も関係した。

ディポネゴロの騎馬像。彼はゲリラ戦法でオランダ軍を攻撃。激しい消耗戦となり、ジャワ側は約20万人の犠牲者を出した。

ジャワ戦争 s-25

または**ディポネゴロ戦争**。オランダに対する反植民地闘争。ディポネゴロはジャワ人の王子で反乱指導者。

強制栽培制度 s-26

または政府栽培制度。農民にコーヒー、サトウキビなどを安い労賃で栽培させた。

ファン・デン・ボス s-27

オランダ領東インドの総督。1830 年赴任後、強制栽培制度を実施。

英蘭戦争 s-28

イギリスとオランダ間で海上貿易の覇権を争った 3 度の戦争。第 1 次（1652～）、第 2 次（1665～）、第 3 次（1672 ～）。

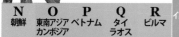

s-1 インドニーシャ [indəníːʃə] **Indonesia**

s-2 インドニーシャン [indəníːʃən] **Indonesian**

s-3 インドニーシャン アーキペラゴウ [indəníːʃən ɑɚkəpéləgoʊ] **Indonesian Archipelago**

s-4 スマートラ [sʊmáːtrə] **Sumatra**

s-5 ヂャーヴァ [dʒáːvə] **Java**

s-6 シュリーヴィヂャヤ キンッグダム [ʃriːvidʒájə kíŋdəm] **Srivijaya kingdom**

s-7 パーレンバーンッグ [pɑːlémbɑːŋ] **Palembang**

s-8 シャイレンドラー ダイナスティ [ʃailendráː dáinəsti] **Shailendra dynasty**

s-9 ボウロウブードゥア [bouroubuːdúə] **Borobudur**

s-10 エインシャント マターラム [éinʃənt mətáːrəm] **Ancient Mataram**

または Medang kingdom。

s-11 プラーンバーナーン プランバナーン [prɑːmbáːnɑːn / prəmbənáːn] **Prambanan**

s-12 クディアリ ケイディーリ ダイナスティ [kədíəri / keidíːri dáinəsti] **Kediri dynasty**

s-13 マウント ミラーピ [maunt məráːpi] **Mount Merapi**

s-14 スィンガサーリ ダイナスティ [siŋgəsáːri / siŋhəsáːri dáinəsti] **Singhasari dynasty**

Singosari kingdom とも書く。

◆**Indonesia インドネシア**　Indo-「インドの、インド人の」を意味する連語形＋ギリシャ語で**島**を意味する**ネーソス**＋地名を表す接尾辞 -ia。英語の初出は 1850 年だが、1920 年代の民族運動が高まった時期に、民族のアイデンティティを示す語として広まった。

◆**Java ジャワ島**　ジャワというと、ジャワコーヒーが思い浮かぶかもしれないが、ジャワという言葉はサンスクリット語で「大麦の島」を意味する Yava-dvīpa ヤヴァ・ドヴィーパから島を意味するドヴィーパを省略したもの。4 世紀頃にインドでヤヴァ・ドヴィーパに関する記述があるが、この時にはジャワ島を指していたのかそれともスマトラ島を指していたのかは定かでない。当時はジャワ島にもスマトラ島にも大麦は栽培されていなかったので、ヤヴァとは黍(きび)のことを指していたと考えられている。

◆**Srivijaya kingdom シュリーヴィジャヤ王国**　シュリーヴィジャヤ朝 (Srivijaya dynasty) とも呼ばれる。古代や中世の東南アジアの国々は「〜王国」とか「〜朝」、「〜王朝」など様々な形で呼ばれることがある。名前の前半のシュリーはサンスクリット語で「幸運、幸福、繁栄、富」という意味で、**尊称、敬称**として人名・地名にも用いられている (Sri Lanka スリランカなど)。スペルは時として Shri や Sree とも書かれる。後半の部分のヴィジャヤは、「勝利、征服、成功」を表す。ちなみに、マジャパヒト朝の創始者のヴィジャヤも、「勝利者、征服者」という意味になる。

◆**Amboyna massacre アンボイナ事件**　アンボイナとは、東南アジアのモルッカ諸島とバンダ諸島の間にある小島のアンボン島のこと。香辛料のクローブ (丁字(ちょうじ)) の産地。この事件の結果、イギリスはオランダが衰退するまで東南アジアから撤退し、インド支配に力を注いだ。

◆**Mataram Sultanate マタラム王国**　英語の後半の Sultanate サルタネイトは、「Sultan スルターンの位」や、「スルターン国 (スルターンの支配する国)」という意味がある。

ジャワ島の植民地化を進めていたオランダに対して住民が抵抗し、1825～30年の**ジャワ戦争**が勃発した。長期化した戦争はオランダの財政難を引き起こした。そこで1830年、総督**ファン・デン・ボス**は**強制栽培制度**を施行し財政は潤ったが、さらに住民の反発が生じ、スマトラで1873年に**アチェ戦争**が勃発。敗北したアチェ王国は併合され、**オランダ領東インド**に組み込まれた。

日本語でマタラム王国やアチェ王国、バンテン王国と呼ぶように、英語でも～ kingdom という表現が使われることがある。マタラム王国の場合、Mataram kingdom という表現だと古マタラム国なのか新マタラム王国なのか区別が付かないが、古マタラム国はヒンドゥー教国だったので、Mataram Sultanate と書けば、イスラーム教国の新マタラム王国であることが分かる。

モルッカ諸島・スパイス諸島

モルッカ諸島とマラッカ海峡はなんとなく発音が似ているが、語源はおそらく異なり、モルッカはアラビア語で「女王」を指す語に由来する(他にも説がある。マラッカの語源については p.140 参照)。香料諸島・スパイス諸島という別名があるように、スパイスの産地として有名だった。ヨーロッパ各国はこの産地を手に入れようと熾烈な競争を行い、いわゆる「スパイス戦争」を繰り広げ、最終的にはオランダが勝利した。**ナツメグ**は世界中で唯一、モルッカ諸島のバンダ諸島でのみ産出した。しかし、**クローブ(丁字・丁子)**はマラッカ諸島全体に生えていたため、オランダはアンボン島以外の島のクローブの木を伐採してしまった。これに対抗し、フランスやイギリスは盗木して、苗木を自国の植民地に移植し大規模に栽培した。結果としてスパイスの価格は下落し、スパイス諸島の価値は薄れていった。余談だが、クローブのことを丁字とも呼ぶが、これはクローブの実がまるで「丁」の文字のように見えるからである。クローブには独特の香りがあり、生薬としても用いられている。

クローブ(丁字)

マヂャパヒト ダイナスティ
[mədʒəpáhət dáinəsti]
Majapahit dynasty s-15

ラーデン ヴィヂャヤ
[rá:dən vidʒájə]
Raden Vijaya s-16

ガジャ マーダ
[gádʒa má:da]
Ga(d)jah Mada s-17

マ(ー)ターラ(ー)ム サルタネイト
[mətá:rəm / ma:tá:ra:m sʌ́ltəneit]
Mataram Sultanate s-18

アーチェイ サルタネイト
[á:tʃei sʌ́ltəneit]
Aceh Sultanate s-19

バンテン サルタネイト
[bǽntən sʌ́ltəneit]
Banten Sultanate s-20

ダッチ イースト インディズ
[dʌ́tʃ i:st índiz]
Dutch East Indies s-21

バテイヴィア　チャカータ
[bətéiviə]　[dʒəká:ɚtə]
Batavia / Jakarta s-22

マラカズ　マールークー アイランズ
[məlʌ́kəz]　[ma:lú:ku: áilʌndz]
Moluccas / Maluku Islands s-23

アンボイナ マサカ
[æmbɔ́inə mǽsəkɚ]
または Amboina。
Amboyna massacre s-24

ヂャーヴァ ウォー
[dʒá:və wɔ́ɚ]
Java War s-25

フォースト カルティヴェイション スィステム
[fɔ́:rst kʌltivéiʃən sístəm]
(Forced) Cultivation system s-26

ヴァン デン ボース
[væn dən bɔ:s]
Van den Bosch s-27

アングロウ ダッチ ウォーズ
[ǽŋglou dʌ́tʃ wɔ́ɚz]
Anglo-Dutch wars s-28

マレーシア・シンガポール・ブルネイ・フィリピン

T-1 **マレー半島** またはマライ半島。南北に約1,100 km の細長い半島。4ヶ国の国土がひしめいている。

T-2 **カリマンタン島** もしくはボルネオ島。インドネシア・マレーシア・ブルネイがある。

T-3 **マラッカ海峡** マレー半島とスマトラ島の間にある狭い海峡。古来より海上交通の要衝。

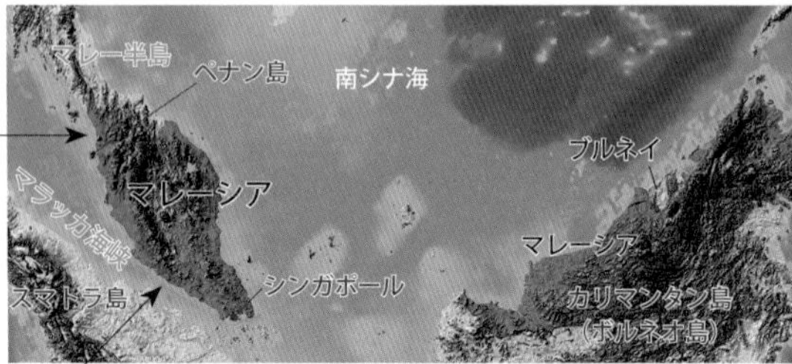

T-4 **マラッカ王国** 15世紀初頭、マレー半島とスマトラ島にまたがって誕生したイスラーム教の港市国家。

T-5 **ジョホール王国** マラッカ王国滅亡後、スルターンが逃れ、1528 年マレー半島南端で建国。

T-6 **ペナン** イギリスの海峡植民地の1つ。イギリスの貿易商フランシス・ライトにより自由貿易港として建設されたマレー半島西側の島。

マレーシアのマラッカ・スルターン・パレス。マレー王統記に基づいて、15 世紀のマラッカ王国の宮殿を復元したもの。

T-7 **海峡植民地** オランダの勢力の衰退により19 ～ 20 世紀前半のマレー半島に成立したイギリス植民地。

T-8 **マレー連合州** 西岸ペラク、セランゴール、ネグリセンビラン、パハン各国からなるイギリスの保護国。

T-9 **マレーシア** マレー半島南部とボルネオ島北部からなる連邦制立憲君主国。国の6割は熱帯雨林で覆われる。

T-10 **シンガポール** マレー半島南端にある東京23区ほどの広さの国。高い人口密度、経済成長で知られる。

シンガポールのマー・ライオン（上半身がライオン、下半身は魚の像）。

T-11 **ラッフルズ** 植民地ベンクレーンの副総督。ジョホール王国の内紛にまぎれてシンガポールを獲得した。

ラッフルズ卿はシンガポールの創設者であり「建国の父」。

T-12 **ブルネイ** カリマンタン島（ボルネオ島）北部の立憲君主制の国。イスラーム教徒が人口の約8割を占める。

T-13 **フィリピン** 南シナ海と太平洋の間に浮かぶ7,100 以上の島々からなる国。全人口の 90% 以上がキリスト教徒。

T-14 **タガログ語** ルソン島南部を中心に話されているオーストロネシア語族の言語。フィリピンの公用語の 1 つ。

スルターン・オマール・アリ・サイフディーン・モスク

ブルネイの首都バンダルスリブガワンにある王立モスクの1つ。

イギリスは植民地インドと中国の間の交易の中継地点として**ペナン**、**シンガポール**、**マラッカ**を獲得した（**海峡植民地**）。さらに、マレー半島の土地を獲得し（**マレー連合州**）、華僑の労働力を利用した錫（すず）鉱山開発や、印僑（インド系移民）の労働力を用いたゴムのプランテーション開発を進めた。

ネグリト人 T-15
または**ネグリート**。スペイン語で「小柄な黒い人」の意。低身長で縮れ毛、暗褐色の肌を持つ。マレー系の民族到来以前の先住民族。現在のフィリピンの少数民族アエタ族やアティ族がその子孫とされる。ネグリト人の後にマレー系の民族が時代ごとに移住し、現在のフィリピンの主要民族となる。

セブ島 T-16
マゼランが1521年にフィリピンで最初に到来した島。セブ島のラジャ・フマボン王ほか400人がキリスト教に改宗。マゼランは周辺諸部族にスペインへの服属・キリスト教への改宗を要求した。

ラプ・ラプ T-17
マクタン島のイスラーム教領主。マゼランの要求を拒み、マクタン島の戦いでマゼランを討ち取った。フィリピンの国民的英雄。

サラゴサ条約 T-18
1529年、アジアの植民地分界線（東経133度）を定めたスペインとポルトガル間の協定。

レガスピ T-19
ミゲル・ロペス・デ・レガスピ。スペイン人の初代フィリピン総督。1571年、マニラを攻略し、そこを首都とした。

リサールは革命家であるとともに医師や作家、画家だった。

マニラ T-20
ルソン島中西部にある港湾都市。植民地時代も現在もフィリピンの首都。

モロ紛争 T-21
フィリピン南部のイスラーム教徒による反スペイン闘争。**モロ**とはスペイン人がイスラーム教徒を指す語。

ホセ・リサール T-22
革命家。1896年、バグンバヤン広場（現在のリサール公園）で銃殺された。

フィリピン同盟 T-23
1892年、ホセ・リサールらによって結成された社会改革のための団体。

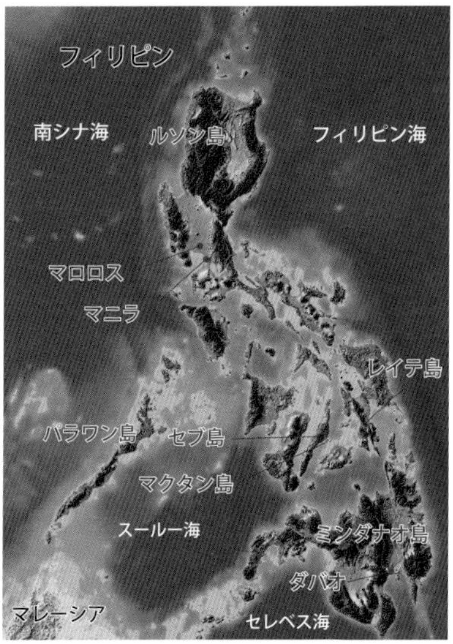

ボニファシオ T-24
「フィリピン革命の父」。貧困層出身。リサール逮捕後、革命組織「カティプナン」を結成し武装蜂起した。

フィリピン革命 T-25
植民地政府に対するアジア初の革命。1896年決起が革命の始まり。1898年、スペイン軍を破り独立。

アギナルド T-26
1898年、革命軍がフィリピン共和国の独立を宣言。マニラの北にあるマロロスで議会を開催し、初代大統領に就任した。

フィリピン第一共和国 T-27
アメリカ支配までの短期間だけ成立。別名**マロロス共和国**。

米比戦争 T-28
フィリピン・アメリカ戦争。米西戦争の結果、フィリピンがアメリカの植民地となり、今度はアメリカに対して独立戦争を展開した。

マレイ ペニンスラ
[məléi pənínsələ]
T-1 **Malay Peninsula**

キャリマンタン ボーニオウ
[kælimǽntən] [bɔ́ɚnioʊ]
T-2 **Kalimantan / Borneo**

英語ではBorneoの用例が多い。Kalimantanはボルネオ語。

ストレイト オヴ マラカ
[streit əv məlǽkə]
T-3 **Strait of Malacca**

マラカ サルタネイト
[məlǽkə sʌ́ltəneit]
T-4 **Malacca Sultanate**

ヂョウホー サルタネイト
[dʒóʊhɔ: sʌ́ltəneit]
T-5 **Johor Sultanate**

ピナンヶ
[pinǽŋ]
T-6 **Penang**

ストレイツ セトルメンツ
[streits sétlmənts]
T-7 **Straits Settlements**

フェデレイティッド マレイ ステイツ
[fédereitid məléi steits]
T-8 **Federated Malay States**

マレイジャ
[məléiʒə]
T-9 **Malaysia**

スィンガポー
[síŋ(g)əpɔɚ]
T-10 **Singapore**

ラフルズ
[rǽflz]
T-11 **Raffles**

ブルーナイ / ブルーネイ
[bru:nái / bru:néi]
T-12 **Brunei**

フィリピーンズ
[fíləpi:nz]
T-13 **Philippines**

タガーログ
[təgá:ləg]
T-14 **Tagalog**

または Tagalog language。

◆**Malacca kingdom マラッカ王国**　マラッカという名前の由来は、**隠れた逃亡者**という意味に由来するという説や、**マラッカの木**（油柑（ゆかん）・学名 *Phyllanthus emblica*）に由来するという説がある。1390年頃、マジャパヒト王国が、シュリーヴィジャヤ王国を征服。敗れたシュリーヴィジャヤ王国の王子**パラメスワラ**は数人の家来と共にパレンバンから命からがら逃亡し、マレー半島西岸にたどり着いた。そこで狩りをしていたところ、猟犬が一匹の**マメジカ**（豆鹿・下の写真）を追い詰めた。マメジカは別名**ネズミジカ**。成長しても体長が45cmほどの、角のない小型のシカである。追い詰められたマメジカは勇敢にも反撃し、後ろ脚で猟犬を川の中へ蹴り飛ばして逃げ去った。マラッカの木陰で座ってその様子を見ていたパラメスワラは、その出来事を吉兆とみなし、

後にマラッカ王国を建国した際に（建国当時は村落程度の規模）、その時の木の名前を国名にしたという。

左はマラッカの木とその果実。右は現在のマレーシアのムラカ州の紋章。この紋章には、マメジカとマラッカの木が描かれている。

◆**Malacca Strait マラッカ海峡**　マレー半島とスマトラ島の間にあるマラッカ海峡は、中国、アラビア、ペルシャ、インド、さらにはローマなどの帆船が行き交った交易路・海の街道の要衝だった。半年ごとに東西に風向きが変わる**モンスーン**（季節風）を利用して航海が行われ、例えば中国からの交易船は冬に北東のモンスーンに乗って東南アジアに到来し、モンスーンの吹く方向が変わるまで港に滞在し、やがて夏に南西のモンスーンが吹く頃に中国への帰路に就いた。風待ちのために、海峡沿いのスマトラ島東岸、ジャワ島北岸には多くの港が栄えた。

古代のフィリピンは他の東南アジア諸国と同様に海洋貿易で栄えていたが、その歴史的記述に関する資料が他の国に比べて極めて少ないため、その全容は謎に包まれている。フィリピンが中国やアジアから離れていたため、彼らの記述にあまり残されなかったことや、考古学的な遺跡や碑文等が熱帯の気候ゆえに残りにくかったということも考えられる。

◆**Tagalog タガログ語** **フィリピン語**、**フィリピノ語**と呼ばれることもある。タガログ語で taga タガ「〜出身の、〜の居住者」+ilog イログ「川」で「川出身、川に住む者」の意味。ちなみに、taga Pilipinas ならばフィリピン出身者、taga Hapon なら日本出身者ということになる。フィリピンで3番目に話者の多い Ilocano イロカノ語も同じ ilog「川」に由来し、**川の人**の意味。

フィリピンは「馬好き」?

フィリピンは、正式には the Republic of the Philippines「フィリピン共和国」。略した時の the **Philippines**(スペイン語では **Filipinas**)は、国名を意味する時には単数扱いの集合名詞であり、単数形の動詞で受ける。一方、「フィリピン諸島」を意味する時には複数形である(the United States「アメリカ合衆国」も同様に単数形である)。さて、この国名は、マゼランの後にフィリピンに到着した探検家ルイ・ロペス・デ・ビリャロボスが、時のスペインの皇太子 **Felipe フェリペ**、後の**フェリペ2世**(英語は **Philip II** フィリップ2世)を称えて名付けたのが始まり。当初は、ビリャロボスが最初に到達したサマール島やレイテ島に対する名だったが、やがてフィリピン全体を表す名称になった。英語では語頭の子音は Ph だが、スペイン語では F である。英語では、ギリシャ語文字の φ ファイに由来する場合、ph とつづるのに対し、スペイン語では語源に関係なく f と書く。フェリペという名は ギリシャ語 Φίλιππος フィリッポス(ピリッポス)に由来し、**「馬好き」**という意味がある。ちなみに、アレクサンダー大王の父である**フィリッポス2世**(英語は **Philip II**)は、大の馬好きだった。

フェリペ2世

馬が描かれているフィリッポス2世のコイン

ニグリートウ
[nigríːtou]
Negrito T-15

セブー
[sebúː]
Cebu T-16

ラプーラプー
[lapuːlápuː]
Lapu-Lapu T-17

トリーティ オヴ サラゴウサ　サラゴサ
[tríːti əv saragóusa / θaragóθa]
Treaty of Zaragoza T-18

レガースピー
[legáːspiː]
Legazpi T-19

マニラ
[mənílə]
Manila T-20

モウロウ カンフリクト
[móurou kənflíkt]
Moro conflict T-21

ホウセイ リサール　ヂョウゼイ リザール
[houséi risáːl / dʒouzéi rizáːl]
José Rizal T-22

ラ リーガ フィリピーナ
[lə liːga filipíːna]
La Liga Filipina T-23

ボウニーファーショ
[bouniːfáːʃo]
Bonifacio T-24

フィリピーン レヴォリ(ル)ューション
[fíləpiːn revəl(j)úːʃən]
Philippine Revolution T-25

アギナルドウ
[aginάldou]
Aguinaldo T-26

ファースト フィリピーン リパブリック
[fə́ːst fíləpiːn ripʌ́blik]
First Philippine Republic T-27

フィリピーン アメリカン ウォー
[fíləpiːn əmérikən wɔ́ɚ]
Philippine–American war T-28

漢字に似て非なるチュノム

昔、東南アジアで独自に作られた文字は、たいていインドの文字を改良したものだが、中国の影響を強く受けたベトナムは、漢字をベースにした**チュノム**（㗂喃）という文字を作った。一見、漢字に見えるが、実はよく見ると違う文字が多数ある。チュノムには、漢字と同じ形で、同じ意味・同じ発音や、意味だけ同じものや、発音だけ同じ文字を使うものがある。

さらに、漢字を加工したものとして…

●偏はベトナム語の発音・旁（つくり）は漢字を使うもの

𠄩　台はベトナム語で hai の音を表す（ただし咍 hai の口偏を省略している。台 だとベトナム語で thai になる）。意味は数字の 2。

𠀧　巴はベトナム語の発音の ba を表し、意味は数字の 3。

𤾓　林はベトナム語の発音の trăm を表す。意味は「百」。

𢆥　南はベトナム語の発音の nam を表す。意味は「年」を意味する。

𡮈　乳はベトナム語発音の nhỏ の音を表す。意味は「小さい」。

媄　美はベトナム語の発音の mẹ を表す。意味は「母」。

𬖾　頗はベトナム語の発音の Phở を表す。意味はベトナム料理の米粉でできた「フォー」。確かにフォーは「頗（すこぶ）るおいしい」。

●文字の一部を省略して、漢字ではなくベトナム語であること示すもの。

爫　爫は爲（為の旧字）の下の部分を省略し、爪かんむりのみにしたもの。意味は「行う、作る」。発音は vi。

𧘇　衣の亠の部分を省略したもの。意味は「あれ、あれら」。ベトナム語では ấy。

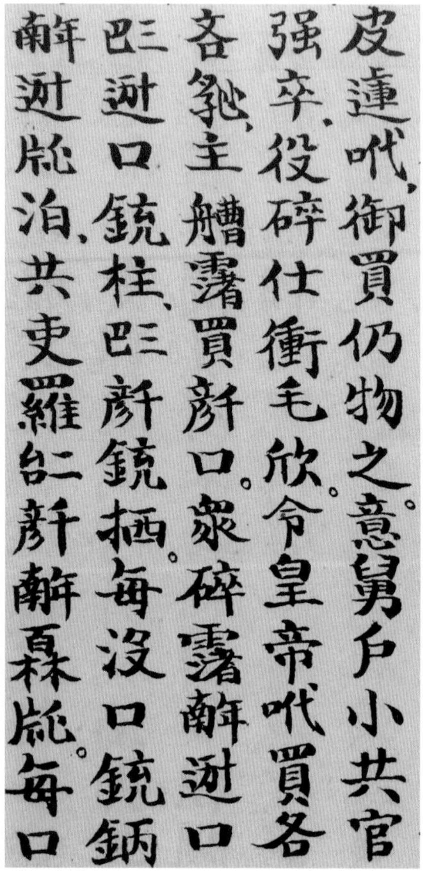

パリで印刷された “Dialogues Cochinchinois”（部分）。おそらく世界初のチュノムの石版印刷物（1871年）。

●発音とは関係なく、意味のみを用いて合成したもの（会意）。

𣎃　月＋正。ベトナム語の giêng を表す。意味は「正月」。

𡗶　天＋上。ベトナム語の giời を表す。意味は「空」。

𠆳　人＋上。ベトナム語の trùm を表す。意味は「頭目」。

Part IV

India
インド

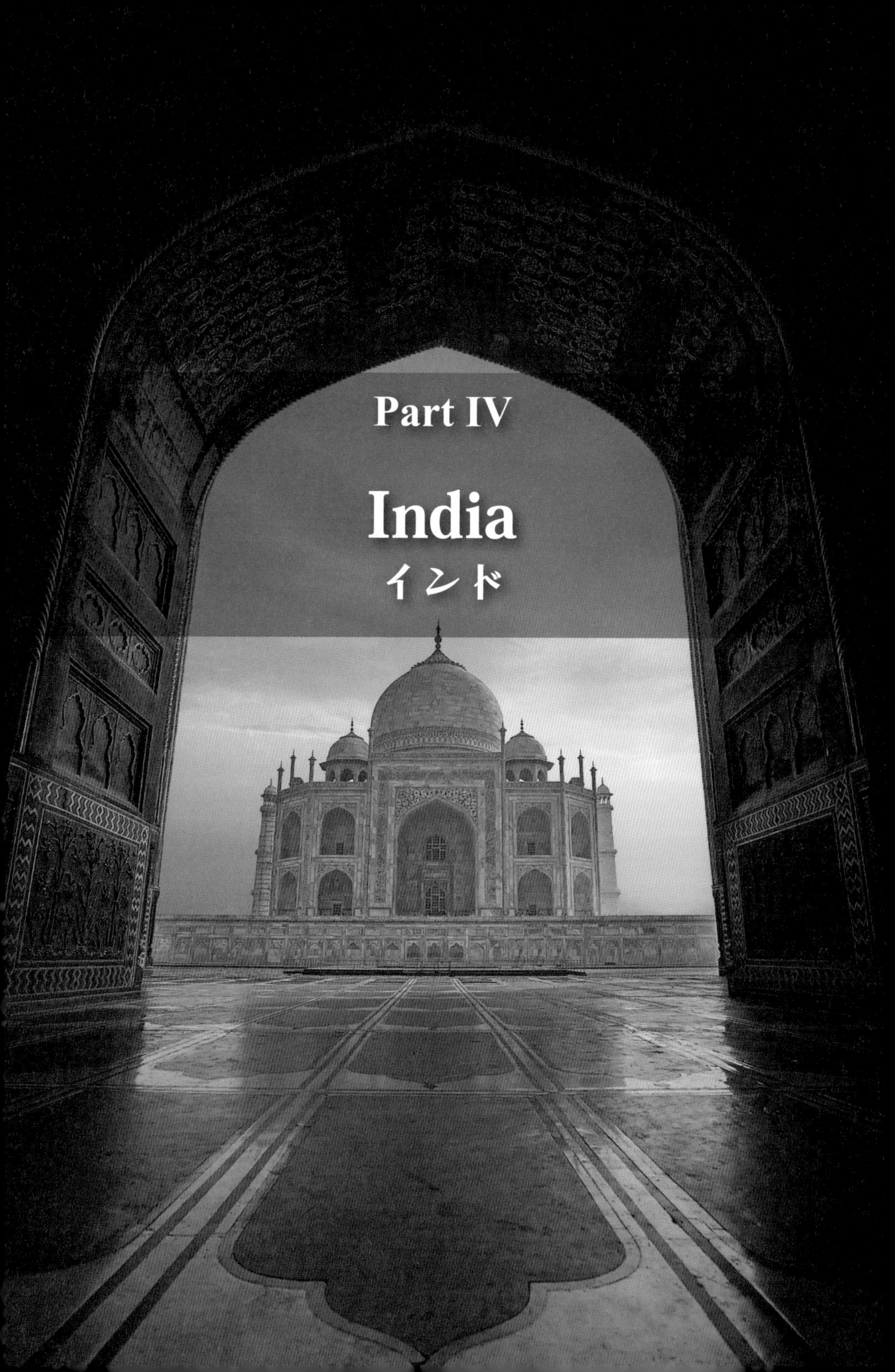

U 古代インド

U-1 **インド**
多民族、多言語、多宗教の国家。現在のインドではヒンドゥー教徒が最も多く、イスラーム教徒がそれに次ぐ。

U-2 **インダス文明**
ドラヴィダ人による高度な古代文明。彩文土器や青銅器などが発掘された。

U-3 **インダス川**
インド北西部を流れる全長約3,180kmの大河。流域は現在、ほぼパキスタン領内にある。

U-4 **ドラヴィダ人**
インダス文明の担い手。インダス川流域にいたが、やがてインドの南に広まっていく。

U-5 **モヘンジョダロ**
またはモヘンジョ・ダロ、モヘンジョ・ダーロ。
またはモエンジョダロ。インダス川中・下流のシンド地方の遺跡。

U-6 **ハラッパー**
もしくはハラッパ。パンジャーブ地方で発見されたインダス文明の遺跡。

U-7 **パンジャーブ地方**
またはパンジャブ地方。
インダス川上流地域。現在はインドとパキスタンにまたがる。

U-8 **アーリア人**
またはアーリヤ人。カイバル峠を通ってインダス川流域のパンジャーブ地方に侵入した民族。

U-9 **カースト制度**
または**ヴァルナ・ジャーティ制**。ヴァルナは4つの種姓に分かれた身分制度のこと。

U-10 **バラモン**
またはブラフミン。カースト制度の頂点に位置する祭司・僧侶階級。漢字では**婆羅門**（ばらもん）と書く。

U-11 **クシャトリヤ**
カーストの第2の種姓。王族や戦士の階級。漢字では**刹帝利**（せっていり）。

U-12 **ヴァイシャ**
カーストの第3の種姓。平民階級で農業や商業に従事する。漢字では**吠舎**（べーしゃ）。

U-13 **シュードラ**
カーストの第4の種姓。隷属民として上の3つの種姓に仕える。漢字では**首陀羅**（しゅだら）。

U-14 **不可触民**
またはアチュート、アヴァルナ、ダリット。ヴァルナの外（アウトカースト）に置かれた最下層民。

1920年代初めにインド人考古学者バネルジーにより発見。道路は碁盤の目のように並び、驚くほど整然とした都市。水道や排水設備も完備されていた。

モヘンジョダロで発見された踊り子の青銅像。

モヘンジョダロで発見された祭司ないしは王の石像。

右はハラッパー文明に属するグジャラート州ロータルの遺跡で発見された印章を粘土に押したもの。これらの**インダス文字**は未解読である。

インドの北部・中央部には比較的平坦で肥沃な**ヒンドゥスターン平野**が広がり、南インドは綿花栽培に適した**デカン高原**が占める。一方、インドの北はヒマラヤ山脈やスレイマン（スライマーン）山脈に囲まれているため外からの侵略が困難。しかし、ヒマラヤ山脈とスレイマン山脈の間にある**カイバル峠**を通ってアーリア人その他の外来勢力が侵入してきた。

インドのガンジス川沿いのヒンドゥー教の一大聖地「ヴァーラーナシー（バラナシ）」。巡礼者が多数沐浴をしている。

ブッダがその下で悟りを得たとされるブッダガヤの菩提樹の木。現在の木は当時の菩提樹の挿し木による子孫。

ジャイナ教最大の巡礼地シャトルンジャヤ山パリタナ寺院。

サンスクリット語で書かれた**ヴェーダ**（バラモン教・ヒンドゥー教の聖典）の1つで、インド最古の文献。 **リグ・ヴェーダ** U-15

または梵語。サンスクリット文字は**悉曇**（しったん）ともいう。 **サンスクリット語** U-16

前13世紀頃、アーリア人がインドに侵入し成立。後のヒンドゥー教や仏教、ジャイナ教の母体となる。 **バラモン教** U-17

バラモン教・ヒンドゥー教の教義の支柱となる法典。洪水の生き残りで人類の始祖・**マヌ**の法典とされる。 **マヌ法典** U-18

インド北東部を流れる全長約2,500kmの大河。インダス文明終焉後はインド文明の中心地。 **ガンジス川** U-19

ガンジス川流域を中心に成立した多数の国々。この時代にヴェーダが成立したため、ヴェーダ時代という。 **十六大国** U-20

十六大国中の二大国家の1つ。現在のビハール州にあり、ラージャグリハやパータリプトラを都とした。 **マガダ国** U-21

十六大国の中から台頭したもう1つの国。現ウッタル・プラデーシュ州北東部に成立した国。 **コーサラ国** U-22

ヴェーダの最後に位置する200以上の文献の総称。**奥義書**と訳される。 **ウパニシャッド** U-23

前5世紀頃、北インドでガウタマ・シッダールタが創始した宗教。現在のインドでは衰えたが、アジア各地に広がった。 **仏教** U-24

もしくは仏陀、釈迦、釈尊。仏教の創始者。 **ガウタマ・シッダールタ** U-25

「釈迦族（シャーキヤ族・ヒマラヤ山麓にある小国の部族）の聖者」の意。ガウタマ・シッダールタの尊称。 **釈迦牟尼** U-26

またはジナ教。アヒンサー（不害）を厳格に守る。ジナとは「勝利者」の意で創始者マハーヴィーラのこと。 **ジャイナ教** U-27

前6～5世紀の人。ジャイナ教の教祖。 **ヴァルダマーナ/マハーヴィーラ** U-28

U Ancient India

U-1	インディア [índiə] **India**	またはスィヴィライゼイション。
U-2	インダス ヴァリ スィヴィリゼイション [índəs væli sivilizéiʃən] **Indus valley civilization**	
U-3	インダス [índəs] **Indus**	
U-4	ドラヴィディアン [drəvídiən] **Dravidian**	または Dravidian people。
U-5	モヘンヂョウ ダーロウ [məhéndʒou dá:rou] **Mohenjo-Daro**	
U-6	ハラパ [həræpə] **Harappa**	
U-7	パンヂャーブ [pʌndʒá:b] **Punjab / Panjab**	
U-8	エアリアン [é(ə)riən] **Aryan**	
U-9	ヴァーナ カースト キャスト [vá:ənə] [kɑ:st / kæst] **Varna / Caste**	
U-10	ブラーミン [brá:min] **Brahmin**	
U-11	クシャトリア [kʃátriə] **Kshatriya**	
U-12	ヴァイシャ [váisjə / váiʃə] **Vaishya / Vaisya**	
U-13	スュードラ スドラ シュードラ [sjú:drə / súdrə] [ʃú:drə] **Sudra / Shudra**	または Shoodra。
U-14	ダーリット アンタッチャブル [dá:lit] [əntʌ́tʃəbl] **Dalit / Untouchable**	

◆**Aryan アーリア人**　広い意味でのアーリア人とは、印欧祖語（インド・ヨーロッパ祖語）を話す人全般を指すが、狭い意味ではイラン系民族を指す。Arya「アーリア」が名詞形で、Aryan はその形容詞形。Arya はさかのぼればインド・イラン祖語の *áryas アールヤス「アーリア」にたどり着き、**Iran イラン**という名称もこの *áryas に起源がある（* は推定形の印）。

◆**Punjab / Panjab パンジャーブ地方**　「5つの川」という意味の古代ペルシャ語に由来する。これは、インダス川と5つの支流が流れている地域という意味。ちなみに、現代ペルシャ語でも panj パンジュが「5」という意味で、ab アーブが「水」を意味する。パンジュは古代ギリシャ語の「5」を意味するペンタと同根語であり、英語の **pentagon「ペンタゴン」**（五角形の意）とも語源的につながりがある。

◆**Varna / Caste カースト制度**　Varna ヴァルナとは、サンスクリット語で「色」の意味。これは、肌の色の白いアーリア系の民族がインドに侵攻した際、先住の肌の色の濃い非アーリア人を「色」で区別したことに由来すると考えられる。バラモンは白、クシャトリヤは赤、ヴァイシャは黄、シュードラは黒を表した。やがて、それぞれの雑婚が進み肌の色では区別が付かなくなると、身分の違いを指す語に変わっていった。ヴァルナは4つの種姓に分かれるのに対し、ジャーティはこのカーストをさらに職業や血縁の集団で数千の数に細分化したもの。カーストという言葉は、ポルトガル語の casta カシュタ「貞節な、血統の良い」（さらにさかのぼればラテン語の castus カストゥス「血統の良い、純血の、純粋な、野蛮人の血の混じっていない」）に由来。ヴァルナとジャーティの双方を指している。ちなみにジャーティはサンスクリット語で「生まれ」の意。ギリシャ語のゲネシスや英語の genesis も関連語である。

◆**Rigveda リグ・ヴェーダ**　サンスクリット語の ṛc リチュ「賛歌」+ veda ヴェーダ「知識」に由来。インド最古の文献というのみならず、インド・ヨーロッパ語族全ての言語において最古の文献である。このリグ・ヴェーダの研究が、インド・ヨーロッリグ・ヴェーダによれば、神々が**原人（巨人）プルシャ**を祭儀で切り分けた時、眼から太陽、心臓から月、へそから空が生じ、さらに口がバラモン（祭司）に、両腕はラージャニヤ（クシャトリヤのこと。武人）に、両ももがヴァイシャ（農民、商人）に、くるぶしより下の足がシュードラ（奴隷）になったという。巨人解体神話は、古代バビロニアなどの神話ともよく似ている。

パ語族の言語がまだ1つの時代だった時の言葉として想定されている印欧祖語について、研究の道を切り開くものとなっていった。

◆**Mahajanapadas 十六大国** maha～ マハーは「偉大な、大きい」の意。janapada ヤナパダは、パーリ語で「田舎、国」を意味する。Mahajanapadas は、Mahajanapada の複数形。十六大国といっても、文献によってどの国を指すかが異なっており、また中には国と呼べるほど大きな集団ではない場合もある。

インドとヒンドゥーとシンドバッド

インドという名前は、サンスクリット語に由来かと思いきや、実はインドの言語ではなく、もっと西方で話された**古代ペルシャ語**に由来している。インド・イラン祖語で「**川**」を意味する ***s**índʰuš スィンドゥシュが、サンスクリット語では **s**índhu スィンドゥに、古代ペルシャ語では **h**induš ヒンドゥシュに変化した。つまり、紀元前の時代にインド・イラン祖語から古代ペルシャ語が生じる段階で、s の音が h の音へと変化した。さらに古代ペルシャ語が古代ギリシャ語に輸入された時、h の音が消失して **h**induš ヒンドゥシュから Ἰνδός (indos) インドスに変化した。こうしてインドを指す言葉が、**S**indh シンド地方、**H**indu ヒンドゥー、**I**ndia インディアという 3つのタイプに分かれたのである。もし古代ペルシャ語を経由していなかったら、ヒンドゥー教と呼ばれずに今頃はシンドゥー教と呼ばれ、インドではなくシンドと呼ばれていたはずである。

船乗りのシンドバッドSinbad（Sindbad）は、「インドの風」、つまり貿易風という意味の名前である。

リグヴェイダ　リグヴィーダ
[rigvéidə / rigví:də]
Rigveda / Rig Veda U-15

サンスクリット
[sǽnskrit]
Sanskrit U-16

ブラーマニズム
[brá:mənizm]
Brahmanism U-17

ロー コウド オヴ マヌー
[lɔ: koud əv mǽnu:]
(Law) Code of Manu U-18

ギャンヂーズ
[gǽndʒi:z]
Ganges U-19

マハヂャナパダズ
[mɑhədʒánəpɑdəz]
Mahajanapadas U-20

マガダ
[mǽgədə]
Magadha U-21

コウサラ
[kóusələ]
Kosala U-22

ウーパニシャド　ウーパーニシャード
[u:pǽniʃæd/ u:pá:niʃɑ:d]
総じて述べるなら Upanishads
Upanishad U-23

ブディズム
[búdizm]
Buddhism U-24

ゴータマ スィダータ　ブダ
[gɔ́:təmə sidá:ɚtə]　[búdə]
Gautama Siddhartha / Buddha U-25

サーキャムーニ
[sɑ:kjəmú:ni]
Shakyamuni U-26

ヂャイニズム
[dʒáinizm]
Jainism U-27

ヴァーダマーナ　マーハヴィアラ
[vɑ:dəmá:nə]　[mɑ:həvíərə]
Vardhamana / Mahavira U-28

V インドの王朝

またはマウリア朝。

v-1 **マウリヤ朝**　マガダ国の王朝の１つ。またはマウリヤ帝国。前 317 頃、チャンドラグプタがマガダ国のナンダ朝を破って建国。首都はパータリプトラ。

v-2 **チャンドラグプタ**　マウリヤ朝の創始者。アレクサンドロス大王の侵攻後の残存ギリシャ勢力を一掃した。

v-3 **アショーカ**　チャンドラグプタの孫。北インド、および南インドの南端以外のほとんどを支配し、インド初の大帝国を樹立。

v-4 **上座部仏教**　出家し解脱を目指す。マウリヤ朝の時代に成立。スリランカから東南アジアに広がる。大乗仏教からは蔑まれて「小乗仏教」と呼ばれた。

v-5 **結集**　仏教の聖典を編纂するための集会。第１結集は仏陀の入滅後すぐに、マガダ国の**王舎城**（ラージャグリハ）で、500 人の弟子が参加。アショーカ王の時代、第２（ないしは第３）結集が開かれ、首都パータリプトラに 1,000人の弟子が集まった。

インド中央の**サーンチー**にある前３世紀のストゥーパ。最古のストゥーパとされている。

v-6 **ストゥーパ**　もしくは**仏舎利塔**。仏陀の遺骨（仏舎利）を収めた土饅頭型の記念碑。日本語の卒塔婆（そとば）の語源。

v-7 **クシャーナ朝**　または**クシャン朝**。１～３世紀にかけての北インドに成立したペルシャ系の王朝。

v-8 **カニシカ**　または**カニシカ１世**、**カニシカ大王**。クシャーナ朝第3代の王。上座部仏教のみならず、大乗仏教をも保護した。

v-9 **ガンダーラ美術**　インドの西北の**ガンダーラ地方**（パンジャーブ地方の一部）で栄えた仏教文化。クシャーナ朝以前には、仏陀を彫像で表すことはなかったが、クシャーナ朝の時代に仏像が作られるようになった。

クシャーナ朝のペルシャ人は前４世紀のアレクサンドロス大王によるペルシャ帝国征服後、ヘレニズム文化の影響を受けた。そのため、仏陀の風貌や衣服はギリシャ風に彫られている。

v-10 **サータヴァーハナ朝**　またはアーンドラ朝。前３～前１世紀にかけて中央インドで栄えたドラヴィダ人の王朝。

v-11 **ナーガールジュナ**　または**竜樹**（りゅうじゅ）。2～3世紀の仏僧。大乗仏教の理論書『中論』を記した。

v-12 **大乗仏教**　衆生救済を目指す教え。菩薩信仰が特色。紀元前後に起こり、ナーガールジュナにより体系化された。

v-13 **チョーラ朝**　9～13 世紀の南インドを支配したドラヴィダ系民族のタミル人のヒンドゥー王朝。首都はタンジャーヴール。

v-14 **パーンディヤ朝**　インド南端で繁栄したヒンドゥー系王朝の名称。

インド地域で最も栄えた宗教は、時代によって、王朝によって、または王によって変化した。仏教登場以前はバラモン教が主な宗教だったが、マウリヤ朝のアショーカ王は、仏法による政治を目指し、仏像を刻んだ磨崖を作り、仏教の教えを記した石柱を多数設置した。グプタ朝では、仏教、バラモン教、ヒンドゥー教がそれぞれ発展していった。

『バガヴァッド・ギーター』では、同族同士が戦争で殺し合うことに悩むバーラタ族の王子アルジュナに対し、彼の乗る戦車の御者に化身したクリシュナ神（ヴィシュヌの第8番目の化身）が教えを説いて励ました。『バガヴァッド・ギーター』は、『マハーバーラータ』の第6巻に組み込まれている。

グプタ朝 v-15
4～6世紀の北インドやその周辺を支配した王朝。チャンドラグプタ1世が建国。カーリダーサによる戯曲『シャクンタラー』のようなサンスクリット文学やグプタ様式の建築など、インドの古典文化が黄金時代を迎えた。

チャンドラグプタ1世 v-16
チャンドラグプタはマウリヤ朝の創始者、チャンドラグプタ1世はグプタ朝の創始者。

チャンドラグプタ2世 v-17
グプタ朝第3代の王。グプタ朝の最盛期を築いた。

ヒンドゥー教 v-18
バラモン教を母体に各地の民間信仰が融合したもの。ビシュヌ派、シバ派、シャクティ派などに分けられる。

ブラフマー v-19
創造神。バラモン教の最高原理であるブラフマンを神格化したもの。仏教では**梵天**と呼ばれる。

シヴァ v-20
破壊神。舞踏の神。嵐によって破壊をもたらすと同時に恵みの雨で作物を育てる。ブラフマーやヴィシュヌと共に三神一体をなす。

ヴィシュヌ v-21
世界を維持し救済する神。民の救済のため10種の姿・化身で世に現れるとされる。

マハーバーラタ v-22
インド二大叙事詩の1つであり、ヒンドゥー教における重要な聖典。

狩りに出たドゥフシャンタ王は山中で会った天女の娘シャクンタラーと恋に落ち、結婚指輪を渡す。しかし仙人は王に彼女を忘れさせる呪いをかけ、彼女は指輪を川でなくす。果たして二人は無事結ばれるのか？ 古代インドを舞台にした愛と冒険のドラマ。

バガヴァッド・ギーター v-23
「神の歌」を意味する。

ラーマーヤナ v-24
マハーバーラタと並ぶインド二大叙事詩の1つ。コーサラ国のラーマ王子の伝説が有名。

ラーマヤーナ、ラーマヤナとも書く。サンスクリット語は rāmāyanam。

シャクンタラー v-25
4～5世紀にカーリダーサによって書かれたインド古典を代表する戯曲。

カーリダーサ v-26
『シャクンタラー』の著者。英語に翻訳されると、インドのシェークスピアと讃えられた。

ナーランダー僧院 v-27
または那爛陀大学、那爛陀寺。427年創設。最古の大学の1つ。

アジャンター石窟寺院群 v-28
断崖をくり抜いて作られた大小30の仏教石窟寺院群。

V Dynasties of India

マウリャ ダイナスティ
[máʊrjə dáinəsti]
Maurya empireという表現もMaurya dynastyと同じほどよく用いられる。
v-1 **Maurya dynasty**

チャンドラグプタ
[tʃʌndrəgúptə]
v-2 **Chandragupta**

アソウカ　アショウカ
[əsóukə]　[əʃóukə]
v-3 **Asoka / Ashoka**

テラヴァーダ ブディズム
[terəvá:də búdizm]
v-4 **Theravada (Buddhism)**

ブディスト カウンスィルズ
[búdist káunsəlz]
v-5 **Buddhist councils**

ストゥーパ
[stú:pə]
v-6 **stupa**

クシャーン / クシャーン エンパイア
[kúʃɑ:n/kuʃɑ́:n émpaiɚ]
Kushan dynastyともいう。
v-7 **Kushan empire**

カニシュカ
[kəníʃkə]
v-8 **Kanishka**

ガンダーラ アート
[gəndɑ́:rə ɑɚt]
v-9 **Gandhara art**

サータヴァーナー ダイナスティ
[sɑ:təvɑ́:nɑ: dáinəsti]
v-10 **Satavahana dynasty**

ナガージューナ
[nægɑɚdʒú:nə]
v-11 **Nagarjuna**

マーハヤーナ ブディズム
[mɑ:həjɑ́:nə búdizm]
v-12 **Mahayana (Buddhism)**

チョウラ ダイナスティ
[tʃóulə dáinəsti]
v-13 **Chola dynasty**

パンディア ダイナスティ
[pándjə dáinəsti]
v-14 **Pandya dynasty**

◆**Maurya dynasty マウリヤ朝**　マウリヤという名前は、パーリ語（サンスクリット語の俗語で、上座部仏教の仏典を記すのに用いられた）で「クジャク」を意味するmora モーラに由来するという説がある（ヒンディー語でクジャクはmayura マユーラ）。中国では、マウリヤ朝を**孔雀王朝**と呼んだ。なぜクジャクかというと、マウリヤ朝の王たちの先祖が、クジャクの多く住む地に住んでいたから。また、マウリヤ朝創始者のチャンドラグプタ1世の母の名がムラー「孔雀」だったから。他にもマウリヤ人の建てた都市のレンガがクジャクの首の色だったから、など諸説ある。興味深いことに、マウリヤ朝の建築には、しばしば装飾としてクジャクのモチーフが用いられており、クジャクがマウリヤ朝のシンボルだったと考えられている。それに対して、マウリヤ朝の名が単純にモーラ「クジャク」に似ているために、その言葉にかけてクジャク模様が頻繁に使われるようになったとする見方も存在する。

マウリヤ朝時代に作られたサーンチーのストゥーパの門に見られるクジャクの模様。

◆**Chandragupta チャンドラグプタ**　チャンドラグプタという名前の前半の「チャンドラ」はサンスクリット語の「月」を、後半のグプタは「守護者、支配者」を意味する。後のグプタ朝の名は創始者のチャンドラグプタ1世の名の一部から取られており、チャンドラグプタ1世の名は、マウリヤ朝のチャンドラグプタにあやかって名付けられたと考えられている。

◆**Theravada Buddhism 上座部仏教**　Theravadaは、サンスクリット語のsthavira　スタヴィラ「長老、老人」+vada ヴァーダ「教え」で、「長老の教え」という意味。

初期のバラモン教の時代には、神々の中でも**インドラ**が最も崇敬されており、『リグ・ヴェーダ』の過半数がインドラに対する賛歌で占められていた。他に、**ヴァルナ**と**ミトラ**、**アグニ**が主に崇拝されていた。ヒンドゥー教が成立する時期には、それまでは目立たない存在だった**ヴィシュヌ**や**シヴァ**が人々の主な崇拝対象へと変化していった。

◆**Ramayana ラーマーヤナ** ラーマーヤナはコーサラ国の**ラーマ王子**（ヴィシュヌ神の化身）が、ラークシャサ(羅刹)の王ラーヴァナにさらわれた**妻シーター**を、猿神ハヌマーンの助けを借りつつ奪還する物語。ラーマーヤナのヤナはサンスクリット語のヤーナ「旅」に由来し、**ラーマ王子旅行記**ということになる。

猿神ハヌマーンが誘拐されたシーター妃を見つけ出し、ラーマ王子の指輪を見せて、ラーマ王子の助けが近いことを知らせている場面。

インドの王朝の変遷

インドの王朝は北と南で分裂している時期が長いが、何度か、全インドを統一する国が登場した。

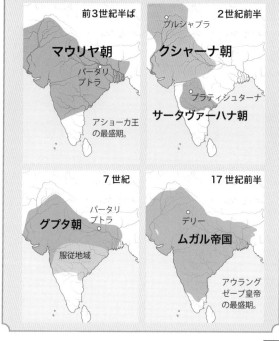

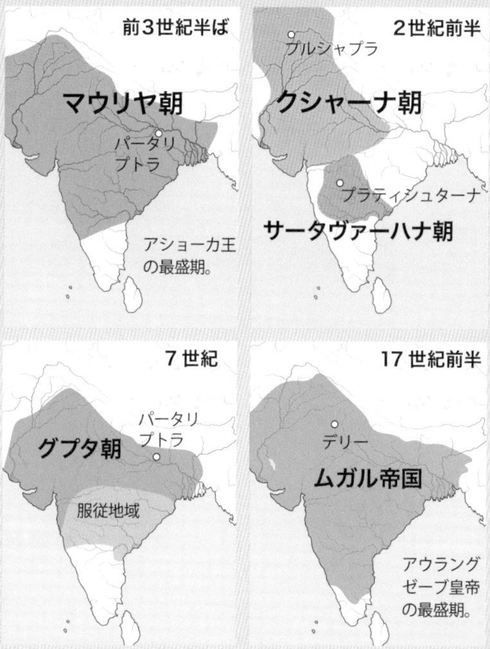

または [gúptə] **グー**プタ、[gʌ́ptə] **ガ**プタ。Gupta dynasty ともいう。

グプタ **エ**ンパイア [gúptə émpaiə˞]
Gupta empire v-15

チャンドラ**グ**プタ ザ **ファー**スト [tʃʌndrəgúptə ðə fə́ːst]
Chandragupta I v-16

チャンドラ**グ**プタ ザ **セ**カンド [tʃʌndrəgúptə ðə sékənd]
Chandragupta II v-17

ヒンドゥーズム [híndu:izm]
Hinduism v-18

ブ**ラー**マ [brá:mə]
Brahma v-19

シ(ー)ヴァ [ʃí(:)və]
Shiva v-20

ヴィシュヌー [víʃnu:]
Vishnu v-21

マハー**ヴァー**ラタ マーハ**ヴァー**ラタ [məha:bá:rətə / ma:həbá:rətə]
Mahabharata v-22

ヴァガヴァッド **ギー**ター [bʌ́gəvəd gí:ta:]
Bhagavad Gita v-23

ラ**マー**ヤナ [rəmá:jənə]
Ramayana v-24

シャ**ク**ンタラー / サ**ク**ンタラー [ʃəkúntəla:/ səkúntəla:]
Shakuntala v-25

カリ**ダ**サ [kalidása]
Kalidasa v-26

ナーランダー ユーニ**ヴァー**スィティ [ná:ləndaː ju:nivə́:siti]
Nalanda university v-27

ア**ヂャ**ンタ **ケイ**ヴズ [ədʒʌ́ntə keivz]
Ajanta Caves v-28

W イギリス領インド帝国

w-1 **ヴァルダナ朝** またはプシュヤブーティ朝。首都はカナウジ。ハルシャ王の一代限りで終わった。

w-2 **ハルシャ** またはハルシャ・ヴァルダナ。仏教を篤く保護した。唐の僧・玄奘がインドに来た時の王。

w-3 **カナウジ** もしくはカノージ。ガンジス川中流の都市。玄奘の『大唐西域記』では**曲女城**と呼ばれる。

w-4 **ラージプート** 北方からインドに侵入した種族。7～13 世紀の北インドの分裂時代に多数の王朝が誕生。

w-5 **エローラ石窟寺院群** ムンバイの東にある仏教・ヒンドゥー教・ジャイナ教の石窟寺院群。

シャラナドリ台地の崖に 5 ～ 10 世紀の期間に作られたもので、34 もの石窟がひしめいている。1 つの岩を削って作られた石窟寺院としては世界最大であり、3つの宗教の寺院が 1ヶ所に寄せ集まって作られているのも世界的に見て珍しい。

w-6 **デリー・スルターン朝** 13 ～ 16世紀に北インドで次々に現れた 5 つのイスラーム王朝の総称。

w-7 **奴隷王朝** または**マムルーク・スルターン朝**。デリー・スルターン朝の最初の王朝。トルコ人で、マムルーク（奴隷軍人）出身の部将**アイバク**が建国。

w-8 **ヴィジャヤナガル王国** 14 ～ 17 世紀のインド南部で栄えた王国。

w-9 **カリカット** または**コーリコード、コージコード、コジコーデ、コジコデ**。インド西海岸の港。1406 年、明王朝の鄭和が到着。16 世紀にはポルトガルの交易の拠点となる。

w-10 **ムガル帝国** 1526年バーブルが建国。南北インドを支配したイスラーム教国。1857年のインド大反乱で滅亡。

w-11 **バーブル** モンゴル系の**ティムール王**の 5 代目の孫。デリー・スルターン朝最後の王朝のローディー朝を倒してデリーで建国。

w-12 **アクバル** ムガル帝国第 3 代皇帝。税制・軍制・貨幣制の改革に成功。マウリヤ朝のアショーカ王と並び、インドで**大帝**と呼ばれる。

w-13 **タージ・マハール** 第5代皇帝**シャー・ジャハーン**が、愛妃**ムムターズ・マハール**を悼み建設した廟。

タージ・マハールはインド・イスラーム文化を代表する総大理石の建築。ムガル建築の頂点ともいわれる。王であってもあまり大型の墓を作らないヒンドゥー教においては、王妃のためにこれほどのスケールの霊廟を造ることは例外的といえる。

w-14 **アウラングゼーブ** ムガル帝国第 6 代皇帝。ムガル帝国の全盛時代の支配者となる。

インドでは次々と宗教が誕生したが、まずバラモン教におけるバラモンの独占的支配に反発して、平等を説く**仏教**や**ジャイナ教**が生まれた。バラモン教が他の民間信仰を吸収し大衆化したものが**ヒンドゥー教**で、バクティ運動の結果、以降はインドでは仏教は廃れ、ヒンドゥー教が優勢となる。またヒンドゥー教とイスラーム教の思想の融合によりシーク教が現れた。

パンジャーブ州最大の都市アムリトサル。右側に見える金色の建物は、黄金寺院（パンジャーブ語でハリマンディル・サーヒブ）。シーク教の総本山。

セポイ（インド人傭兵）

インドのニューデリーにある旧インド総督府。かつてはインドによるイギリス支配の象徴的建物だった。今は Rashtrapati Bhavan ラシュトラパティ・バワンと呼ばれ、大統領の官邸となっている。世界各国の指導者の官邸の中では最大級の大きさである。

またはイスラーム神秘主義。イスラーム教の世俗化・形骸化を批判し精神的探求を重視する。 **スーフィズム** W-15

シヴァ神・ヴィシュヌ神などへの献身的・絶対的帰依によって解脱を得ようとする運動。 **バクティ運動（うんどう）** W-16

15～16世紀インドの宗教改革者、宗教詩人。バクティ運動とスーフィズムの影響を受け普遍的宗教の確立を目指した。 **カビール** W-17

ヒンドゥー教の改革を目指し、一神教を奉じ、偶像崇拝を否定する教え。シークはパンジャーブ語で**弟子**の意。 **シーク教（きょう）** W-18 またはシク教。

シーク教の創始者。カビールの思想の影響を受けた。グルはサンスクリット語で**師**。 **グル・ナーナク** W-19

1757年に結成され、1858年に解散。 **イギリス東（ひがし）インド会社（がいしゃ）** W-20

1757年、仏軍を後ろ盾にしたベンガル軍を英軍が破った戦い。 **プラッシーの戦（たたか）い** W-21

または**セポイの乱**、**シパーヒーの乱**。英の植民地支配に対する反乱。セポイはインド人傭兵のこと。 **インド大反乱（だいはんらん）** W-22

ロバート・クライヴ。**プラッシーの戦い**では、ベンガル太守軍の歩兵約5万人、騎兵約1万8千人に対し、英兵とインド人傭兵を足しても3千人に満たない兵で勝利を得て、ベンガル地方一帯を手に入れた。 **クライヴ** W-23

英領インド、英印ともいう。1858年、イギリスがインド帝国を樹立。ヴィクトリア女王がインド皇帝を兼任した。 **イギリス領（りょう）インド帝国（ていこく）** W-24

イギリス領インド帝国の直轄領以外の場所で、旧来の支配者（**藩王**）にある程度の自治権が与えられていた国。 **藩王国（はんおうこく）** W-25

イギリス支配下の1885年、主にインド人エリートによる政党の国民会議が結成。 **インド国民会議（こくみんかいぎ）** W-26

略せば、IUML。 **全（ぜん）インド・ムスリム連盟（れんめい）** W-27

1905年に総督カーゾン卿により発布。民族運動の激化を招いた。 **ベンガル分割令（ぶんかつれい）** W-28

W British Raj

奴隷王朝は、マムルーク（奴隷身分出身の軍人）がスルターンになった王朝。奴隷そのものがスルターンになったわけではない。やがてエジプトにもマムルークの王朝が誕生する。

Pusyabhuti dynasty ともいう。

w-1 ヴァーダナ ダイナスティ [vɑɚdǽnə dáinəsti] **Vardhana dynasty**

w-2 ハーシャ [rɑ́ɚʃə] **Harsha**

w-3 カノージュ [kənɔ́ːʒ] **Kannauj**

w-4 ラジプット [rɑ́dʒput] **Rajput**

w-5 エロウラ ケイヴズ [elóurə keivz] **Ellora Caves**

w-6 デリ サルタネイト [déli sʌ́ltəneit] **Delhi Sultanate**

w-7 スレイヴ ダイナスティ [sléiv dáinəsti] **Slave dynasty**
Mamluk dynasty of India ともいう。

w-8 ヴィヂァイナガラ エンパイア [vidʒáinəgərə émpaiɚ] **Vijayanagara empire**
Vijaynagar ヴィジャイナガとも書く。

w-9 カリカット [kǽlikʌt] コウジコウド [kóuʒikoud] **Calicut / Kozhikode**

w-10 モウガル / ムーガール エンパイア [móʊgəl / múːgɑːl émpaiɚ] **Mughal empire**

w-11 バーバ [bɑ́ːbɚ] **Babur**

w-12 アクバー [ǽkbɑɚ] **Akbar**
Akbar the Great アクバル大帝とも呼ばれる。

w-13 タジ マハル [tɑ́ʒ məhɑ́l] **Taj Mahal**

w-14 オランゥゼブ [ɔ́rəŋzeb] **Aurangzeb**

◆**Rajput ラージプート**　ラージプートとは、現在のラージャスターン州付近のガンジス川中流域の支配者層のこと。ラージプートとはサンスクリット語でラージャ「王」+プトラ「子」で、「王子」の意味。彼らは自分たちが正統な王の子孫、すなわちクシャトリヤ階層の者だと自称した。ラージプートたちは、プラティーハーラ朝、パラマーラ朝、チャウハーン朝、チャンデーラ朝などの王朝を次々と誕生させた。

◆**Delhi Sultanate デリー・スルターン朝**　奴隷王朝（1206～）、ハルジー朝（1290～）、トゥグルク朝（1320～）、サイイド朝（1414～）、ローディー朝（1451～1526）の5つの王朝の総称。いずれも、首都はデリーに置かれ、イスラーム教国だったために、デリー・スルターン朝と呼ばれている。デリーはその後、ムガル帝国の第5代皇帝シャー・ジャハーンの時に再び首都となった。イギリス領インド帝国が成立すると、総督府は当初コルカタに置かれたが、1911年、かつての首都だったデリーの南にニューデリーが建設され、首都機能が移った。かつての首都だった地区はオールドデリーと呼ばれるようになる。ちなみに、デリーという語の由来は不詳である。

旧市街はヤムナー川沿いにある。

◆**Mughal empire ムガル帝国**　中期モンゴル語で「モンゴル」は**モングル**と発音されていた。これが中世ペルシャ語では**モグル**と発音がなまり、ヒンディー語の**ムガル**となった。ムガル帝国を建国したバーブルが、文化的にはトルコの影響を受け、宗教的にはイスラーム化したトルコ系（テュルク系）のモンゴル人の血を引く**ティムール王**の子孫だったことに由来する（本当にチンギス・カンの子孫だったかどうかに関しては諸説ある）。ティムールは極めて有能な軍人で、わずか一代で現在のアフガニスタン、イラン、イラク地域に相当する大帝国を築き上げた。

イスラーム教国によるインドへの侵略は、8世紀から断続的に行われ、ヒンドゥー教・仏教・ジャイナ教の寺院が破壊された。デリー・スルターン朝時代、占領されたデリーでは、破壊された寺院の残骸が他の建物の建築資材に用いられた。仏僧はネパールなどに逃れ、仏教は衰退。後にムガル帝国の皇帝**アクバル**は宗教的な寛容さを示したが、続く皇帝たちは不寛容に戻った。

◆**Taj Mahal タージ・マハール** アラビア語でムムターズは「選ばれた、優れた」で、マハールは「宮廷、宮殿」の意。王妃の名ムムターズ・マハールは「宮廷の中で選ばれた者」となり、名にたがわぬ美貌の持ち主だったとされる。廟の名のタージは本来、ムムターズのムムの部分を省略したものだが、ウルドゥー語でタージが「冠」を意味するため、タージ・マハールとは「宮廷の冠」だと説明されることがある。

マハラジャとメガホン

インドの歴史を見ていると、最初に「マハー」と名の付く人名が多いことに気付くであろう。実はこの「マハー」は、サンスクリット語で**「大きい、偉大な」**という意味。たとえば、**マハーバーラタ**は「偉大な」バラタ族の物語、**マハーヴィーラ**は「偉大な」勇者、**マハトマ・ガンジー**のマハトマは「偉大な」魂（アートマン）、そして**マハーヤーナ**は「大きな」乗り物、つまり大乗仏教になる。サンスクリット語やギリシャ語や英語を含むインドとヨーロッパの多くの言語は、印欧祖語（インド・ヨーロッパ祖語）から枝分かれしてできた言語なので、同じ印欧祖語の語根に由来する言葉が多数ある。サンスクリット語のマハーは、古代ギリシャ語の mega-メガと同根語であり、英語の megaphone メガホンや、単位の接頭辞のメガ mega-（Mb メガバイトなど）もマハーの遠い親戚ということになる。ところで、インドの貴族や君主、**支配者**は raja(rajah) ラージャというが、ラージャの上に立つラージャのことは、マハー「偉大な」を足して**マハラジャ（マハーラージャ）「王、豪族」**という。**イギリス領インド帝国 British Raj** の **Raj ラージ**もマハーラージャのラージャと同起源のヒンディー語で**統治**、**支配**、**帝国**を意味する。

スーフィズム
[sú:fizm]
Sufism W-15

バクティ ムーヴメント
[bʌ́kti mú:vmənt]
Bhakti movement W-16

カビア
[kəbíə]
Kabir W-17

スィキズム
[síkizm]
Sikhism W-18

グ(ア)ルー ナーナク
[gú(ə)ru: ná:nək]
Guru Nanak W-19

略すとEIC。ちなみにフランス東インド会社は French East India Company。

イースト インディア カンパニ
[i:st índiə kʌ́mpəni]
East India company W-20

バトル オヴ プラスィ
[bǽtl əv plǽsi]
Battle of Plassey W-21

インディアン ミューティニ　スィーポイ ミューティニ
[índiən mjú:tini]　[sí:pɔi mjú:tini]
Indian mutiny/ Sepoy mutiny W-22

ラバト クライヴ
[rάbət klaiv]
Robert Clive W-23

ブリティッシュ ラージュ
[brítiʃ rά:dʒ]
British Raj W-24

プリンスリ ステイト
[prínsli steit]
princely state W-25

インディアン ナショナル カンッレス
[índiən nǽʃənəl kάŋgrəs]
Indian National Congress W-26

オール インディア ムスリム リーグ
[ɔ:l índiə múslim li:g]
All-India Muslim League W-27

アクト オヴ ベンゴール パーティション
[ǽkt əv beŋgɔ́:l pάətíʃən]
Act of Bengal Partition W-28

南アジアの国々

アジア大陸南部のインド半島を中心とする地域のことを「南アジア」という。インド・パキスタン・バングラデシュ・スリランカ・モルディブ・ネパール・ブータンの諸国の総称で、アフガニスタンを含めることもある。

本書では1914年の第1次世界大戦までの歴史を扱っているため、パキスタンやバングラデシュの独立に関しては触れていない。

国名と首都

アフガニスタン	アフガニスタン [æfgǽnistæn] **Afghanistan**	カブール	カーブル [kɑ́:bul] **Kabul**
パキスタン	パキスタン [pǽkistæn] **Pakistan**	イスラマバード	イズラーマバード [izlɑ́:məbɑ:d] **Islamabad**
ネパール	ネポール [nəpɔ́:l] **Nepal**	カトマンズ	カートマーンドウー [kɑ:tmɑ:ndú:] **Kathmandu**
スリランカ	スリー ラーンカ [sri: lɑ́:ŋkə] **Sri Lanka**	コッテ※	コウテイ / コテ [kóutei / kótə] **Kotte**
ブータン	ブーターン [bu:tɑ́:n] **Bhutan**	ティンプー	スィンフー [θímfu:] **Thimphu**
モルディブ	モールディーヴズ [mɔ́:ldi:vz] **Maldives**	マレ	マレイ [mǽlei] **Male**
バングラデシュ	バングラデシュ [bæŋglədéʃ] **Bangladesh**	ダッカ	ダーカ [dɑ́:kə] **Dhaka**

※コッテは略称で、正式名称は Sri Jayewardenepura Kotte スリ・ジャヤワルダナプラ・コッテ。

Part V

Islam

イスラーム

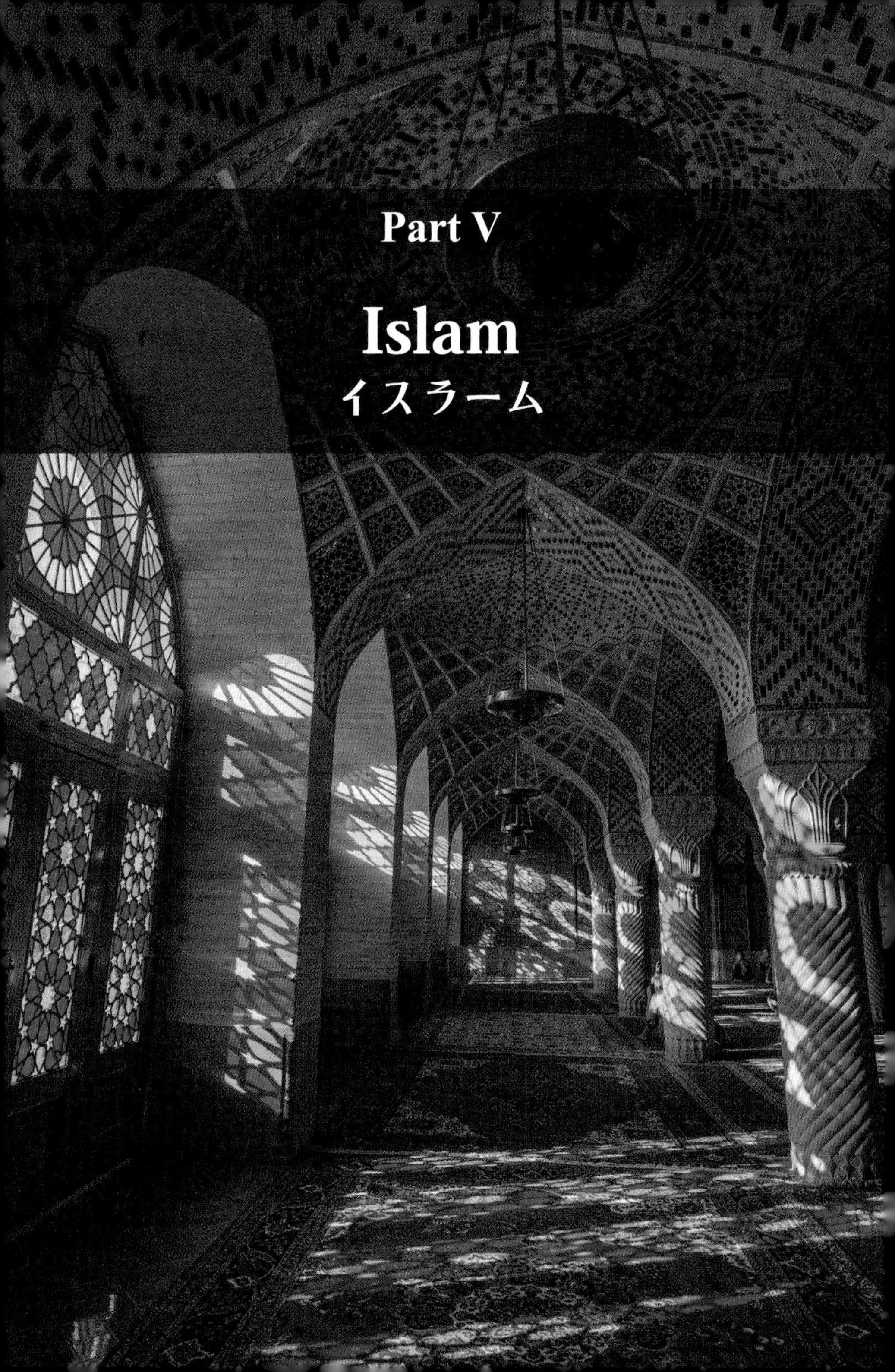

X イスラーム教

イスラームいう語は、宗教・政治・文化的側面をも包含している。日本語でイスラーム教と表記する場合、特に宗教としてのイスラームを強調している。

x-1 **ムハンマド** クライシュ族ハーシム家の出身。610 年頃、**ヒラー山**で神の啓示を受け、イスラーム教を開いた。

x-2 **クライシュ族** メッカを支配していた商人の一族。ウマイヤ家やハーシム家などの12氏族に分かれる。

x-3 **ハディージャ** ムハンマドの最初の妻にして、最初の信者。クライシュ族の裕福な女商人だった。

x-4 **メッカ** もしくは**マッカ**。**ムハンマド生誕**の地。イスラーム教の信仰の中心地であり、全国から巡礼者が訪れる第 1 の聖地。

x-5 **カーバ神殿** または**カアバ神殿**。メッカにある大モスクに囲まれた屋外広場の中央にある石造の方形神殿。

x-6 **預言者** または**ナビー**。神の言葉を託された者（将来を予言する者とやや異なる）。ムハンマドは、最終にして最高の預言者とされた。

x-7 **アッラー** 唯一神。アラビア語で「神」の意。ユダヤ教やキリスト教が信じる旧約聖書の神に対するイスラームの呼び名。

x-8 **イスラーム教** もしくは**イスラム教**、**回教**。イスラームと伸ばす方がアラビア語の発音に近い。

x-9 **イスラーム教徒** または**ムスリム**、**モスレム**。信者は平等で、聖職者階級は存在しない。

x-10 **コーラン** もしくは**クルアーン**（クルアーンの方がアラビア語の発音に近い）。イスラーム教の聖典。650 年頃に完成。

x-11 **アラビア語** **セム語派**に属する言語。コーランが書かれた言語。

x-12 **メディナ** または**マディーナ**。メッカの北 350km の交易で栄えた都市。ムハンマドが没した地。イスラーム教の第2の聖地。

x-13 **ヒジュラ** もしくは「聖遷」。ムハンマドがメッカで迫害を受け、622 年にメディナへ移住したことを指す。

x-14 **イスラーム暦** または**ヒジュラ暦**。ヒジュラを行った年、西暦 622 年が元年となる。**A.H.** と略する。

メッカの北東約5km にある**ヒラー山**。この山頂の洞窟で瞑想していたムハンマドに、大天使**ジブリール**を通して神からの啓示が与えられたとされる場所。

以前は多神教の神々の神殿だったが、ムハンマドのメッカ征服後に偶像が破壊され、イスラームの神殿となった。現在、厚い黒布で覆われている。ムスリムでなければ大モスクに入ることも、直接神殿を見ることもできない。

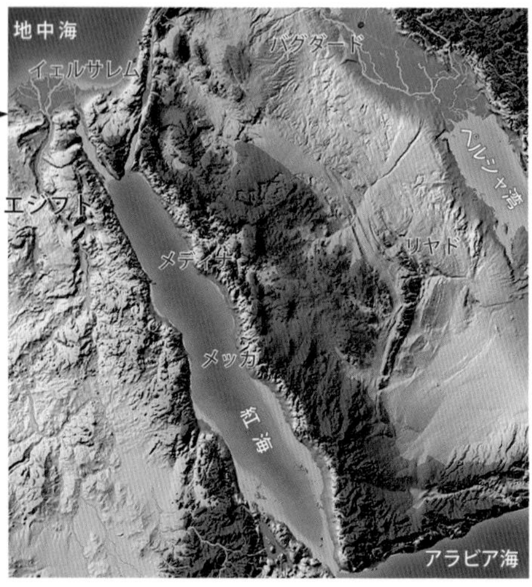

東ローマのビザンツ帝国とササン朝ペルシャとの対立が深まると、国境付近では絶えず紛争が続き、シルクロードによる東西交易が妨げられた。紛争地域を迂回するため、アラビア半島経由の海上交易や、アラビア半島を横断する通商路が盛んとなり、交易の中継地点としてメッカや他の交易都市が繁栄した。この繁栄がイスラームの急激な成長の基礎となった。

岩のドームの岩とは、アブラハムが息子イサクを犠牲に捧げようとした場所とされる「聖なる岩」のこと。この場所は、かつてはソロモンの神殿やヘロデの神殿が建っていた場所でもある。

正統カリフの系譜

632年のムハンマドの死から、約30年間を**正統カリフ時代**という。以下の①②③④の4代のカリフがいる。

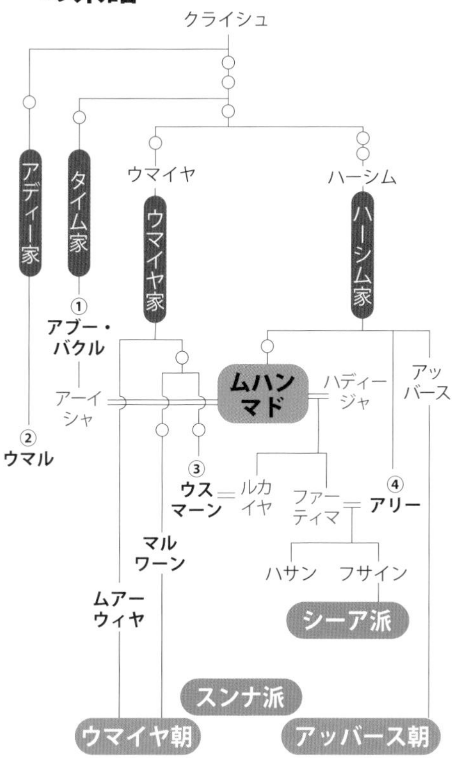

※宗派や学説によっては異なる説や解釈も存在する。

イスラーム共同体。ムスリムの信徒集団であり宗教集団。最初のウンマはメディナに作られた。 **ウンマ** X-15

イスラーム教の第3の聖地。ムハンマドが昇天し、天界を巡る旅に出た場所とされる。 **イェルサレム** X-16

7世紀にウマイヤ朝第5代カリフのアブド・アルマリクがイェルサレムの旧市街に建立。 **岩のドーム** X-17

異教徒との戦争。その戦いで死んだ者は天国に行けると信じられたことが、イスラーム軍の強さにつながった。 **ジハード** X-18

アラビア語のハリーファ（**後継者、代理人**）に由来。ムハンマドの後継者のこと。 **カリフ** X-19

初代カリフ。ムハンマドの義父（ムハンマドの妻の1人**アーイシャ**の父）。 **アブー・バクル** X-20

第2代カリフ。ビザンツ帝国と戦い、シリアやエジプトを奪取。642年の**ニハーヴァンドの戦い**でササン朝を破り版図を拡大。 **ウマル** X-21

第3代カリフ。ムハンマドの娘**ルカイヤ**と結婚。彼女の死後、妹**ウンム・クルスーム**をめとった。 **ウスマーン** X-22

第4代カリフ。ムハンマドの養父の子で、親友。ムハンマドの娘**ファーティマ**の夫。アーイシャと対立し戦って勝利を得た。 **アリー** X-23

ムハンマドの娘で、第4代カリフ・アリーの妻。特にシーア派で崇敬の対象となっている。 **ファーティマ** X-24

またはスンニー派。ウマイヤ家のカリフを認める。シーア派とスンナ派の対立は現在に至るまで続く。 **スンナ派** X-25

ハーリジー派ともいう。ウマイヤ家に対するアリーの妥協的な停戦に反発。 **ハワーリジュ派** X-26

アリーの子孫のみを指導者（イマーム）とする派。ザイド派、十二イマーム派、イスマーイール派などに分かれる。 **シーア派** X-27

「指導者」を意味するアラビア語。シーア派では、第4代カリフ・アリーの子孫のみをイマームと呼ぶ。 **イマーム** X-28

x-1	ムハマド モウハマド [mʊhǽməd / moʊhǽməd]	**Muhammad**
x-2	クライシュ コライシュ [kráiʃ] [kəráiʃ]	**Quraish / Koreish**
x-3	カディージャ [kɑdí:dʒə]	**Khadija**
x-4	メッカ マッカ [mékə] [mǽkə]	**Mecca / Makkah**
x-5	カーアバ [ká:əbə]	**Kaaba**
x-6	プラフィット [práfit]	**Prophet**
x-7	アラー アラ [ǽlɑ: / ǽlə]	**Allah**
x-8	イズラーム イズラム [ízlɑ:m / ízlæm]	**Islam**
x-9	ムスリム [múslim]	**Muslim**
x-10	カラン コーラーン [kərǽn / kɔ:rá:n]	**Quran**
x-11	アラビック [ǽrəbik]	**arabic**
x-12	メディーナ マディーナ [medí:nə] [mædí:nə]	**Medina / Madinah**
x-13	ヒジュラ ヘジラ [hídʒərə] [hédʒirə]	**Hijra / Hegira**
x-14	イズラミック キャレンダ ヒジュリ [izlǽmik kǽləndə] [hídʒəri]	**Islamic calendar / Hijri**

Quraysh ともつづる。

◆**Muhammad ムハンマド** 英語では、1700年代まではMahomet [məhámit] マハミット（マホメット）、1940年代まではMohammed [mouhǽmid] モウハミド（モハメッド）というスペルが広く用いられたが、近年ではMuhammadが多く使われている。他にもMohammad、Mohamed、Muhammedというスペルが使われることもある。アラビア語では、ムハンマドという発音が最も近いといえる。

◆**Mecca メッカ** メッカの正式な英語の表記はMakkah al-Mukarramahマッカ・アル=ムカッラマ。サウジアラビア政府は1980年代に、メッカ市の英語表記をMeccaというスペルから、よりアラビア語の発音に近いMakkahに変更した。

◆**Kaaba カーバ神殿** 「カーバ」とはアラビア語で「立方体」の意。カーバ神殿の形に由来する。神殿の南東の角には、黒石（the Black Stone）と呼ばれる石が埋め込まれている。巡礼者は、神殿の周りを7回歩き、1回ごとに黒石に接吻する。黒石は無数の信者により触れられて摩耗しており、金属の覆いで保護されている。

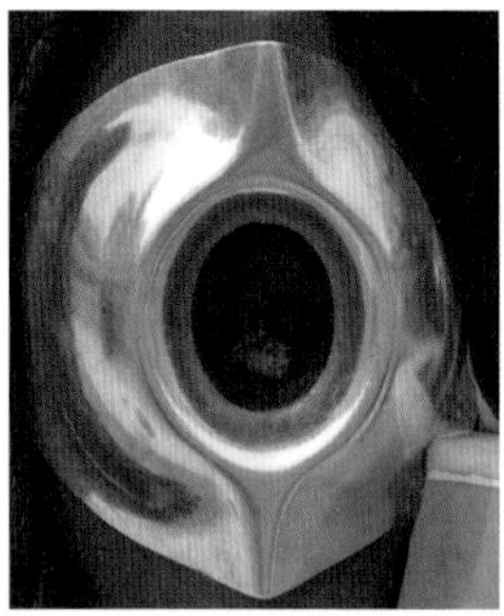

◆**Islam イスラーム教** イスラームという語はアラビア語のs-l-m س ل م **「安全、平和、健康、完全、服従」**を表す語根に由来する。イスラームの場合、神に対する「完全なる服従」を意味する。イスラーム教徒を意味するムスリムは、s-l-mの変化形で（第4形動詞の分詞形）、「（信仰に）服する者」を表す。このように、アラビア語は、大抵は3つの子音からなる「語根」をもとに、その母音を変えたり、前後に接頭辞・接尾辞を付け加えて、いろいろな品詞の語やその変化型を作り出す。ちなみに、アラビア語の挨拶のアッサラーム・アライクムの「アッサラーム」は「平和」を意味し（「あなたがたの上に**平安**がありますように」）、イスラームと同根語である（ヘブライ語のシャーロームとも語根が共通する）。

ムハンマドの瞑想中に現れた天使**ジブリール**は聖書に出てくる**ガブリエル**がアラビア語化したもの。ガブリエルはヘブライ語で「神の人」「神は力強い」。語末のエルはヘブライ語の**「神」エール**に由来し、アラビア語の**アッラー**とも同根語。イシュマエル（アラビア語イスマーイール）、ミカエル（アラビア語ミカイール）などのエル（アラビア語でアール、イール）も神である。

◆**Quran コーラン**　アラビア語の「読む」という語の動名詞「読むこと、読むもの」の意。コーランには全部で114スーラ（スーラとは章のこと）があるが、スーラの配列は、時代順でも内容順でもなく、スーラの**長さ順**になっている（最初の「開端」のスーラは例外で、とても短い）。第2スーラが一番長く、タイトルが「雌牛」。その後は「イムラーン家」「婦人」「食卓」「家畜」…… と続く。

◆**Allah アッラー**　アラビア語や、バビロニアで使われていたアッカド語、ヘブライ語、アラム語は共通のセム祖語から派生したと考えられており、文法も語彙も互いに似通っている。神を意味する言葉はセム祖語では *ʻil- イルに由来すると考えられており（語頭の * は推定形の印）、アッカド語で ilu イル、アラム語では elah エラーハ、ヘブライ語で el エール（または eloah エローアハ）、そしてアラビア語では ilah イラーハという。アラビア語の ilah イラー「神」と比べるとアッラー allah は L が 2 つ並んでいる。これはアラビア語の定冠詞 al- アル + ilah イラー → アッラー Allah に縮約された形だからである。

◆**Sunni Islam スンナ派**　スンナとはアラビア語で「慣行」を意味し、ムハンマドの規範を代々受け継いだ「慣行」に従う人のことを指す。スンナ派はイスラーム教徒の約9割を占める。スンニー派とも呼ばれるが、スンニーとは「スンナに従う人」を指す。アラビア語では語尾に「イー」を足すと「〜する人、〜人」になる（例：アラビー「アラビア人」、ヤバニー「日本人」）。

ムハンマドの妻ハディージャ

クライシュ族の大商人で美しい未亡人だった**ハディージャ**は、誠実で有能だが貧乏だった15歳年下の青年ムハンマドと結婚した。結婚してから15年が経過し、40歳になったムハンマドにヒラー山で神の啓示が下った。山から降りて恐れ怯（おび）えていたムハンマドを励まし、そして最初の信者になったのがハディージャだった。当時は複数の妻を持つのが普通だったにもかかわらず、ムハンマドはハディージャが死ぬまでは他の妻を持たなかった。死後、8人の妻を持った（人数は諸説ある）。

ウマ
[úmə]
Ummah x-15

ヂェルーサレム
[dʒərúːsələm]
Jerusalem x-16

ドウム オヴ ザ ラック
[doum əv ðə rɑk]
Dome of the Rock x-17

ヂハード
[dʒihɑ́ːd]
Jihad x-18

キャリフ / ケイリフ
[kǽlift / kéilif]
Caliph x-19

正統カリフのことを英語で Rashidun ラシュドゥーンという。

アブ バクル
[ɑbú bɑ́kər]
Abu Bakr x-20

ウーマー　オウマー
[úːmɑɚ]　[óumɑɚ]
Umar / Omar x-21

ウースマーン
[úːθmɑːn]
Uthman x-22

アーリ アリ
[ɑ́ːli / ǽli]
Ali x-23

Fatima とも書く。ポルトガルにあるキリスト教の聖地であるファティマのスペルは Fátima。

ファティマ
[fætimə]
Fatimah x-24

スニー / スーニー イズラーム
[sóni / súːni: ízlæm]
Sunni Islam x-25

カーリヂャイト
[kɑ́ːridʒait]
Kharijite x-26

シーア イズラーム
[ʃíːə ízlæm]
Shia Islam x-27

イマーム
[imɑ́ːm]
Imam x-28

Y イスラームの王朝〈1〉

または**ウマイア朝**。

Y-1 **ウマイヤ朝**

661年。シリア総督のムアーウィヤが建国。最初にカリフの世襲制を採用したアラブ人による国。

ムアーウィヤ1世。またはムアーウィア。

Y-2 **ムアーウィヤ**

ウマイヤ朝初代カリフ。第4代カリフ・アリーと対立。アリーが暗殺された後、カリフとなる。

Y-3 **ダマスカス**

または**ダマスコ**、**ダマスクス**。ウマイヤ朝の首都。古来より軍事・商業の面からも重要な都市。

Y-4 **ハラージュ**

地租のこと。農作物や家畜で納められた。ウマイヤ朝では改宗した者にも課されたため不満が生じた。

Y-5 **ジズヤ**

人頭税。ウマイヤ朝ではイスラム教に改宗した者にも課されたため不満が生じた。アッバース朝では改宗者は免除された。

アブド・アル=マリクとも表記する。

Y-6 **アブド・アルマリク**

ウマイヤ朝第5代カリフ。692年イェルサレムに岩のドーム建設。

Y-7 **パックス・イスラミカ**

アブド・アルマリクによりイスラム世界は再統一された。

Y-8 **カルバラーの殉教**

680年、**アリーの子フサイン**が戦死。シーア派は今も追悼祭を行う。

Y-9 **トゥール・ポワティエ間の戦い**

Y-10 **アッバース朝**

750年に建国。約500年間、北アフリカから中央アジアに至る広大な地域を支配した。

Y-11 **アッバース革命**

ウマイヤ朝によるアラブ人至上主義に対する反発から生じたクーデター。

Y-12 **アブー・アル=アッバース**

別名**サッファーフ**。アッバース朝の創始者。

Y-13 **タラス河畔の戦い**

唐を破り、捕虜の中国人から製紙の技術が伝わった。

Y-14 **バグダード**

日本語では**バグダッド**とする表記が多いが、バグダードの方が原語に近い。

ダマスカスにある**ウマイヤド・モスク**は現存するモスクの中でも古く、イスラーム教の第4の聖地とされている。セレウコス朝のアンティオコス4世がここにユピテル神殿を建設し、その後キリスト教の聖ヨハネ聖堂が建ち、ウマイヤ朝の第6代カリフのワリード1世がイスラーム教のモスクに改装した。

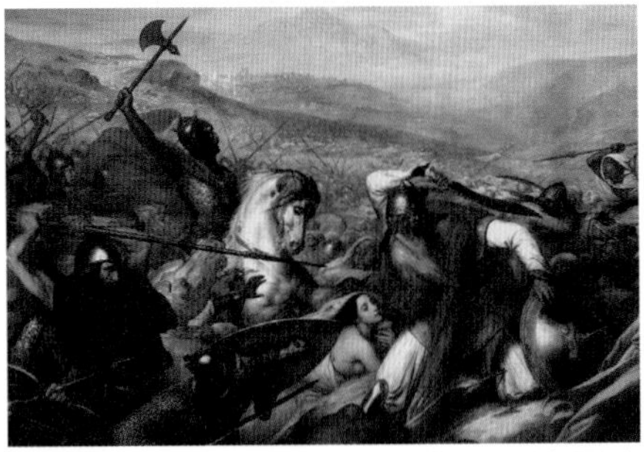

フランク王国とウマイヤ朝との戦い。西ゴート王国を征服したウマイヤ朝のイスラーム軍を、フランク王国の宮宰**カール・マルテル**が、かろうじて撃退した。絵はシャルル・ド・スチューベン画『トゥール・ポワティエ間の戦い』(部分)。白馬に乗っているのがカール・マルテル(左奥)。足に矢を受けた人物がウマイヤ朝イベリア太守**アブドゥッラフマーン・ガーフィキー**(右)。

バグダードは、アッバース朝第2代カリフのマンスールによって762〜766年に建設された円形都市。都市は、直径2.35kmの丸い城壁で囲まれ、4方向に大きな門が備えられた。唐の長安と並ぶ大都市で、ハールーン・アッラシードの時代には人口が150万人以上もいたとされている。

ウマイヤ朝ではアラブ人には免税特権があり、非アラブ人は宗教に関係なくジズヤとハラージュを課税された。また、ウマイヤ朝のカリフが血統的にも行状の点でも正しい後継者とはいえないとする批判・不満も高まった。その結果生じたのがアッバース革命である。アッバース朝の前半まではイスラーム世界は統一されていたが、その後は分裂の時代となる。

フェルディナント・ケラー作『シェヘラザードとシャフリヤール』。『千夜一夜物語』の中で、シェヘラザードは夫のササン朝ペルシャの王シャフリヤールに対して、毎夜、数奇な物語を話した。

コルドバのモスクの内部。レコンキスタの後、コルドバの聖マリア大聖堂・通称メスキータに作り変えられた。

- ムハンマド時代に獲得した領土
- 正統カリフ時代に獲得した領土
- アッバース朝の時代に獲得した領土
- 後ウマイヤ朝の領土

最盛期の第5代カリフ。千夜一夜物語にも登場。 またはハールーン・アッラシード。
ハールーン・アッ=ラシード Y-15

または**千一夜物語**、**アラビアンナイト**。繁栄するバグダードの様子も書かれている。
千夜一夜物語（せんやいちやものがたり） Y-16

またはバイト・アル＝ヒクマ。第7代カリフのマームーンがバグダードに設立した大図書館兼天文台。
知恵の館（ちえのやかた） Y-17

9世紀に活躍した著名な数学者・天文学者。知恵の館の図書館長。 またはアル=フワーリズミー。
フワーリズミー Y-18

アブド・アッラフマーン1世によるウマイヤ朝の復興王朝。756年にイベリア半島で建国。
後ウマイヤ朝（こうウマイヤちょう） Y-19

ウマイヤ朝の生き残り。後ウマイヤ朝の創設者。
アブド・アッ=ラフマーン1世（せい） Y-20

または**アミル**、**エミル**。アラビア語で「司令官、総督」の意。アミールの有力者が大アミールと称した。
アミール Y-21

スペインの現、アンダルシア州にある都市。後ウマイヤ朝の首都だった。イスラーム時代の建築物が多数残る。
コルドバ Y-22

後ウマイヤ朝でカリフと称した最初の人物。
アブド・アッ=ラフマーン3世（せい） Y-23

中央アジア初のイスラーム政権。トルコ人奴隷を、軍人奴隷として輸出して繁栄した。
サーマーン朝（ちょう） Y-24

またはブーヤ朝。シーア派の一派、十二イマーム派を信仰するブワイフ家が932年に建国。
ブワイフ朝（ちょう） Y-25

または**アヴィセンナ**。ペルシャの哲学者・医学者・科学者。
イブン・スィーナー Y-26

シーア派のイスマーイール派が建国。名はムハンマドの娘ファーティマに由来。
ファーティマ朝（ちょう） Y-27

ファーティマ朝の首都。ファーティマ朝の将軍**ジャウハル**が征服。アラビア語で**カーヒラ**と呼んだ（日本語ではカイロと発音）。
カイロ Y-28

Y Dynasties of Islam〈1〉

ウーマイアド キャリフェイト / ケイリフェイト
[u:máiəd/u:máiæd kǽlifeit/kéilifeit]
Y-1 **Umayyad Caliphate**

ムーアウィーヤ
[mu:əwí:jə]
またはMuawiyah I。
Y-2 **Muawiyah**

ダマスカス
[dəmǽskəs]
Y-3 **Damascus**

カラージュ ハラージュ
[kərá:ʒ / xərá:ʒ]
Y-4 **Kharaj**

ヂズヤ
[dʒízjə]
Y-5 **jizya**

アブド アルマリク
[æbd almǽlik]
Y-6 **Abd al-Malik**

パックス イズラミカ
[pæks izlámika]
Y-7 **Pax Islamica**

マーターダム オヴ カーバラ
[má:tə:dəm ká:bələ]
Y-8 **Martyrdom of Karbala**

バトル オヴ トゥア アンド プワティエイ
[bǽtl əv túə ənd pwatjéi]
Y-9 **Battle of Tours and Poitiers**

アバスィッド / アバ〜 キャリフェイト / ケイリフェイト
[ǽbəsid/əbǽsid kǽlifeit/kéilifeit]
Y-10 **Abbasid Caliphate**

アバスィッド / アバ〜 レヴォリ(ル)ューション
[ǽbəsid/əbǽsid revəl(j)ú:ʃən]
Y-11 **Abbasid Revolution**

アブー アラバス
[á:bu: alǽbəs]
またはSaffah、As-Saffah。
Y-12 **Abu al-Abbas**

バトル オヴ タラス
[bǽtl əv tǽləs]
またはBattle of Talas river。
Y-13 **Battle of Talas**

バグダッド
[bǽgdæd]
Y-14 **Baghdad**

◆**Umayyad Caliphate ウマイヤ朝** ウマイヤ家はクライシュ族の有力な家系の1つ。第3代カリフ・ウスマーンはウマイヤ家の1人だったが、ウマイヤ家の出身者を総督などの要職に登用したため、他のアラブ人たちの不満が募り、ついにメディナにいたウスマーンを殺害した。初代シリア州の総督だった同じくウマイヤ家のムアーウィヤは、第4代のカリフ・アリーがその殺害に関与したと疑い、ウスマーンの血の復讐を叫んで対立。**スィッフィーンの戦い**でアリーと対戦。劣勢に立たされた時、ムアーウィヤ軍の兵士が槍の先にコーランの紙片を掲げ､「コーランに武器を向けるのか」と威嚇すると、アリー軍は動揺して戦意を失い、停戦となる。その様子を見て、アリーの妥協的な態度に納得しなかった一団が、アリーの軍から離れハワーリジュ派となった。彼らはアリーとムアーウィヤ双方に暗殺者を差し向け、アリーは殺されたが、ムアーウィヤは暗殺者を撃退した。生き残ったムアーウィヤが新王朝を打ち立て､ハワーリジュ派は弾圧されて消滅した。さて、日本語では､「ウマイヤ朝」と訳されることが多いが、英語ではUmayyad Caliphateのように、Caliphateキャリフェイト、つまりカリフ国と呼ばれることが多い。ウマイヤ朝の君主はカリフだが､後ウマイヤ朝になると､初期は君主がアミールなので、後ウマイヤ朝の初期に対してはCaliphateは使わない（右ページコラム参照)。

◆**Abbasid Caliphate アッバース朝** アッバース朝の英語Abbasidアバッスィッドの-idは、ヨーロッパの言語で付けられた接尾辞で､「〜の子孫」「〜王朝」を意味する。イスラームの王朝名は始祖のうちのだれかの名前に基づいているケースが多く、その時は語尾が-idや-adとなるので、日本人には要注意。

◆**Abu al-Abbas アブー・アル・アッバース** アッバース革命に際して、アブー・アル・アッバースはシーア派の協力を得たのにもかかわらず、政権獲得後はシーアラビア語の中には kh と翻字される文字 خ がある。これは発音記号では [x] で、k のような破裂音ではなく**摩擦音**。かすれたカ行にも聞こえる音。アラビア語の学習者の間では通常、**ハ・ヒ・フ**とカタカナ表記するが、**カ・キ・ク**と表記する場合もある。英語では大抵 [k] で発音されている。よって Khadija ハディージャ / カディージャ、Kharaj ハラージュ / カラージュのどちらもありえる。

ア派を弾圧・粛清した。さらにウマイヤ朝の王族の生き残りの多くも虐殺した。彼は自らを「恩恵を注ぐ者」のつもりで「注ぎ出す者」を意味するサッファーフと称したが、大量の粛清を行ったため、「血を注ぐ者」つまり「虐殺者」という意味だと説明されることがある。

◆Abd al-Rahman I アブド・アッラフマーン1世

ウマイヤ朝第10代カリフ・ヒシャームの孫にあたるアブド・アッラフマーンは、アブー・アル・アッバースによる粛清から命がけで逃亡し、何年もかけてようやくスペインに渡り、756年、コルドバに後ウマイヤ朝を開いた。彼は自らをカリフとは称さず、アミール（首長）と称した。しかし、エジプトのファーティマ朝のウバイドゥッラーが自らをカリフであると宣言したことにより、アブド・アッラフマーン3世も対抗してカリフと称したため、地上に1人のはずのカリフが3人も乱立することになった。

> **後（こう）ウマイヤ朝は Later Umayyad?**
>
> 後ウマイヤ朝は、英語では Caliphate of Córdoba と呼ばれ、「後」という意味の言葉は付かない。日本語の「後」は、中国の後晋（こうしん）や後漢（こうかん）、後周（こうしゅう）といった「後」を付けた国号にならったもの（ちなみに、中国語でも後ウマイヤ朝は**后倭马亚王朝**のように「後」が付く）。この後は「ご」ではなく「こう」と読む。英語では首都がコルドバだったため、Caliphate of Córdoba「コルドバのカリフ国」と呼ぶが、君主がカリフであると宣言する以前に、アミール（首長）と称していた時期は Umayyad Amirate of Córdoba「コルドバのウマイヤ朝のアミール国」である。Aimrate [ámirit] アミリットまたは Emirate [émirit] エミリットは、アミールの支配する国という意味である。

ハルーン アラシード
[hærúːn ælræʃíːd]
Harun al-Rashid Y-15

ワン サウザンド アンド ワン ナイツ
[wʌn θáuzənd ənd wʌn nnaits]
One Thousand and One Nights Y-16

または House of Wisdom。
バイト アル ヒクマ
[bait al híkmə]
Bayt al-Hikmah Y-17

または Al-Khwarizmi。
フワーリズミー
[xwáːrizmiː]
Khwarizmi Y-18

キャリフェイト オヴ コードヴァ
[kǽlifeit/kéi- əv kɔ́ɚdəbə]
Caliphate of Córdoba Y-19

アブド アッラーマン ザ ファースト
[æbd alráːmən ðə fɚ́ːst]
Abd al-Rahman I Y-20

アミア / エイミア / エイミア
[əmíɚ / eimíɚ / éimiɚ]
Emir / Amir Y-21

コードヴァ
[kɔ́ɚdəbə]
Córdoba Y-22

アブド アッラーマン ザ サード
[æbd alráːmən ðə θɚ́ːd]
Abd al-Rahman III Y-23

サマーニド / サマニド エンパイア
[səmáːnid/sǽmənid émpaiɚ]
Samanid empire Y-24

ブイド ダイナスティ
[buid dáinəsti]
Buyid dynasty Y-25

アヴィセナ イブン スィーナ
[ævisénə] [ibn síːnə]
Avicenna / Ibn Sina Y-26

ファティミッド キャリフェイト
[fǽtimid kǽlifeit/kéi-]
Fatimid Caliphate Y-27

カイロウ
[káirou]
Cairo Y-28

Y イスラームの王朝〈2〉

Y-29 **セルジューク朝**　テュルク系（トルコ系）遊牧集団セルジュークがブワイフ朝を倒して建国。

Y-30 **トゥグリル・ベク**　または**トゥグリル・ベイ**。セルジューク朝の創立者。スンナ派のテュルク人。

Y-31 **スルターン**　または**スルタン、サルタン**。アラビア語で**権威**の意。トゥグリル・ベクが称号として初めて用いた。

Y-32 **アルプ・アルスラーン**　セルジューク朝第2代スルターン。

Y-33 **マンジケルトの戦い**　または**マラーズギルドの戦い**。ビザンチンとの戦闘。

Y-34 **マリク=シャー1世**　セルジューク朝全盛期の第3代スルターン。

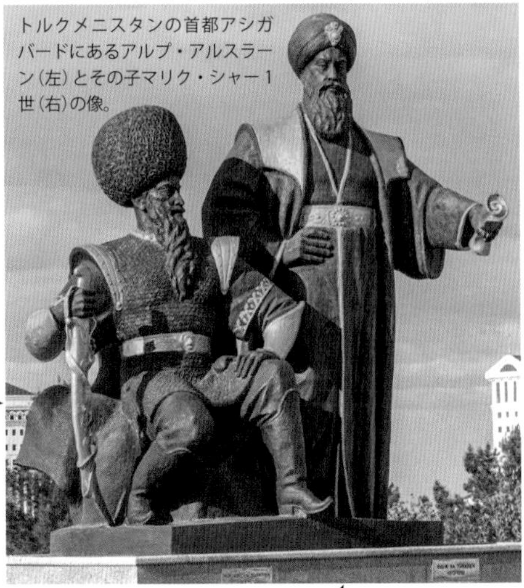

トルクメニスタンの首都アシガバードにあるアルプ・アルスラーン（左）とその子マリク・シャー1世（右）の像。

Y-35 **ニザーム・アルムルク**　またはニザームルムルク。マリク・シャー1世に仕え、セルジューク朝に繁栄をもたらしたペルシャ人宰相。マリク・シャー1世に対して、理想の統治について論じた**スィヤーサト・ナーメ**『政治の書（統治の書）』を執筆した。

Y-36 **ニザーミーヤ学院**　ニザーム・アルムルクが帝国各地に設置した学院（マドラサ）。教育内容は主にイスラーム神学。

Y-37 **ガザーリー**　または**アル=ガザーリー**。スンナ派の神学者。バクダードのニザーミーヤ学院の教授だったが、瞑想と放浪の旅に出る。**スーフィズム**（W-15）の道を開く。

Y-38 **ウマル・ハイヤーム**　ペルシャ人の詩人、数学者、天文学者、歴史学者。現行イラン暦のもととなる**ジャラーリー暦**（太陽暦の一種）を作る。

Y-39 **ルバイヤート**　ウマル・ハイヤームが著した四行詩集。「酒と盃でこの世に楽土を開こう。あの世で楽土に行けると決まっていない」と歌い、美酒や美女、花を愛でた。

Y-40 **ルーム・セルジューク朝**　セルジューク朝から分立し、小アジアを支配した王朝。**ルーム**とはアラビア語で**ローマ**のこと。

Y-41 **ケルマーン・セルジューク朝**　セルジューク朝から分立。イランの東南部ケルマーン地方を支配。

Y-42 **ホラズム・シャー朝**　**ホラズム朝、フワーラズム朝、コラズム朝**ともいう。セルジューク朝から分立し中央アジア・イラン高原を支配。

946年、シーア派のブワイフ朝はバグダードを占領し、アッバース朝から政治・軍事の実権を奪った。アッバース朝のカリフは単なるお飾りとなる。やがて中央アジア発祥のテュルク系トゥグリル・ベクが、ブワイフ朝を倒してバグダード入りする。トゥグリル・ベクはアッバース朝のカリフからスルターンの称号を許され、スンナ派の支配が復活した。

1187年、サラディンはヒッティーンの戦いでイェルサレム軍を破ってイェルサレムを奪回し、「英雄」とみなされるようになった。第3回十字軍を率いた英国のリチャード1世獅子心王の軍と戦い、休戦条約を結んだ。

1169年、サラディンがファーティマ朝の宰相として実権を握り成立。1171年ファーティマ朝は滅亡。アイユーブとはサラディンの父の名。 **アイユーブ朝** Y-43

サラーフ・アッ=ディーン。現イラクのティクリート生まれのクルド人。シーア派のファーティマ朝を滅ぼし、エジプト・シリアにスンナ派統一国家を樹立。 **サラディン** Y-44

インドの**奴隷王朝**（W-7）と同様に、**マムルーク**、つまり奴隷身分出身の軍人が代々スルターンとなったスンナ派の王朝。 **マムルーク朝** Y-45

イスラームの歴史では珍しい女性スルターン。 **シャジャル・アッ=ドゥッル** Y-46

マムルーク朝5代目スルターン。1260年、**アインジャールートの戦い**でモンゴル軍を破り、モンゴルの破竹の進軍を食い止めた。 **バイバルス** Y-47

北アフリカ生まれのアラブ人歴史家、思想家。イスラーム世界最大の歴史学者。 **イブン・ハルドゥーン** Y-48

または**アルモラヴィド朝**。**ムラービトゥーン**（ベルベル人イスラーム修道士）が1056年、北アフリカに建国。 **ムラービト朝** Y-49

北アフリカの先住民。古代ギリシャではリビュア人、西欧ではムーア人（モーロ人）と呼ばれ、現在アマジグと呼ばれる。 **ベルベル人** Y-50

ムラービト朝が建設した交易都市。「南の真珠」と称された。次のムワッヒド朝でも首都。現、モロッコ第4の都市。 **マラケシュ** Y-51

または**アルモハード朝**。1130年、ベルベル人のアブドゥル・ムーミンがムラービト朝を滅ぼして建国。 **ムワッヒド朝** Y-52

または**イブン・ルシュド**。ムワッヒド朝の時代に活躍した哲学者、医学者。アリストテレスの注釈書が有名。 **アベロエス** Y-53

イベリア半島最後のイスラム王朝。1230年頃、アラブ系ナスル族出身のムハンマド1世が建国。 **ナスル朝** Y-54

ムハンマド1世が首都をグラナダに移し、ここにアルハンブラ宮殿の建設を開始した。現、スペイン南部アンダルシア地方の都市。 **グラナダ** Y-55

アラビア語で「赤い城塞」の意（諸説あり）。今のアルハンブラ宮殿は白壁が基調。 またはアル=ハンブラ宮殿。 **アルハンブラ宮殿** Y-56

Y Dynasties of Islam 〈2〉

セルヂュク ダイナスティ
[séldʒʊk dáinəsti]
Y-29 **Seljuk dynasty**

タグリル ベグ ベイ
[tʌ́gril beg / bei]
Y-30 **Tughril Beg/Bey**

サルタン
[sʌ́ltən]
Y-31 **Sultan**

アールプ アースラーン
[ɑ:lp ɑɚslɑ́:n]
Y-32 **Alp Arslan**

バトル オヴ マンズィカート
[bǽtl əv mǽzikɚ:t]
Y-33 **Battle of Manzikert**

マリク シャー ザ ファースト
[mǽlik ʃɑ: ðə fɚ́:st]
Y-34 **Malik-Shah I**

ニザーム アルムルク
[nizɑ́:m almúlk]
Y-35 **Nizam al-Mulk**

ニザーミーヤ
[nizɑ:mí:jə]
Y-36 **Nezamiyeh**

アルガザーリ
[ælgəzɑ́:li / ælgəzǽli]
Y-37 **Al-Ghazali**

オウマー カイヤム
[óumɑɚ kaijɑ́m]
Y-38 **Omar Khayyam**

ルーバイヤト / ルバイヤト
[rú:baijɑt / rubaijɑ́t]
Y-39 **Rubaiyat**

サルタネイト オヴ ラム
[sʌ́ltəneit əv rʌm]
Y-40 **Sultanate of Rum**

Sultanateは「スルターン国」の意。Sultanスルターン（Y-31）の支配する国。日本語ではスルターン国とせずに単に〜朝と訳されることが多い。

サルタネイト オヴ カーマン
[sʌ́ltəneit əv kɚ́:mən]
Y-41 **Sultanate of Kerman**

またはKerman Seljuk Sultanate。

クワラズミアン ダイナスティ
[kwərǽzmiən dáinəsti]
Y-42 **Khwarazmian dynasty**

◆**Seljuk dynasty セルジューク朝** セルジュークというのはテュルク系遊牧民族オグズの一氏族クヌク氏出身の人物で、10世紀にオグズから分かれてイスラームに改宗し、トゥルクマーン（イスラーム化したオグズ）を形成して、後のセルジューク朝の基礎を築く。

◆**Tughril Beg / Bey トゥグリル・ベク** トゥグリルは、英語ではTugrilやToghril、Tugrul、Toghrïlのように色々なスペルで表記されている。

◆**Sultan スルターン** トゥグリル・ベクがスルターンと称して以降、アイユーブ朝、マムルーク朝においても、アッバース朝の教主カリフの下で、世俗の権威者としてのスルターンと称した。カリフとスルターンの関係は、ちょうどキリスト教世界における教皇に対する皇帝に似ている。

◆**Malik-Shah I マリク=シャー 1世** アラビア語でマリクは「王」の意。シャーも実はペルシャ語で「王」の意。ちなみに、古代ペルシャの王クセルクセス(「英雄たちの王」の意）の「クセ」の部分が「シャー」に相当する。このシャーに、「死」を意味するペルシャ語マートを足した「シャー マート」が、チェスと共に西欧の言語に取り込まれ **checkmate チェックメイト**という言葉を生み出した。

◆**Averroes アベロエス** ムワッヒド朝の下で君主の侍医となり、そのかたわらで、哲学、神学、医学、心理学、物理学、天文学、法学に関する多数の書物を著した。彼のアラビア語の原文はほとんど残っていないが、その作品はヘブライ語に訳され、さらにラテン語に重訳され、ヨーロッパの思想に大きな影響を与えた。英語のAverroesは、その過程の中でイブン・ルシュドがなまって大きく変化したものである。

アラビア人の名前の中によく見られる**Al アル**はアラビア語の定冠詞。ニザーム・**アル**ムルクや**アル**ハンブラの**アル**、シャジャル・**アッ**=ドゥッルの**アッ**もこの定冠詞である。そのため、アラビア語の名称で、アルが付いたり付かなかったりする人名が多数見られる（ガザーリと**アル**ガザーリなど）。ちなみに、**アル**コールや**アル**カリのアルもアラビア語の定冠詞に由来する。

女カリフ「シャジャル・アッ=ドゥッル」

仏国王ルイ9世率いる第7回十字軍のエジプト侵攻時、アイユーブ朝第7代スルターンである**サーリフ**が急死した。そこで、サーリフの夫人が、フランス軍に対して夫の死を隠し、マムルーク（奴隷軍人）軍を率いて、マンスーラの戦いで十字軍を撃退した。しかもルイ9世を捕虜とした。美貌と智謀、政治手腕を兼ね備えた**シャジャル・アッ=ドゥッル**は、ライバルを倒しつつ、ついに奴隷軍人たちの支持を得てカリフとなり、1250年、マムルーク朝を建国した。イスラーム社会においては女性が君主になること自体が珍しいが、さらに王朝の創始者が女性というのは、シャジャル・アッ=ドゥッルのみである。しかも彼女はもとは女奴隷出身だったので、異例の大出世だといえる。しかし周辺諸国からの反発が強く、結局、彼女はマムルークの軍司令官**アイバク**と結婚し（アイバクには元妻を離婚させ）、3ヶ月間の在位で、アイバクに位を譲った（だが実権は彼女が握り続けた）。後にアイバクが無断で若い妻を娶（めと）ろうとすると、1257年、浴室にいた夫を嫉妬から木製のサンダルで何度も頭を殴打して殺害した。その3日後、彼女はアイバクを支持するマムルークらによって捕らえられ幽閉された。そして、彼女のためにアイバクと離婚させられた元妻が、復讐のために木製のサンダルでシャジャル・アッ=ドゥッルを殴打して殺害した。ところで、彼女の名のドゥッルは**真珠**の意。彼女の真珠のような美しさから名付けられたという。死を悟った彼女は、幽閉中に持っている真珠をすべて臼で挽いて粉々にし、死後アイバクの元妻に渡ることがないようにしたという。

アイユーブ ダイナスティ
[aijúbid dáinəsti]
Ayyubid dynasty Y-43

または Salah ad-Din Yusuf。

サラディン
[sǽlʌdin]
Saladin Y-44

マムルク サルタネイト
[mǽmluk sʌ́ltəneit]
Mamluk Sultanate Y-45

シャヂャ アッドゥア とも読む。

シャヂャ アルドゥア
[ʃǽdʒɚ əldúɚ]
Shajar al-Durr Y-46

バイバース
[baibǽɚs]
Baibars Y-47

イブン キャルドゥーン
[íbən kældúːn]
Ibn Khaldun Y-48

アルマラーヴィッド / アルモ（ウ）ラヴィッド ダイナスティ
[ælmərɑ́ːvid/ælmɔ́rə-/móur- dáinəsti]
Almoravid dynasty Y-49

アマズィア ムア バーバ
[əməzíə] [múɚ] [bə́ːrbɚ]
Amazigh / Moor / Berber Y-50

複数形は Imazighen イマジゲン。

マラケシュ / マラケシュ
[mərǽkeʃ / mærəkéʃ]
Marrakesh Y-51

アルモハド キャリフェイト
[ǽlməhæd kǽlifeit/kéi-]
Almohad Caliphate Y-52

アヴェロウイーズ イブン ルシュド
[əvérouiːz] [ibn rúʃd]
Averroes / Ibn Rushd Y-53

ナスリッド ダイナスティ
[nǽsrid dáinəsti]
Nasrid dynasty Y-54

グラナーダ
[grənɑ́ːdə]
Granada Y-55

アルハンブラ
[ælhǽmbrə]
Alhambra Y-56

Z オスマン・トルコ

z-1 **ティムール朝** またはチムール朝。1370 年、西チャガタイ・カン国から独立。地中海からインド北西部に至る超大国を建設した。

z-2 **ティムール** または**チムール**。西チャガタイ・カン国の小貴族出身。テュルク系とモンゴル系の混血。即位後、ホラズム・ペルシャ・インドと次々と征服地を広げていった。明の攻略途上で病死。

z-3 **サマルカンド** ティムール朝の首都。チンギス・カンによって徹底的に破壊された街を、ティムールが復興し、交易で繁栄させた。現、ウズベキスタンの南部にある。

z-4 **アンカラの戦い** 1402 年、ティムール軍が**バヤジッド1世**の率いるオスマン軍を破る。

z-5 **サファヴィー朝** シーア派神秘主義のサファヴィー教団が 16〜18 世紀のペルシャを支配。

z-6 **イスマーイール1世** サファヴィー朝の建国者。**シャー・ハン・シャー**を名乗る。

z-7 **アッバース大王** もしくは**アッバース 1 世**。サファヴィー朝全盛期を支配した第 5 代シャー。

またはエスファハーン。

z-8 **イスファハーン** サファヴィー朝の首都。現在はイラン中部に位置する。ジャーメ・モスクが有名。

下はイスファハーンにあるイラン最古のモスク、ジャーメ・モスク内部の天井。

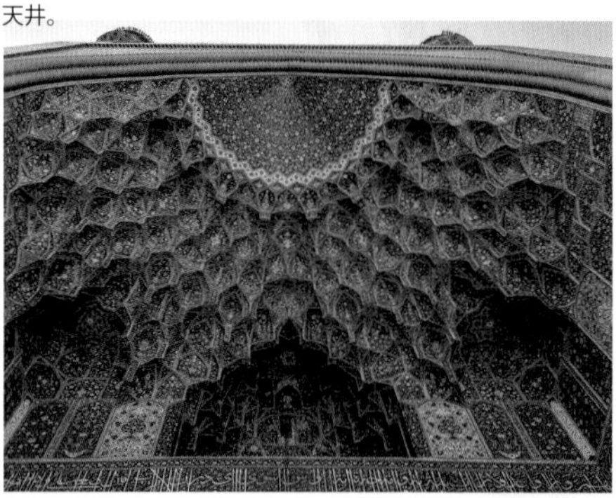

z-9 **オスマン帝国** または**オスマン朝**。**オスマントルコ**、**トルコ帝国**とも呼ばれている。

z-10 **オスマン1世** **トゥルクマーン**（テュルク系遊牧民）のオスマン家出身。1299 年、オスマン帝国を建国した。

z-11 **アドリアノープル** または**エディルネ**。ローマ皇帝ハドリアヌスが建設。初期のオスマン帝国の都。

またはメフメト２世、メフメット２世。

z-12 **メフメト征服王** オスマン帝国の第7代スルターン。東ローマ帝国を滅ぼし、**征服の父**と呼ばれる。

z-13 **イェニチェリ** オスマン帝国軍の近衛歩兵軍団で、新たに軍の中核となった。

z-14 **コンスタンティノープル陥落** 1453 年、過去に何度も攻囲されても陥落せず（例外は第 4 回十字軍）、難攻不落の都市とされていた東ローマ帝国（ビザンツ帝国）の首都コンスタンティノープルが、オスマン帝国のメフメト 2 世により陥落した。

オスマン帝国は、1299年に誕生した当時、小アジア北西部の小さな国に過ぎなかった。それが、アジアやアフリカ、ヨーロッパの三大陸にまたがる大帝国に発展し、しかも約600年に渡り存続した。しかし、近代化を遂げたヨーロッパ諸国からの侵攻、またアラブ諸民族の自立運動によって、領土は削られていき、ついに内部から革命が起きた。

イスタンブールのマダム・タッソー蝋人形館。

イスタンブールのマダム・タッソー蝋人形館。

または スライマーン大帝、スレイマン1世。

スレイマン大帝 Z-15
オスマン帝国の第10代スルターン。別名カーヌーニー・**立法帝**。46年間の統治期間中に13回の外征を行い、領土を広げた。

ウィーン包囲 Z-16
オスマン帝国に最盛期をもたらしたスレイマン大帝が、1529年に神聖ローマ帝国のカール5世の都市ウィーンを包囲（**第1次ウィーン包囲**）。

大トルコ戦争 Z-17
1683～99年に、ハンガリーを巡ってオーストリアやロシアなどの神聖同盟とオスマン帝国の間で戦いが勃発。**第2次ウィーン包囲**も起きた。

カルロヴィッツ条約 Z-18
1699年、大トルコ戦争の結果、結ばれた講和条約。オスマン帝国は初めて西欧諸国に領土を割譲した。

ワッハーブ王国 Z-19
イスラーム改革を主張するワッハーブ派が、豪族サウード家と結んで建てた王国（第1次**サウード王国**ともいう）。

ムハンマド・アリー Z-20
または**メフメト・アリー**。オスマン帝国のアルバニア人傭兵。1805年、**ムハンマド・アリー朝**を建国した。

エジプト=トルコ戦争 Z-21
またはエジプト事件。1798年のナポレオンの遠征後、ムハンマド・アリーとオスマン帝国が2度も交戦。

アブデュルハミト2世 Z-22
オスマン帝国の第34代スルターン。青年トルコ革命の後に退位させられた。

ミドハト憲法 Z-23
アブデュルハミト2世により制定。1876年、宰相ミドハト・パシャに起草させた。翌年勃発した露土戦争のため、専制政治に逆戻り。

露土戦争 Z-24
またはロシア=トルコ戦争。1877～78年、ロシア帝国のアレクサンドル2世が南下政策を進め、オスマン帝国と衝突。ロシアが勝ち、サン・ステファノ条約を締結。

エルトゥールル号遭難事件 Z-25
1890年、オスマン帝国の親善訪日使節団を乗せた船が帰途、和歌山県沖で沈没。

青年トルコ人革命 Z-26
1908年、ミドハト憲法の復活を目指し、オスマン帝国で起こった若手将校による改革運動。翌年、政権を獲得。

伊土戦争 Z-27
イタリア=トルコ戦争、**トリポリ戦争**、**リビア戦争**。1911～12年、アフリカ進出を狙うイタリアとトルコが交戦。その結果、イタリアがトルコから現リビアを奪い取った。

アタチュルクとも書かれる。

ムスタファ・ケマル・アタテュルク Z-28
トルコ革命の指導者。トルコ共和国の初代大統領。

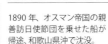

z-1 ティムリッド ダイナスティ [tímurid dáinəsti] **Timurid Empire**

z-2 ティマ [tímə˞] **Timur**

z-3 サマキャンド　サマーキャンド [sǽmə˞kænd / sæmɑə˞kǽnd] **Samarkand**

z-4 バトル オヴ アンカラ [bǽtl əv ǽŋkərə] **Battle of Ankara**

z-5 サファヴィッド ダイナスティ [sǽfəvid dáinəsti] **Safavid dynasty**

z-6 イズマーイール ザ ファースト [izmɑːíːl ðə fə́ːst] **Ismail I**

z-7 アバス ザ グレイト [ǽbəs ðə greit] **Abbas the Great**

z-8 イスファハン [isfɑhɑ́n] **Isfahan**

z-9 アタマン エンパイア [ɑ́təmən émpaiə˞] **Ottoman Empire**

z-10 アズマン ザ ファースト [ɑ́zmən ðə fə˞ːst] **Osman I**

z-11 エイドリアノウプル　エイディアネ [eidriənóupl]　[eidíə˞nə] **Adrianople / Edirne**

z-12 メメド / メメド ザ カンカラ [mémed/məméd ðə kɑ́ŋkərə˞] **Mehmed the Conqueror**

z-13 ヂャニセリ [dʒǽniseri] **Janissary**

z-14 フォール オヴ カンスタンティノウプル [fɔ́ːl əv kɑnstæntinóupl] **Fall of Constantinople**

◆**Timur ティムール**　おそらくテュルク祖語で「鉄」を意味する語 (*tämür) に由来。現在のトルコ語で鉄を意味する demir デミルも同根語である。

◆**Janissary イェニチェリ**　征服した土地のキリスト教徒の住民から強制的に徴用した年少者を、イスラム教に改宗させ、戦士として訓練した。その精鋭ぶりにキリスト教国は震え上がったという。身分としては奴隷だったが、中には大宰相や高官に出世するものもいた。トルコ語でイェニは「新しい」、チェリは「兵隊」の意。

◆**Ottoman empire オスマン帝国**　オスマン帝国の名は、第3代正統カリフのウスマーン Uthman に見られるようにアラビア語に広く見られる人名で「賢い」という意味（若い野雁を指すという説もある）。アラビア語の母音 u は、トルコ語ではしばしば o に代わり、子音 th [θ]

青の都・サマルカンド

サマルカンドという街の名前には、サンスクリット語で「人や商人が集い、出会う場所」の意味があり、交易路の重要拠点だったことを示す。サマルカンドのいくつもの建物に見られる青色タイル（サマルカンド・ブルー）の美しいイメージから、「青の都」とも呼ばれる。

サマルカンドのシャーヒ・ズィンダ廟群。

はトルコ語にはないため、s の音に変えられることがある。そのため、Uthman ウスマーンが Osman となる。一方、アラビア語の Uthman がラテン語に翻字される時、th の音は t に変えられて Ottomanus になり、やがて英語の Ottoman となった。人名の「オスマン1世」は、英語ではトルコ語経由の Osman が用いられることが多い。

◆**Fall of Constantinople コンスタンティノープル陥落**　コンスタンティノープルという名は、ローマ皇帝 Constantinus コンスタンティヌスに由来する。コンスタンティヌスという名前は、ラテン語で「不変の、一定の、忠実な」という意味であり、英語の **constant コンスタント**と同じ語根に由来する。メフメト２世（征服王）はコンスタンティノープルを占領すると、オスマン帝国の首都とした。コンスタンティノープルはトルコ語でなまって Istanbul イスタンブルになった。英語では Istanbul イスタンブルをイスタンブールと伸ばして発音することも多い。

◆**Suleiman the Magnificent スレイマン大帝**　古代イスラエルの王ソロモンの名のアラビア語形スライマーンがトルコ語になったもの。ソロモンという名は、「安全、平和」を意味するヘブライ語の語根 s-l-m に由来し、アラビア語の「イスラーム」や「サラーム」とも同根語である（p.160 参照）。もっとも、古代イスラエルのソロモンの統治はおおむね平和だったが、スレイマンは名とは異なり戦争に明け暮れた。

◆**Mustafa Kemal Atatürk ムスタファ・ケマル・アタテュルク**　ムスタファ・ケマルが名前で、アタテュルクは議会から贈られた称号。トルコ語で ata は「父、先祖」、Türk テュルクが「トルコ人」で、「トルコ人の父」という意味になる。

スーレ(ラ)イマーン　スーレイマーン　マグニフィセント
[sú:ləmɑ:n / -lei- / su:leimɑ́:n ðə mægnífisənt]
Suleiman the Magnificent z-15

または Suleyman。

スィーヂ オヴ ヴィエナ
[sí:dʒ əv viénə]
Siege of Vienna z-16

グレイト ターキッシュ ウォー
[greit tə́:rkiʃ wɔ́ɚ]
Great Turkish War z-17

トリーティ オヴ カーラヴィッツ
[trí:ti əv kɑ́:ləvits]
Treaty of Karlowitz z-18

イミリット オヴ ディライア
[imíərət díraiə]
Emirate of Diriyah z-19

ム(モウ)ハマド ア(ー)リ オヴ イーヂプト
[mʊhǽməd / moʊhǽməd ɑ́:li / ǽli í:dʒipt]
Muhammad Ali of Egypt z-20

イーヂプシャン アタマン ウォー
[i:dʒípʃən ɑ́təmən wɔ́ɚ]
Egyptian–Ottoman War z-21

アブドゥル ハミッド ザ セカンド
[ɑ́bdul hɑ́mid ðə sékənd]
Abdul Hamid II z-22

アタマン カンスティテューション オヴ エイティーン セヴンティ スィックス
[ɑ́təmən kɑnstətjú:ʃən əv eití:n sévənti siks]
Ottoman constitution of 1876 z-23

ラソウ ターキッシュ ウォー
[rʌ́sou tə́:rkiʃ wɔ́ɚ]
Russo-Turkish War z-24

スィンキング オヴ アタマン フリギット エートラル
[siŋkiŋ əv ɑ́təmən frígət éɚtrəl]
Sinking of (Ottoman Frigate) Ertuğrul z-25

ヤング ターク レヴォ(ル)リューション
[jʌŋ tə́:k revəl(j)ú:ʃən]
Young Turk Revolution z-26

イタロウ ターキッシュ ウォー
[itǽlou tə́:rkiʃ wɔ́ɚ]
Italo-Turkish War z-27

ムスタファ ケマル アタターク
[mústɑfɑ kemɑ́l ætətə́:k]
Mustafa Kemal Atatürk z-28

索引 Index

日本語索引

あ行

か行

さ行

た行

英語索引

※英語化した中国語の表記と、ピンイン表記とがほぼ同じ場合は、ピンイン表記を省略している。

著者紹介 **原島 広至**（はらしま ひろし）

歴史・サイエンスライター、エディトリアル・デザイナー、マルチメディア・クリエイター。3DCG 作家。明治・大正時代の絵はがき蒐集家。歴史・文系の著書に『**歴単 西洋史編**』（すばる舎）、『**東京・横浜今昔散歩**』『**大阪今昔散歩**』『**神戸今昔散歩**』『**東京スカイツリー今昔散歩**』『**百人一首今昔散歩**』『**名古屋今昔散歩**』『**広島今昔散歩**』『**ワイド版 東京今昔散歩**』『**ワイド版 横浜今昔散歩**』『**語源でわかる中学英語 knowの「k」はなぜ発音しないのか？**』『**英語解剖図鑑**』（以上、KADOKAWA）。『**携帯 東京古地図散歩 ―丸の内編**』『**携帯 東京古地図散歩 ―浅草編**』（以上、青幻舎）などがある。サイエンス系の著書に『**骨単** – 語源から覚える解剖学英単語集［骨編］』『**肉単**』『**脳単**』『**臓単**』『**生薬単** – 語源から覚える植物学・生薬学名単語集』『**ツボ単**』（以上、丸善雄松堂）。解剖学シリーズは韓国語版及び中国語簡体字版・中国語繁体字が既刊。『**骨単 MAP & 3D**』『**骨肉腱え問**』『**3D 踊る肉単**』『**実験単**』『**元素単** 〜13ヵ国語の周期表から解き明かす〜』（以上、エヌ・ティー・エス）。『**美術解剖学レッスンⅠ【手・腕編】**（描いて学ぶ美術解剖学シリーズ）』（青幻舎）。『**名画と解剖学『マダムX』にはなぜ鎖骨がないのか？**』（CCC メディアハウス）、『**＋－×÷ のはじまり**』（KADOKAWA）がある。

歴単（れきたん）　東洋史編

2021年 4月20日　第1刷発行

著　者：原島 広至

発行者：徳留 慶太郎
発行所：株式会社すばる舎
〒170-0013 東京都豊島区東池袋 3-9-7 東池袋織本ビル
TEL. 03-3981-8651（代表）／ 03-3981-0767（営業部）
FAX. 03-3981-8638
http://www.subarusya.jp/

ブックデザイン：原島 広至（スフィーノ）
編集協力：細田 繁
出版プロデュース：中野 健彦（ブックリンケージ）
制作進行：澤村 桃華（プリ・テック）
編集担当：菅沼 真弘（すばる舎）

地図・人物イラスト・図表制作：原島 広至（スフィーノ）
写真：Shutterstock.com 他
“Images, used under license from Shutterstock.com”

印刷・製本：ベクトル印刷株式会社

落丁・乱丁本はお取替えいたします

ISBN 978-4-7991-0957-1